传媒艺苑文丛

中国生肖史话
ZHONGGUO
SHENGXIAO
SHIHUA

吴裕成 著

典藏版

中国国际广播出版社

引 言

"全国十二个，人人有一个。"20世纪70年代初，日本首相田中角荣访华时，出这则谜语请周恩来总理猜。周总理听了开怀大笑，脱口而出："十二生肖。"［见《人民日报（海外版）》1989年2月6日］这是一段为人们津津乐道的佳话。

子鼠、丑牛、寅虎、卯兔、辰龙、巳蛇、午马、未羊、申猴、酉鸡、戌狗、亥猪，十二生肖的渊源可以上溯至远古。华夏先民的动物崇拜、图腾崇拜，在斗转星移的悠悠岁月里，与天象观测相结合，渐渐形成了十二地支和十二生肖系列。当然，还有"生肖外来说"，但毕竟只是一种少有认同的持论。

十二生肖是标记时间的符号，但又不尽然。它从远古的文化景观中抽象出来，它丈量了漫长的时光。岁月将丰富的内涵注入这组符号。从某种意义上讲，十二生肖提供了一套"活文物"，从中可以发掘出始自史前的文化积淀，一览中华文化的历史光彩。

十二生肖与中华文化这一命题，是将生肖文化置于中华文化的大背景前，横看纵看，看它的萌发、它的产生和发展，看它同各个文化门类的关系。可将十二生肖视为文化的一种载体。这载体本身的结构组合，就是一篇大文章。它，是鼠牛虎兔，又不是一般意义上的鼠牛虎兔，而是子鼠、丑牛、寅虎、卯兔，十二地支是它不可割舍的内容。它又以特定的数量单元成为系列，不多不少。十二生肖，而非十、二十或其他数字。生肖文化的范畴，包含着鼠属相、牛属相、虎属相、兔属相，也包括子丑寅卯，还包括其所采取的神秘数字"十二"。由此，十二生肖这题目，成为文化史研究中不大也并不小的题目。

旧时代的观念对于十二生肖的影晌，今人应能正视，以便摒除。20世纪90年代第一春——农历庚午马年正月，笔者涂写这篇文字的时候，恰巧读到报纸上刊出的短文《属马亦或属羊》，谨录于下：

> 今年春节前后，结婚形成了一个小高潮。有些青年男女突击结婚，单纯是为了避开一个流传在津门的老例儿："十羊九不全。"掐指算算，春节完婚，十月怀胎，当年就能生孩子，当属马，而不属羊。阿弥陀佛。
>
> 属马或是属羊，本来只是一种生肖符号，祸福绝不会因为生肖而转移。更何况，就是这种传说的老例儿，也是自相矛盾的呢！如同样是属羊，在江南一带，就是吉庆祥福的象征，那就有"属牛，属羊，出门不用带口粮"的例儿。我们不能相信那些迷信传言，不顾政府的晚婚晚育号召，人为地制造一个早婚和生育的高峰。

属马属羊，旧话重提，老例儿新语。让人觉得，"十二生肖与中华文化"这么一个题目，是探源的、溯流的，也是面向当今生活的海洋的。

目　录

萌自远古时光里

——从星象到生肖

第一章

十二生肖古代又称十二辰、十二禽、十二兽、十二神、十二属、十二物、十二虫，民间多称为十二属相（图1）。东汉王充《论衡》"子之禽鼠，卯之兽兔"，"禽"与"兽"并举，说的就是生肖。

图1　陕西安塞民间剪纸十二生肖

十二生肖初始何时？清代嘉庆年间的进士梁章钜《浪迹续谈·卷七·十二属》说：

> 十二辰各有所属，其说始于《论衡》，《物势篇》言其十一，所缺惟龙，而《言毒篇》有"辰为龙""巳为蛇"二语，合之今说，已无参差，而统谓之曰禽。
>
> 《北史》宇文护母贻护书曰："昔在武川镇生汝兄弟，大者属鼠，次者属兔，汝身属蛇。"梁·沈炯有《十二属诗》，属之称当在此时。

这位清代学者谈十二生肖的源流，谈及东汉《论衡》对生肖的记叙，注意到《论衡》称生肖为"禽"。同时，梁章钜还谈及《北史》的一则史料，宇文护的母亲给宇文护写信，说到宇文护兄弟的属相。南朝人沈炯则写过一首《十二属诗》。

生肖文化的源头在哪里？李白诗吟："黄河之水天上来。"人类文化史悠悠远久，一如黄河、长江，吸引着溯流求源的好奇心。

长期以来，在谈论十二生肖的古代人和当代人中，不少人将《论衡》视为最早记载十二生肖的文献。《论衡》是东汉唯物主义思想家王充的名著。《论衡·物势篇》载：

> 寅，木也，其禽，虎也。戌，土也，其禽，犬也……午，马也。子，鼠也。酉，鸡也。卯，兔也……亥，豕也。未，羊也。丑，牛也……巳，蛇也。

申，猴也。

以上引文，十二种生肖谈到了十一种，所欠缺者为辰龙。《论衡·言毒篇》说：

辰为龙，巳为蛇，辰、巳之位在东南。

这样，十二生肖便齐了。十二地支与十二生肖的配属如此完整，且与现今相同，这段记载在现有文献中确是较早的。

然而，这还不能称最早。20世纪70年代在湖北云梦睡虎地出土的秦简中，有关于十二生肖的比较完整的记录。其成文年代比《论衡》早一个时代。1986年甘肃天水放马滩出土秦简《日书》，也载有十二生肖。此外，古人已经注意到，《诗经》等先秦文献中保留着关于生肖的零散材料。

可以这样说，产生了秦简和《论衡》的时代，都不能说是十二生肖的源头，倒不妨当作溯流而上的起步点。

一、神秘的序数系列

（一）生肖取数十二

子鼠、丑牛、寅虎、卯兔、辰龙、巳蛇、午马、未羊、申猴、酉鸡、戌狗、亥猪，生肖系列十二大员（图2）。

图2　北京白云观的十二生肖壁

生肖为何取数十二？有人会说，地支有十二个，用来配地支的生肖自然是十二生肖了。这回答是难以令人满意的。事情并非如此简单。比如，可以有这样一问提出来：地支为什么是十二个，而不是其他数量呢？

生肖十二，地支十二，在以"十二"为单元的序数系列之中，蕴含着古代文化的丰富内容。讨论十二生肖，应该在"十二"的题目上做做文章。

干支是中华文化的特色产品。十天干之为用，同数学的十进位相契，比较容易理解。研究者一般认为，古人按十数数，是受到双手十指的启发。十个手指可以说是天生的"数筹"。古人通过两只手的手指，熟识了一个重要的自然数——"10"。

天干之外，却又生出十二地支。从数学角度讲，其远不如以十为单元便利。然而，"十二"在古代文化中确是个引人注目的序数系列，闪现着神秘的色彩（图3）。

《周礼·春官·冯相氏》记："冯相氏掌十有二岁，十有二月，十有二辰，十日，二十有八星之位，辨其叙事，以会天位。"时间的分割以十二累进，一纪十二年，一年十二月，一日十二时。空间地域的界划，即便有九州，也有人出来补足十二之数。《天问》设问："地方九则，何以坟之？"屈原设问：天下有冀、兖、青、徐、扬、荆、豫、梁、雍九州，大禹用什么去增高地面？《山海经·海内经》可作答对："帝乃命禹卒布土以定九州。"天帝让禹撒布息壤（生长不息的土），平定九州水患。可是，还有舜分十二州的传说，从冀州分出幽、并二州，从青州分出营州。《尚书·舜典》说："肇十有二州，封十有二

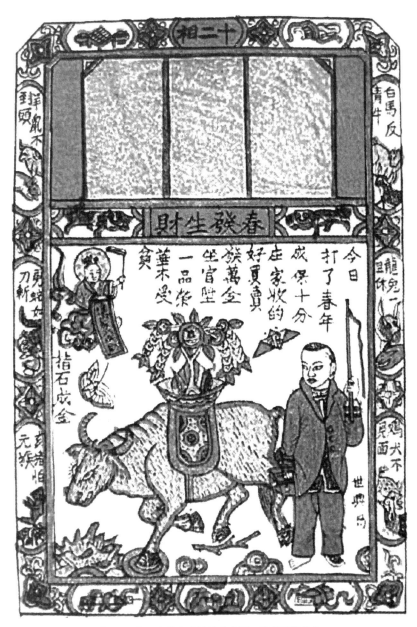

图3 以十二生肖为边框的春牛图，清代凤翔年画

山，浚川。"舜即位后，划定十二州的疆界，在十二州的名山上封土为祭坛，疏通了河道。《左传·哀公七年》说："周之王也，制礼，上物不过十二，以为天之大数也。"十二，这"天之大数"，是个渗透力很强的数字。《国语·晋语四》记，"黄帝之子二十五宗，其得姓者十四人，为十二姓"。归纳来归纳去，还得说"十二姓"。甚至天子妻妾也有"十二女"之说，《后汉书·荀爽传》："故天子娶十二女，天之数也；诸侯以下各有等差，事之降也。"仍注明，"天之大数"。

古乐有十二律。元代杂剧分类，为神仙道化、披袍秉笏、风花雪月、悲欢离合等十二科。宋代张敏叔选十二种花卉，言称"十二客"，如梅为清客、菊为寿客、莲为静客。诸如此类，不胜枚举。

中医讲究手三阴三阳、足三阴三阳十二经脉，将人体器官分为十二藏，又将人体十二部位称为十二属。就连旧时巫者为幼儿看"关煞"之灾，也以破十二关煞相招摇。青海河湟地区，有洒十二精药水的葬俗。《三元总录·莹元秘诀》："十二精药洒遍地，一切凶煞永敛迹。"以"十二"对应"一切"，正是符合传统心理，含有神秘意味的数字选用。

与神秘"十二"相关，古人还视"三十六""七十二""一百零八"为圆满之数。道教讲三十六洞天、七十二福地，职业有三十六行、七十二行，兵法讲三十六计。《淮南子·修务训》说："神农尝百草之滋味，一日遇七十毒。"《神农本草经》记此事，就变为"神农尝百草，日遇七十二毒，得荼而解之"。《管子·封禅》讲，古来泰山封禅君主七十二人；《太平广记》卷四六六引《三秦记》：鲤鱼跳龙门，"一岁中，登龙门者，不过七十二"；杏坛授业的孔子，弟子三千，七十二贤人；《汉书·高帝纪》写刘邦不凡，"左股有七十二黑子"；黄山七十二峰，济南七十二泉，天津七十二沽；《西游记》中猪八戒三十六变，孙悟空七十二变；《水浒传》的忠义英雄三十六天罡、七十二地煞，合为一百单八将……闻一多曾以"七十二"为题写考证文章，认为"七十二"的流行大致发轫于战国时代，至西汉而大盛，并说："'七十二'这数字流行的年历，便是五行思想发展的年历。"曾有人根据彝族十月历提出新说，认为十月历每月三十六天，每季两个月，正好七十二天，这便是两个成数的来源。此一新说需要面对的问题是，十月历的创制远远早于战国时代，两个成数为何姗姗来迟，迟至战国时代才开始流行？其实，如果换一个角度，这个问题就比较容易解答："三十六"和"七十二"传为成数，仰仗"十二"作为因子。彝族十月历法的基础，正是十二兽纪日，三轮为一个月，计三十六天。十月历法、十二月历法都离不开"十二"的数字单元。

"三十六""七十二""一百零八"，古代对这类数字的崇尚，通常被认为是含"九"增重的结果。"九"为最大的阳数，又与"久"谐音，自然有"分量"。然而，"三十六""七十二"还是"十二"的整倍数，这一点往往被忽视了。百以内九的倍数有十一个，唯"三十六"和"七十二"同时又与"十二"存在整比关系；而"一百零八"既为"三十六"与"七十二"的和数，又为"十二"同"九"的乘积。因此，这类数字崇尚之中，无疑隐含着"十二"的分量，尽管它的作用被"九"掩盖了。此外，"六六大顺"及"四平八稳"作为吉语，缘由是否起自对"十二"的分解，不妨算作一个话题。

一部《尚书》，《禹贡》讲禹定九州，《舜典》则说舜"肇有十二州"，谁先谁后？中国现代著名历史学家、民俗学家顾颉刚认为，西周尚无九州的概念，春秋中叶开始有禹迹九州的说法。战国吞并，小国之数日减，仅存几个强国，约略与九州相当，成书于此时的《禹贡》得以载九州之名。后来扩展为十二州之说，则是秦皇汉武拓地开疆的反映。至于为何取用十二之数，顾颉刚引用《左传》"天之大数"的话，可惜未做深入探讨。

郭沫若也曾论及十二州，将其与古代天文学联系起来，《释支干》说："《帝典》虽为周末儒家所伪托，然其'肇十有二州，封十有二山'之语，与后起之九州五岳异撰，当是古代有此口碑。十有二州当即十二辰所配之分野也。"分野是将天上的星宿对应于地上的区域的划分方法。中国古代占星术认为，不同方位的天象变异，能使地上相应区域发生变异。郭沫若所言十二辰，与天文学上的十二次一样，都划天空为十二等分。

"十二"，接受了古老天文学的滋养，不仅存于历法，不止浸透民俗，它做了中华文化中根深蒂固的成数。包蕴丰富的传统文化百科全书式的小说《红楼梦》，即以"十二"做了至关重要的数字。书中贾宝玉神游太虚仙境，薄命司所贮"金陵十二钗"正册十二册，副册、又副册也均为十二册。册上有名的那些女子，是小说的主要人物。曹雪芹"披阅十载，增删五次"，简直可以说全为"十二"呕心沥血。大观园中有十二处馆苑，大丫鬟十二个，戏班女伶十二人。薛宝钗配制冷香丸，要用"春天开的白牡丹花蕊十二两，夏天开的白荷花蕊十二两，秋天的白芙蓉花蕊十二两，冬天的白梅花蕊十二两"，还要用四样水来调和，即"雨水这日的天落水十二钱"，"白露这日的露水十二钱，霜降这日的霜十二钱，小雪这日的雪十二钱"。写药料奇而又奇，各味药的剂量及水则一概以"十二"论，好像非此便无以呼应似的。周汝昌、周伦苓《红楼梦与中华文化》一书，谈论"十二"在小说里的重要作用，并推论以十二为基数，以九为层次，曹雪芹本人构思的《石头记》当为一百零八回。

《红楼梦》既写了诗赋唱和之类文人文化，也写了民风民俗文化。曹雪芹这位堪称通才的小说家，广泛地吸收了中华文化的营养。他在无限的序数中选择了"十二"，这不能说仅仅是小说家本人的偏爱。

将某种神秘含义赋予数字"十二"，这种文化现象并非中国独有，国外不乏其例。

十二为一打。这个量词由西方引进，至今未见废止。"打"作为计数单位，同十二地支一样，显示着与十进位制分庭抗礼的态势。所提问题也相同，古人为什么要起用两套数字系统？

"十二"在世界各民族的古代神话中是个被广泛使用的神圣数字，《神话与民族精神》一书谈到这种情况。北欧神话中有十二位神祇；希腊神话的英雄赫拉克勒斯用十二年时间完成了十二件伟业；奥林匹斯神系有十二名大神；传说中希伯来人的祖先雅各（又名"以色列"——即以色列国的命名起源）有十二个儿子，是十二支族的始祖；《旧约》中记载了十二个小先知的事迹；《新约》中则有耶稣十二门徒的传说；古罗马有十二名带武器的卫士（即"法西斯"）；埃及人认为，死人的灵魂能登上太阳神"拉"的神舟，超越十二个国土，飞升到天国。

希腊神话与星座传说浑然一体。英雄赫拉克勒斯历艰冒险完成的十二件大事，大都可以在星空中寻到有关的星座。神话讲，赫拉克勒斯由于遭暗算而疯狂，杀死了妻子和孩子，不得不进行十二次赎罪的冒险。赫拉克勒斯的第一次冒险去征服宙斯神殿附近山谷里的狮子精，剥下狮子皮，天空的狮子星座就是纪念这一武功的；赫拉克勒斯的第二次冒险是征服水蛇，在希腊勒耳拉沼泽里，盘踞着一条九头水蛇，它从九张嘴中吐出毒气，吞食人和野兽。被征服的水蛇成为天上的长蛇星座；赫拉克勒斯的第三次冒险，是生擒奔跑如风的鹿；第四次冒险，活捉了比魔鬼还凶狠的山林野猪；第五次冒险，赫拉克勒斯用一天时间打扫30年没有打扫过的、饲养着3000头牛的奥吉亚斯国王的牛圈，如今，西方语汇中仍用"奥吉亚斯牛圈"表示极肮脏的地方；他的第六次冒险是赶走森林中伤害人畜的长着剑一样羽毛的怪鸟；第七次冒险，去捕捉喷火的牡牛；第八次行动活捉了吃人的野马；第九次行动，去取居住在土耳其的阿玛宗女人族女王希波吕忒的腰带；这以后，赫拉克勒斯到遥远的西方海岛，杀死三头六臂的妖怪革律翁，并牵回他的牛，这是第十次冒险；随后的重任，是去取金苹果，那棵苹果树由喷火巨龙守护着，这条巨龙也被编入星座传说；赫拉克勒斯完成的第十二件伟业，是把警卫在地狱的看门狗带到人间，那是个长着三个狗头的怪物。赫拉克勒斯以智慧和勇敢完成了十二件冒险任务，尽管这期间他也曾踩死巨大的螃蟹精——这巨蟹升空成为星座，也曾参加远征队攻城略地，此外还有许多显示英雄本色的战绩。然而这位希腊神话中的"第一英雄"，还是被"十二"这数字规范着：他被描绘为在十二年时间里完成十二件伟业的英雄。

这里花费笔墨复述希腊神话英雄的故事，是因为其与黄道十二宫的传说密切相关。本书将对黄道十二宫同十二生肖进行比较。

将目光移向东方，也不难看到这类崇尚"十二"的例子。印度著名史诗《摩诃婆罗多》描写般度族五兄弟因为掷骰子受骗，被放逐到森林中，要在那里待上十二年。他们在林中遇到种种妖怪，历尽艰险。苦度十二年之后，他们还须躲藏一年，如被发现，就再流放十二年。值得注意的是，类似故事在印度史诗《罗摩衍那》中也能见到。

史诗往矣，且看今朝依旧的风俗。在印度的乌贾因，每隔十二年都要举行一次盛大的贡帕庙会。届时，印度各地几十万甚至上百万宗教信徒涌向这里。相传，从前魔鬼和神仙为争夺甘露罐整整扭打了十二天，神仙打败魔鬼，得饮甘露，长生不老。争夺甘露罐时，从罐里溅出几滴，落在四个地方，其中包括乌贾因。印度人将天上的一天，比作地上的一年，所以每隔十二年举行一次贡帕庙会，庆祝神仙的胜利，感谢甘露的滋润。贡帕，意为甘露罐。

天上方一日、世间已一年的想象，也见诸我国民间传说。有趣的是，异邦人选择了十二为周期。

（二）花甲，最小公倍数

1984年，在神农架地区发现了汉族创世史诗《黑暗传》。《黑暗传》表述干支的来历，讲了一个故事：开天辟地之初，玄黄骑着混沌兽遨游，遇到女娲。女娲身边有两个肉囊，大肉囊里有十个男子，小肉囊里有十二个女子。玄黄念咒语，一声巨响，两个肉囊裂开，十男十二女跳出来。玄黄说："这是天干地支神，来治理乾坤的。"于是，为他们分别取名，配夫妻，成阴阳。男的统称天干，女的则为地支。

这一创世神话故事，讲干支，讲玄黄神、女娲神，讲乾坤阴阳，将干支的"身世"描述得十分久远。

天乾地坤，古代历来以天为主、地为从，这也体现在干支系统。十天干又叫十母，对应的十二地支则称十二子，可见谁更尊贵。汉代蔡邕《月令章句》："大桡（ráo）采五行之情，占斗纲所建，于是始作甲乙以名日，谓之干；作子丑以名月，谓之支。干支相配，以成六旬。"相传，大桡是黄帝时代的大臣。这里所说配成六旬，即六十甲子，取了天干十和地支十二的最小公倍数。干与支按顺序相组合，由甲子、乙丑、丙寅、丁卯……排至癸亥为第六十对，正好干、支均用最末一位，再排便要重由甲子开始。这一循环称为一个甲子。这其中，每个天干出现六次，每个地支出现五次。

六十甲子最初用来纪日。徐中舒《殷商史中的几个问题》［载于《四川大学学报（哲学社会科学版）》1979年第2期］说："用干支纪日，由来久远……最初可能是两个部族纪日法不同，一个以十进，一个以十二进，两部族融合之后，为查对之便就把两种纪日方法配合起来计算而成为六十甲子。"郑慧生《上古华夏妇女与婚姻》一书认为，干支纪日法的创造，是原始时代出现族外婚这一历史进步的副产品。此一部族的女子和彼一部族的男子互为配偶，男女相会需要约定日期。两个部族的纪日方法不同，一个用甲乙丙丁，一个用子丑寅卯，为避免舛误，只好采用双重纪日法。如在一个部族为丙日，另一个部族为寅日，合起来就称丙寅日，第二天再合，即丁卯日。这样依次类推，形成六十甲子。

采用干支纪日，在殷商时代已娴熟自如。河南安阳市小屯村出土的数以十万片计的甲骨卜辞中，诸如"丁巳卜，又出日""庚申，月有食""癸丑卜，作邑五""甲寅卜，争贞，我作邑"等有关干支纪日的例子，比比皆是。干支纪日的运用，就像今人轻松地说一句明天几月几日一般——至少对于吉凶行止每事必占卜的奴隶主贵族和刻写甲骨的官员，是如此。在安阳殷墟还出土了我国现存年代最久远的干支表。一块武乙时期（约公元前13世纪）的牛胛骨上，完整地刻着六十干支的顺序表（图4），很可能为当时的日历。干支也被引入人名。用出生日的天干命名，是商代上层社会的时尚。

图4 商代干支表

从《史记·殷本纪》摘录出帝王名单，几乎都是含有天干的名字，如迁殷的盘庚、赢得中兴的武丁、断送商朝天下的纣王帝辛，分别取庚、丁、辛三字。命名用天干比用地支普遍，这反映着贵天干而贱地支的情况。从地支中取名，甲骨卜辞中有记录，如有叫"午"的人，叫"卯"的人。天干命名在夏朝君王中已见，亡夏的著名暴君桀名履癸。

商代开始，干支纪日延绵不断，成为世界上使用时间最长的纪日法。春秋之前的干支纪日尚待整理。从鲁隐公元年（公元前722年）二月己巳日起，2700多年来六十甲子一直被有条不紊地用作日历，甲子、乙丑、丙寅、丁卯……一个循环接着一个循环，作为一个个昼夜的编号。这期间，干支的功能逐渐多样化。它仍充当时间单位的标号，一方面扩大了，用于纪年；一方面缩小了，十二支被用来称谓一日的十二时辰。

十二支还进入空间领域，去代表方位，去分割天空；且又同阴阳五行之说有瓜葛，不仅被注入哲学的或非哲学的神秘色彩，而且其本身仿佛就成了五色标样，成了相生相克的奇物。如今，附丽于十二地支的种种神秘，已被时代所淡化，这也包括披在十二生肖上的玄虚外衣。净化往往意味着升华。十二生肖即是净化之后的保留物，丢弃累赘的重负，换得长久的民俗生命力。

二、十二生肖的天文学背景

（一）日月经天与干支

天上有一轮月亮，水里有一轮月亮，一群好奇的猴子千方百计，要捞起水中的圆月。一代又一代少年儿童从这童话般的故事氛围里走过来，长成为知晓天文知识的成年人。地球的先民们也曾经历童话般的氛围，那是人类的童年时代。太古洪荒，原始人环顾四野，仰望天空。最早引起人类注意的圆形，一定是月亮和太阳。"悬象著明，莫大乎日月"，《周易·系辞》说的就是这么一回事。

太阳带来了光明和温暖，带来了白昼以及捕猎、采摘、充填饥肠的良辰。太阳结束夜寒，结束隐藏在黑暗中的恐怖。红日东升，朝霞满天，简直是在日复一日地搬演着一种庆典。山东莒县发现的大汶口文化陶尊上刻画有符号（图5）。有人将其识为"炅"字，字义释为"热"。另有解释则认为，陶器上这个符号，为繁体的"旦"字，该是甲骨文"旦"字的先辈。古老的"旦"字，如今用来表示时刻，如通宵达旦、枕戈待旦，似乎并没有什么瑰丽的色彩。而当初，它作为最早一批象形字，刻画在并非仅仅具有容器功用的陶器上。它的创造者还不懂得要做造字的仓颉，也不只是为了画下最古老的"日出印象"。那符号含着企盼，含着祝祷，或许就是天体崇拜的太阳神偶像。正是因为太阳和月亮，圆，甚至具备了创世的意义。古代开天辟地的神话故事讲"天地混沌如鸡子，盘古生其中"（《艺文类聚》卷一引《三五历纪》）。柏拉图《蒂迈欧篇》说："创世者在一个球形的方式中创造了世界，球形（即圆形）的外形是所有外形中最完美的。"对于圆的推崇离不开对太阳、月亮的联想。日球和月球是播撒光明的圆。

图5　大汶口文化陶尊上的符号

日有升落，月有盈亏，更为两颗天体增添许多神秘，连同诸多问号。先民们设问自答，那孜孜以求产生了瑰丽的天体神话。《山海经·海外东经》记："汤谷上有扶桑，十日所浴，在黑齿国北，居水中。有大木，九日居下枝，一日居上枝。"《山海经·大荒东经》也记载了类似的神话故事："上有扶木，柱三百里，其叶如芥。有谷曰温源谷。汤谷上有扶木，一日方至，一日方出。皆载于乌。"乌，《淮南子·精神训》记"日中有踆（cūn）乌"，踆乌即三足乌，为日精。大木、扶木则是神话传说中的扶桑树，其高"三百里"，十颗太阳如十颗成熟的果子，垂挂枝头，轮流跃上树梢，俯照大地。你升他降的间隙，便由黑夜来间隔。多么宏大的太阳家族，多么奇妙的天体解释。

太阳怎么会是十兄弟呢？《山海经·大荒南经》描述："东南海之外，甘水之间，有羲和之国。有女子名曰羲和，方浴日于甘渊。羲和者，帝俊之妻，生十日。"羲和真是个多产而又充满母爱的母亲，她正在甘渊为十个太阳孩子洗澡呢。十日神话还有续曲："女丑之尸，生而十日炙杀之……十日居上，女丑居山之上。"（《山海经·海外西经》）十兄弟协力，将山顶上的女丑烤炙致死。这似乎没有引起公愤。到后来，"尧之时，十日并出，焦禾稼，杀草木，而民无所食"。十日炎炎似火烧，田谷禾稻尽枯焦的亢旱，再加上怪兽、长蛇、猛禽、野猪为害，天下真有些不妙了。于是，"尧乃使羿……上射十日"（《淮南子·本经训》），羿仰天控弦，中其九。"羿焉彃日？乌焉解羽？"经屈原《天问》这么一问，使得羿射九日的故事更加圆满：羿开弓放箭，太阳里金乌不免要羽毛纷落的。

与十日神话珠联璧合，是十二月亮的故事，《山海经·大荒西经》："有女子方浴月。帝俊妻常羲，生月十有二，此始浴之。"帝俊可是个多福的天神，他不单有十个太阳儿子，还有十二个月亮——大概是女儿吧，月阴嘛。他妻子常羲在为十二个月亮孩儿洗浴呢。

太阳和月亮的传说是中国古代神话最绚丽的篇章之一。这些故事记载于古籍，也记录于古代造型艺术品。现藏于上海博物馆的汉代群神禽兽铜镜，饰纹宛如长卷，将美丽的日月神话容纳于一图。图案中，一神人捧一圆球，中有一乌。圆球即太阳，捧太阳者为羲和。羲和左边为舟形车，车轮作一团旋转的云气，上有五神人，驾六龙。楚辞《九歌·东君》："驾龙辀兮乘雷，载云旗兮委蛇。"《初学记》引《淮南子·天文训》注云："日乘车，驾以六龙，羲和御之。"日神驾六龙巡天的神话也在镜上表现出来。又有神人捧着中间含蟾蜍的圆形，神话说月中有蟾蜍，捧月者自然是常羲。这面铜镜铭文有"买者大富，延寿命长"的吉利话，当是用来取悦购镜者的，可见铜镜是民间工匠铸造的商品镜。这反映了日月神话在汉代的广泛流传。

十日和十二月的神话，可做探究天干地支的材料。宋代朱熹《楚辞集注》引述"天有十日，日之数，十也"的说法，认为"此十日，本是自甲至癸耳，而传者误以为十日并出之说"。他将十日神话与十天干联系而论，认为先有甲乙丙丁等十天干，后有十日并出的故事附会。

数学十进制的发明，派生出类似"旬"的概念，影响了十日神话和十天干的产生。地支十二数，除了与十月历法的十二兽纪日有关，还同十二月历法相关。就是说，地支数目可能取于月亮盈亏十二次为一岁的观天所得。

一年有十二个月，这在今天只能代表学龄前儿童的知识水平。在原始时代，先民们体验着寒暑交替的循环往复，为寻找一个标准丈量这段时间周期，上下求索。草绿草黄之类物候肯定是用过的，而且在一些地方一直沿用到中古以后，宋代洪皓《松漠纪闻》载："女真旧绝小，正朔所不及，其民皆不知纪年，问之，则曰：'我见青草几度矣。'盖以草一青为一岁也。"宋代孟珙《蒙鞑备录》也记载："其俗每草青为一岁，有人问其岁，则曰几草矣。"这类测岁尺度仅仅"大概其"，充其量不过"1=1"的精度。"夜光何德，死而又育？"屈原这样设问，不满足于知其然，而在探求所以然。早有聪明的观天者发现月亮盈亏周期可以用来丈量岁的长短，发现十二次（闰年为十三次）月圆为一岁。这是"12个1/12=1"的丈量，精度提高了一个档次。这一发现，是初期历法最辉煌的成果之一，其功当不在后稷教稼、大禹治水之下。纪念这一发现，"帝俊妻常羲，生月十有二"的神话便是口碑。"十二"，被视为传达着天意的"天之大数"。天干需地支为伴，日月相对，天地相对，为"十"配伍，就非"十二"莫属了。

与十天干相比，十二地支可算"多面手"。除干支联袂、双双登台外，地支还在许多领域扮演角色。酉时、卯时，子夜、正午，一天十二时辰用它命名。即便在干支纪年的帷幕下，地支也能甩开天干，与生肖发生单线联系，伴随着斗转星移，轮流上演子鼠、丑牛、寅虎等十二出连续剧。这系列剧的大背景是繁星闪烁的天空，是等分周天的十二辰——每一辰都有地支名称，以及大约十二年巡天一匝的岁星和十二星次。换句话说，十二生肖的产生，有着天文学的背景。

（二）岁星、太岁和干支纪年

星河灿烂，启人驰骋想象力，令人设问，百思盼得其解。

《天问》记下战国时代伟大诗人屈原的思索："天何所沓？十二焉分？"王逸《楚辞章句》释："沓，合也，言天与地合会何所？十二辰谁所分别乎？"郭沫若将屈原这两句诗译为："到底根据什么尺子，把天体分成了十二等分？"屈原的问号，就如一只金钩，恰恰钩在中国天文学史绚丽多彩的段落：关于十二辰，关于太岁，关于岁星与十二次。这些均同十二生肖相关。

殷商时代，在龟甲和牛肩胛骨上刻写文字的卜官，一笔一画地刻："弜又于大岁。"（转引自翦伯赞、郑天挺《中国通史参考资料·古代部分　第一册》第36页）这是迄今为止发现的关于岁星的最早记载。后来，随着五行说的盛行，太阳系九大行星之一的岁星被命名为木星。

岁星是颗引古人注目的星，它很亮，不断移动着，仿佛穿行于群星之间。《山海经·海内经》："后土生噎鸣，噎鸣生岁十有二。"这是讲岁星的轨道周期，岁星沿轨道绕行一周需11.86年。古人观天，发现大约12年以后岁星又在同一星空区域出现。于是，根据岁星每年在星空背景上的位置，将周天划分为十二次。次，《左传·庄公三年》解释："凡师，一宿为舍，再宿为信，过信为次。"可见，"次"表示停留。岁星经过一"次"，需要一年的工夫。

岁星每年行一个星次，因此可以以岁星纪年。如，岁星运行到十二次中星纪范围，那一年就称"岁次星纪"；转年岁星移到玄枵（xiāo）范围，便称"岁次玄枵"。多年来，香港发行的生肖邮票均标"岁次"，譬如1974年为甲寅虎年，邮票上印"岁次甲寅"。这颇见古代岁星纪年遗风。取诸岁星纪年的，不过"岁次"二字；至于标以干支，倒更接近于古代的太岁纪年。

何谓太岁？这要从十二次之外另有十二辰说起。殷墟出土的甲骨文证明十二地支的悠久历史。十二支应用于天空区划，就是十二辰。正北方为子，正东为卯，正南为午，正西为酉，十二支顺序排列，各标一辰。沈括《梦溪笔谈》说："今考子丑至于戌亥，谓之十二辰者，

《左传》云：'日月之会是谓辰。'一岁日月十二会，则十二辰也。"

岁星纪年有两个缺点。首先，岁星在星座背景上的移动速度并不均匀，用岁星所处位置纪年并不理想。其次，岁星周期实际上不是12年，12年就有0.14年即大约51天的岁差，欠精确。于是，古人假设出一个理想的天体——太岁。太岁出自虚构，尽可以避免岁星纪年的缺点。古人设想其整整12年一周天，且行速均匀。运行方向同岁星相反，与十二辰方向一致。用假想中的太岁所在十二辰的位置来纪年，就是太岁纪年。

在战国时代，人们并不用子年、丑年的叫法，而是另备一套十二个年名：太岁在寅即如今虎年，叫摄提格；在卯即如今兔年，叫单阏（yān）；在辰即如今龙年，叫执徐等。屈原写《离骚》，讲自己的生日："摄提贞于孟陬兮，惟庚寅吾以降。"摄提系摄提格的省称。那是太岁处于寅位的虎年。

摄提格、单阏、执徐这一套稀奇古怪的年名，并没有被坚持用下来。由于岁星周期不足12年，太岁与它的对应关系难以为继。终于，人们不再理会岁星纪年的"旧章程"，只保留假想中的太岁，按部就班地12年一循环。太岁纪年使用过的那些年名，也被十二地支所取代。

今人每逢辞旧岁迎新年之际，常讲"山君（虎）退位，玉兔值岁"，或"银蛇赴壑，金马欢腾"之类话语，仿佛生肖在交班接班似的。可是，对于古时曾用过的太岁纪年，恐怕就感到陌生了。有句俗语流传了千百年："谁敢在太岁头上动土？"旧时，视太岁为凶神，"抵太岁凶，负太岁亦凶"的迷信，确曾唬过不少人。

（三）十二生肖介入二十八星宿

中国古代天文学有四象二十八宿之说，其起源很早，它们与十二生肖有着千丝万缕的联系。古人认为恒星是不动的，太阳（**其实太阳也是恒星**）、月亮和水、金、火、木、土五大行星即七曜（yào）在恒星的衬景前，周而复始地做着画圆运动，月亮28天一周期，木星即岁星大约12年一周天，土星28年一循环等。为了标定日月五星等天象发生的位置，人们尝试着将天空恒星群分割成块，建立一个坐标系。这种努力在春秋时期已获硕果，那便是二十八星宿体系。1978年湖北随县（**今随州市曾都区**）发掘的战国早期（**公元前433年或稍后**）曾侯乙墓，以出土一套64件大型青铜编钟而一鸣惊人，举世称奇。其实，一同出土的一只绘有二十八星宿图的漆箱盖，其在天文学史上的意义，与编钟在音乐史、冶金史上的意义是难分伯仲的。漆箱盖图案，围绕一个斗大的北斗星的"斗"字，二十八星宿的名称写了一圈，两端还绘有四象中的两象——苍龙和白虎。这是包含完整的二十八星宿名的早期史料。画面上，苍龙飞动，白虎也在飞动，透露着磅礴雄浑的先秦气象。

二十八星宿的分布，在天空围成一圈，每一宿都好像是道路上的里程碑，可以用来说明七曜的行迹。"宿"即"舍"，有驻留的意思。东汉《论衡·谈天篇》说："二十八宿为日月舍，犹地有邮亭为长吏廨矣。"月球的轨迹一天前行一宿，28天正好绕完全程。因此，有二十八宿为月躔（chán）所系之说。月躔，月亮的运行之迹。

"苍龙连蜷于左，白虎猛踞于右，朱雀奋翼于前，灵龟圈首于后"，汉代张衡《灵宪》这段奇妙的描绘，不是摹状大地上的动物，而是想象中由二十八宿组合的四组动物图案，即所谓四象（图6）。四象的归属，以二十八宿在春分那一天黄昏时的星宿方位为基准，东南西北还分别配上四种颜色，分为：青色东方苍龙，角、亢、氐、房、心、尾、箕七宿；黑色北方玄武（**龟蛇**），斗、牛、女、虚、危、室、壁七宿；白色西方白虎，奎、娄、胃、昴、毕、觜（zī）、参七宿；红色南方朱雀，井、鬼、柳、星、张、翼、轸七宿。苍龙七宿，被视为一条龙，角宿为龙角，亢宿为龙颈，氐宿做龙胸，房宿做龙腹，龙心是心宿，龙尾则是尾宿和箕宿。同样，西方七宿俨然一只虎，奎宿为虎尾，娄宿、胃宿、昴宿、毕宿组成虎身，觜宿被视为虎头、虎须，参宿为虎前肢。其他两象亦然。

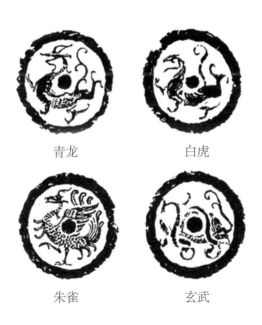

青龙　　　　　　白虎

朱雀　　　　　　玄武

图6　汉代瓦当四象纹饰

　　四象配二十八宿，湖北随县曾侯乙战国墓出土的漆箱盖星图是较早的史料。四象之说在汉代得到广泛的流传，瓦当、画像石、铜镜上留着它们的形象，至今仍显示着神采飞动的灵气。当然，那灵气不属于天上星官，而出自工匠和艺人的才智。先有四象，还是先有二十八宿，一直是天文学史上的一个课题。1987年，河南濮阳的一处仰韶文化遗址中，发现一成年男性骨架左右两侧，有用贝壳摆塑的龙虎图案（图7），碳14测定为6500年前遗物。同是龙虎形，从战国早期墓至仰韶文化遗址，时间提前了数千年。远在以陶器为文明旗帜的时代，华夏先民就开始将动物（**包括想象中的动物：龙**）与星空联系起来。谁能说创造青龙白虎的思路，同创造子鼠丑牛寅虎辰龙的思路不是一脉相承呢？

图7　河南濮阳西水坡龙虎蚌塑

中国古代有十二辰之说，将周天等分为十二份，用十二支来表示。中国古代又有二十八星宿之说。这样，天空便有了两个人为划定的"圆周"系统。它们存在对应关系。十二辰用地支为标志号，而十二支又有生肖属配，这就产生了十二生肖同二十八星宿的关联问题。宋代大学问家朱熹注意到这一点。据宋代王应麟《困学纪闻》记，朱熹曾谈道：

> 以二十八宿之象言之，唯龙与牛为合，而他皆不类。至于虎当在西，而反居寅；鸡为鸟属，而反居西，又舛之甚者。

十二辰中辰位在东，辰为龙，四象中苍龙也居东；十二辰的丑，同牛宿大致相对，丑属牛。所以，朱熹讲"唯龙与牛为合"。白虎七宿在西，十二辰寅的方位相反；朱雀七宿居南，鸡为鸟属，十二辰的酉却方位在西，朱熹称为"舛之甚者"。

那么，古人将十二辰同二十八宿设计为怎样一种双环叠印呢？

明代李诩《戒庵老人漫笔》引明代大学士王鏊（ào）的话：

> 二十八宿分布周天以直十二辰，每辰二宿，子、午、卯、酉则三，而各有所象。女土蝠，虚日鼠，危月燕，子也；室火猪，壁水貐，亥也；奎木狼，娄金狗，戌也；胃土雉，昴日鸡，毕月乌，酉也；觜火猴，参水猿，申也；井木犴，鬼金羊，未也；柳土獐，星日马，张月鹿，午也；翼火蛇，轸水蚓，巳也；角木

蛟，亢金龙，辰也；氐土貉，房日兔，心月狐，卯也；尾火虎，箕水豹，寅也；斗木獬（xiè），牛金牛，丑也。天禽地曜，分直于天，以纪十二辰，而以七曜统之，此十二肖之所始也。

王鏊认为，以二十八种动物配属二十八星宿，并"以七曜统之"，所成"女土蝠，虚日鼠，危月燕，子也"的格局，是十二生肖的起源。这位明代学问家的见解缺乏立论依据。因为，二十八宿逐一属配动物形象的记载，比起十二生肖的记载，年代是较晚的。

清代刘献廷《广阳杂记》引李长卿《松霞馆赘言》，谈二十八宿之属，配属动物与王鏊所言相同，但论其和十二生肖的关系，另有主张：

二十八宿之属，其义何居？曰：即前十二属加一倍者也。亢金龙，辰宫也，角木蛟附焉。蛟，龙类也。房日兔，卯宫也，氐土貉、心月狐附焉。貉、狐，兔类也。尾火虎，寅宫也，箕水豹附焉。豹，虎类也。牛金牛，丑宫也，斗木獬附焉。獬，牛类也。虚日鼠，子宫也，女土蝠、危月燕附焉。蝠、燕，鼠类也。室火猪，亥宫也，壁水貐附焉。貐，猪类也。娄金狗，戌宫也，奎木狼附焉。狼，狗类也。昴日鸡，酉宫也，胃土雉、毕月乌附焉。雉、乌，鸡类也。觜火猴，申宫也，参水猿附焉。猿，猴类也。鬼金羊，未宫也，

井木犴附焉。犴，羊类也。星日马，午宫也，柳土獐、
张月鹿附焉。獐、鹿，马类也。翼火蛇，巳宫也，轸
水蚓附焉。蚓，蛇类也。子、午者，天地一定之位；
卯、酉者，日月所出之方。故八宫皆二，而四宫独三。

《松霞馆赘言》的作者认为，二十八宿属配动物"即前十二属加
一倍者也"，不过是十二生肖增倍而已。他的评述，用"亢金龙，辰
宫也，角木蛟附焉。蛟，龙类也"的句式，也体现了这一主张：先
有十二生肖作为基础，凑齐二十八种星宿动物的途径，是靠"附
焉"——以相类的动物"附焉"。二十八并不是十二的整数倍，一一
配属，且能讲出些道道儿来，也是颇费斟酌的。

二十八宿神进入道教神仙谱。在道教神仙画中，二十八宿星君的
标志，便是相应动物的图形，如北方七宿星宿分别绘有猪、獝、蝠、
鼠、燕、牛、獬图形。

以动物属配二十八宿，想象瑰丽，构思精妙。可是，其先天性的
弱点也显而易见，即它是附会十二生肖而凑成的。

产生神话的时代，产生了神话。这时代一经过去，就再不会有神
话产生。新创作的产物，只可能是仙话或者民间传说。情同此理，形
成四象和十二生肖的时代既已久远，不管怎样巧妙地拼合出一组动
物，也难具备四象的磅礴气势、十二生肖的奇特阵容。为二十八宿配
上二十八种动物的设计，不能说安排得不周全。但正是这用心良苦的
谋划、安排，暴露出太多人为的痕迹。翻版的痕迹较浓，证明它不是
首创之作。因是对旧有物的发挥，对老段子的敷衍，虽经精雕细刻，

终欠浑然天成。

然而，这毕竟是关于二十八星宿与十二生肖关系的思索。它提供了一面镜子。如果将当年创造四象和十二生肖比作画蛇，那么，后世为二十八宿安排配属之举就是添足。这添足之笔毕竟是为蛇图续笔，一幅添足的"蛇图"自然也有认识上的价值。

我们所要鉴赏研读的"蛇图"，就是十二生肖。

三、生肖的选择

（一）"禹是一条虫"

4000多年前，原始社会通向阶级社会的门槛，跨立着禹。禹作为部落联盟的领袖，与生肖又有什么关系？史论"禹是一条虫"，使两者发生了联系。

盘古抡板斧开天辟地，做了神话里创世的英雄。大禹治水，以救世英雄的身份传位给儿子启，从而开创了夏朝。长期沿袭的古史表述，半个多世纪之前遇到了挑战。史学家顾颉刚《与钱玄同先生论古史书》提出一个石破天惊的说法：禹本是古代神话里的动物，被华夏先民附会为治水的英雄。禹铸九鼎。禹从何来？顾颉刚认为，禹恰恰是从九鼎上来的。禹，《说文解字》："虫也，从厹，象形。"而《说文解字》释："兽足蹂地也。"顾颉刚提出，以虫而有足蹂地，大约是蜥蜴之类。禹或许是九鼎上铸的一种动物，当时铸鼎象物，奇怪的形状一定很多，禹是鼎上动物中最有力者，也许还铸为敷土的样子，所以就被传为治理河川平水患的人。流传到后来，禹就成了真的人主了。

一石击起千层浪，顾颉刚的见解在当时如击水的石子。而今，人们对于类似的讲法已经能够平静地兼收并蓄了：伏羲、神农、黄帝、尧、舜等均为动物形象演变而来。一些历史学家，如著《古史辨》的杨宽，相信传说里中国上古时代的英雄圣贤，十之八九原是动物神灵的化身。他们的原型与禹一样，是"虫"——这"虫"应该包括爬虫、走兽甚至飞禽，就像《水浒传》称吊睛白额猛虎为"大虫"一样。《淮南子·览冥训》记载女娲补天神话故事的一段文字："往古之时，四极废，九州裂，天不兼覆，地不周载，火爁焱而不灭，水浩洋而不息；猛兽食颛民，鸷鸟攫老弱。"这是女娲救世的起因，接着叙述女娲的救世功绩："炼五色石以补苍天，断鳌足以立四极，杀黑龙以济冀州，积芦灰以止淫水。"结果则是"苍天补，四极正；淫水涸，冀州平；狡虫死，颛民生。"这段记载之中，先因后果成龙配套，件件有着落。与"猛兽食颛民，鸷鸟攫老弱"相呼应，是"狡虫死"，一个"虫"字照应着猛兽和猛禽。

关于"禹"的考证，顾颉刚力图将古代青铜礼器所铸动物图样，与古籍文字记载结合起来。殷商西周青铜器饰纹，动物形象充当了显赫的主角。这保留着上古时代重要的文化信息，即在人类的童年时代，人们最初并不是按照自己的模样造神，而是将对神灵的崇拜倾注给动物，塑造出动物神祇。古史专家张光直《商周神话与美术中所见人与动物关系之演变》，对此有所评述："在美术上，亘商周两代，种种的动物，或是动物身体的部分，构成装饰美术单元的一大部分……这些动物的种类，有一大部分是可以认出来的，如水牛、鹿、犀牛、虎、象、羊、牛及其他哺乳类；蛇及其他爬虫类，以及蚕、蝉和许多种类的鸟和鱼。另外还有些动物，则是神话性而自然界所无的，如饕餮（tāo tiè）、龙、凤及其种种的变形。"他还说："商周神话与美术中的动物，具有宗教上与仪式上的意义。"

原始人类的动物崇拜，可以从物质生活和精神生活两方面给予解释。人类从动物开始。摆脱动物界的漫长过程，却依赖动物的"支持"——动物类食物的摄取，这保证了人类的生存繁衍；为此所采取的行为方式也是动物般野蛮的——猎取。正是生存的物质需要，使得人类原始思维阶段的万物有灵信仰，较多地注目于动物。猛兽的凶悍力量，飞禽的展翅云天，水族的悠游江河，动物较诸人总有一技之长，也引发着人们海阔天空的遐想，使那一技之长越发变得神乎其神。

动物崇拜，人类思维演进史的重要的一环，它处在整个链环的前部而不是末端。"首先是天，其次是地，接着是动植物，然后是人体，而最后（迄今还未完成）是人的思维"，哲学家罗素《宗教与科学》一书这样概括各门科学发展的次序。这段话同说明八卦来源的一段中国古语很有相似处，《易·系辞下》说："古者包牺氏之王天下也，仰则观象于天，俯则观法于地。观鸟兽之文与地之宜，近取诸身，远取诸物，于是始作八卦，以象通神明之德，以类万物之情。"八卦，华夏先民力图认识自然规律、预测自然变化而长期探索的结晶，其高度抽象化的概念所由何来？《易·系辞下》的罗列言之有物，井然有序，依次是观天文、察地理、观鸟兽和取诸自身。

动物与植物之间，人类的目光先是较多地投于动物，后来才逐渐移向植物。艾恩斯特·格罗塞《艺术的起源》讲到，狩猎部落的装饰艺术主要选取动物题材，因为这种题材对于他们有最大的实际趣味，"从动物装饰到植物装饰的过渡，是文化史上最大的进步——从狩猎生活到农业生活的过渡——的象征"。

当然，这种象征并非晴雨表式，不可能立竿见影。它对于社会物质生活做出的响应，有相当长的滞后期。进入农业时代的民族，不可能一夜之间喜新厌旧，抛掉动物性装饰，不会一下子同动物崇拜绝缘。萧统编《文选》，"宫殿"类收入的两篇赋，其一为王延寿的《鲁灵光殿赋》，描写的是汉殿；另一为何宴的《景福殿赋》，描写的是魏殿。两者写作时间相去200年。鲁灵光殿雕饰所用的丰富的动物形象，在景福殿置换为植物形象。这大约反映了由动物装饰向植物装饰的过渡。

汉赋描写的动物图案，令人驰骋想象，但毕竟不是画幅。湖南马王堆一号汉墓出土的彩绘帛画（图8），直接将视觉形象诉诸目力。整幅帛画呈"T"形，画面上部描绘天国情景，有栖息着太阳的扶桑树，有月牙和奔月的嫦娥，有拱手相对的天国守门人。画面上的人首蛇身形象，或释为女娲，或释为伏羲，或释为烛龙，为人兽同体神祇。帛画中部，一位拄杖老妇，前面两人跪迎，后面三侍女随从，当为人间贵妇的生活写照。通观整幅帛画，最活跃、有生气，因而也最引人注目的构图"元件"，是动物，是五花八门的珍禽异兽。四条腾龙，青的、白的、红的，腾姿飞态生动。日中踆乌，月中蟾蜍和玉兔，自是神话"明星"。同时，有豹、有马，以及不知名的怪兽；有孔雀、有鹤、有枭以及人首鸟身的神禽；有龟、有蛇和形状古怪的

异虫。研究古代美术史的专家常书鸿评论说，这帛画"结构很符合王
延寿《鲁灵光殿赋》中记壁画的情形"（见《文物》杂志1972年第
9期）。这当是针对帛画上蔚为壮观的动物阵容而言。那么多的神奇
动物，形成艺术的、宗教的氛围，强烈中含着狂热。它是青铜礼器动
物饰纹的延续和发展，难免继承动物崇拜的风习。它也饱含汉代精神，
将动物和日、月、神、人聚于一幅，结构为天国、人间、地府三境界。

图8　长沙马王堆汉墓出土帛画

在这汉代人想象中的大世界里，不论世间贵族妇人，还是天国守门者、大地支撑人，活动空间都被限定在"岗位"上，难以"串岗"。即便天界之神也并不怎么自由，人身蛇尾神悬于日与月之间，奔月的嫦娥大概只能上不能下，方才后悔偷吃"灵药"。帛画中唯有那些动物形象，飞禽展翅，走兽腾奔，蛇身蜿蜒于画面。因为处于动的态势，它们似乎可上天、可入地，能够给任何领域带去生机与灵气。

帛画凝固了汉代人幻想世界的一瞬间，成为今人思古的参照物。汉代尚且如此，上古时代的动物崇拜是怎样的情形呢？二十八宿被想象为苍龙、玄武、白虎、朱雀四象，许多星辰以动物命名，其文化前提、民俗心理的背景，不是可以在帛画上寻到一二吗？十二支，向上划分星空广宇为十二辰，向下划分太岁行地为十二年，并且还是纪日、纪年的序数。这样十二个"割切"时空、富有神秘色彩的符号，同动物珠联璧合，形成生肖，是人为地偏要如此，还是顺理成章？帛画上的动物仿佛在说：非我莫属。

同样，以此质之青铜器的动物纹饰，所得答案也该如此。

"禹是一条虫"，尚无那"虫"即是生肖的直接证据。然而，倘若仅仅一口咬定于此，实在是浮于表层的见解。

"禹是一条虫"，其深层意义如同富矿，蕴藏着古代许多色彩瑰丽的文化现象——神话的、民俗的、心理学的、哲学的、人类学的等。十二生肖在其间经过岁岁年年的孕育，终于走入中国人的生活。

（二）从图腾崇拜说生肖

在工业文明日益广泛地影响着北美大陆社会文化生活的时候，

1791年一位英国学者在印第安人部落发现了图腾崇拜，其记述印第安人生活的游记最先记下"图腾"这一名称。这是活生生的远古文化遗存。确切地讲，应叫遗风。以后，在大洋洲、东印度群岛和非洲土著居民中，均发现了图腾崇拜。200多年来的研究成果表明，图腾崇拜是人类文化发展史必经的过程。

关于十二生肖与原始图腾崇拜的关系，1981年到彝族聚居地区采风的科学工作者记录下一些弥足珍贵的材料。居住在云、贵、川三省交界处四川大凉山地区的彝族同胞中，保留了丰富而有历史渊源的天文学知识，这些知识与彝族神话故事、民间传说乃至星占迷信相交缠，渗入日常生活。当地彝族的十二肖兽与汉族基本相同，但可以对其做出与图腾崇拜有关联的解释，依据就是彝族流传至今的民俗。当地以十二兽纪日，今日是鼠日，明天即牛日；虎日赶虎街（集市），猪日赶猪街。彝族的一些氏族以十二生肖命名。有些地方建十二兽神庙，每年举行祭祀活动，在肃穆庄严的气氛中跳十二兽神舞蹈。这些民风民俗，吉光片羽，为生肖文化的研究提供了材料。

原始人迷信某种动物或自然物同氏族有血缘关系，用来做本氏族的徽号或标志，这就是图腾。英国人类学家弗雷泽《图腾主义与外婚制》描述了图腾的若干特点："图腾是野蛮人出于迷信而加以崇拜的物质客体。他们深信在图腾与氏族的所有成员中存在着一种直接和完全特殊的关系。"图腾通常"是某一种特殊的动物或某一个特殊的植物，很少把无生命的自然物当作图腾，而人工制品当作图腾的则更少"。

将"图腾"一词引进我国，是清代光绪年间严复的译著《社会通诠》。书中说："聚数十数百之众，谓之一图腾，建虫鱼鸟兽百物之形，揭橥之为徽帜。"译文同时，严复特加按语："图腾者，蛮夷之徽帜，用以自别其众于余众者也……由此推之，古书称闽为蛇种，槃瓠犬种，诸此类说，皆以宗法之意，推言图腾，而蛮夷之俗，实亦有笃信图腾为其先者，十口相传，不自知其怪诞也。"中外横向比较，开了中国图腾研究的先河。

运用图腾说解释神话、古籍记载及民俗民风，往往可获得举一反三之功。《列子·黄帝篇》："黄帝与炎帝战于阪泉之野，帅熊、罴、狼、豹、貙（chū）、虎为前驱，以雕、鹖（hé）、鹰、鸢（yuān）为旗帜。"《史记·五帝本纪》：黄帝"教熊、罴、貔、貅、貙、虎以与炎帝战于阪泉之野"。以往的注释尽在动物"可以教战"上下功夫，颇显勉强。引用图腾说，便洞若观火。神话所反映的，应是黄炎之争时黄帝部族与众多小部族结为联盟的情况，熊、罴之类走兽与雕、鹖之类飞禽，无非都是部族图腾的标志。至于黄帝部族，郭沫若《两周金文辞大系》以天鼋为其图腾的名号，即黄帝部族族徽。此外，黄帝还被称为有熊氏，这与前引两则有关图腾的神话记载均将熊排在众兽之先有无内在联系？"帅"（率）者黄帝，其部族大概也要列于战阵，黄帝本人也要身先士卒吧。

传说中有"百兽率舞"的记述，在化装上、动作上模仿动物的原始舞蹈，来源既远，流传亦久，后来演变为傩（nuó）舞。"大傩，谓之逐疫"，傩舞成为腊月驱除四方疫鬼的仪式。《后汉书·礼仪志》记："其仪：选中黄门子弟年十岁以上、十二以下，百二十人为侲（zhèn）子。皆赤帻皂制，执大鼗（táo）。方相氏黄金四目，蒙熊皮、玄衣朱裳,执戈扬盾。十二兽有衣毛角,中黄门行之,冗从仆射将之,以逐恶鬼于禁中。"仪式上,120名儿童做逐疫驱鬼的"侲子",他们蒙红色头巾,着黑色服装,每人手持一面拨浪鼓。大傩仪式的主角是方相氏和十二神兽。方相氏脸部遮以熊皮制作的面具,面具上有四只金黄色的大眼睛,着装为上身黑下身红。十二神兽的打扮,各个头上长角、身上披毛皮。晚间,宫内文武官员排列两阶,方相氏和十二神兽手舞足蹈驱疫鬼。

傩舞源于原始图腾舞蹈。傩舞中充当领舞角色的方相氏,所戴面具上有四只金光闪闪的眼睛,威武可怖。这种面具曾在安阳殷墟古墓中出土,是为商代傩舞的实物材料。青海出土的新石器时代舞蹈彩陶盆(图9),描绘了图腾舞蹈的情景。

图9　青海大通出土的舞蹈彩陶盆

驱傩舞蹈偏偏选中十二兽，这一点值得重视。扮兽参舞者所扮形象大约并非一律，这至少因为他们要各自代表一种食鬼之神灵。很可能的情况是，原始状态下的这种取数"十二"的图腾舞蹈，同十二生肖有着某种渊源关系。换个角度讲，大傩仪式上的十二兽、十二神，是为照应一年十二个月，以求月月平安；至少，是为表示驱除四方疫鬼，用来照应十二方位的。然而，这两种照应都离不开子丑寅卯，也就与十二生肖挂起钩来。

驱傩风俗中的十二生肖（**十二属**），敦煌文物唐代的《进夜胡词》写得分明。编写为伯三四六八写卷《进夜胡词》，反映了唐代敦煌民间称为"进夜胡"的驱傩风俗。北宋杨彦龄《杨公笔录》说："唐敬宗善击毬，夜艾，自捕狐狸为乐，谓之'打夜狐'，故俗因谓岁暮驱傩为'打夜狐'。"唐敬宗李湛以猎狐取乐，百姓猎狐以进献，上有所好，臣民投其所好，进而将远古流传下来的驱傩活动称为"进夜胡"了。同时，鉴于同北方少数民族的关系，以"胡"谐"狐"还兼具另一层意思。

《进夜胡词》写道："更有十二属，亦为解凶吉。"十二属即十二生肖。读《进夜胡词》可知，唐代敦煌民间的岁末驱傩活动，依旧充满了宗教般的狂热气氛。四方之鬼，"擒之不遗一"，十二属代表着方位上、时间上的意义，也在驱傩中派上逢凶化吉的用场。

"更有十二属，亦为解凶吉"，同《汉书》所记驱傩活动中的"十二兽有衣毛角""十二神追凶恶"，该是一脉相承。两者的共同来源，则是原始图腾崇拜。

分布在四川、甘肃两省交界处平武县、九寨沟县、文县一带的白马人（也叫白马藏人），保留着跳十二相舞的风俗。十二相舞面具，图案取十二生肖。《民间文艺季刊》1990年第1期《面具文化概观》一文说：

> "十二相舞"因部族不同，面具略有差别，但具有更多的共性，各种动物基本上与十二生肖相同，有时加上大雁、孔雀、狮、象，代替鼠、兔等，这与受到佛教影响有关。跳十二相舞的目的与曹盖相同，无非是为了禳灾纳吉。

白马人的驱鬼傩舞分为"曹盖"和"十二相"两类，均为图腾舞蹈的遗风。十二相舞，原来就是戴着十二种生肖动物面具的舞蹈。这则民俗材料，正可说明生肖与图腾的关系。

这里再来说一说搜集自彝族聚居地区的材料。在那里的一些地方，每年在十二兽神庙举行祭祀活动，跳十二兽神舞蹈。其背景是生肖不仅用来纪年，而且用来纪日，不单单是"马年谈马""羊年说羊"的问题。在云南哀牢山区曾发现不少彝文兽历碑。有一通碑，左边刻"虎、兔、穿山甲、蛇、马、羊"字样，右边刻"猴、鸡、狗、猪、鼠、牛"字样。附近彝族居民把这块碑奉为神物，每次集体围猎前，年老的妇女都要拔下几根头发，诚惶诚恐地蘸上祭祀用的鸡血，小心翼翼地粘在石碑的"虎"字处，以祈求虎神的保佑。家人、家畜患病，也这样祈求平安。

民族学家刘尧汉是彝族人。多年来，他深入少数民族聚居地区，从事调查研究。他认为十二兽历法起源于原始图腾。他的《彝族社会历史调查研究文集》，阐述了这一观点：

十二兽历法起源于原始时代的图腾崇拜，是原始人把各种动物、植物、无生物、器物（如猪槽）、自然现象（如风、砂、雨、黑、光明、水等）作为图腾的当中，选择十二种作为纪日的名称。桂西彝族纪日十二兽中，把风作为一"兽"，这也说明十二兽历法起源于原始图腾。毛道黎把肉作为十二兽之一，肉是动物整体上割下的一部分，将部分和整体等同，这也是原始性的一种反映。广西彝族和云南傣族作为纪日十二兽之一的蚁，黎族作为纪日十二兽之一的虫，巴比伦十二兽历中的蜣螂，都属于昆虫类，他们像滇西"纳苏"彝把黑甲虫作为图腾一样，都可能曾作图腾。

刘尧汉的这些见解，是以实地调查所得到的民风民俗材料为立论依据的。

研究者早就注意到，殷商甲骨文中有"羊方""马方""虎方"等，都是与商王朝并存的邦国。这些邦国以动物为号，是否出于图腾制度，用来表示血缘关系，顾颉刚曾提出这一问题。中国的姓氏有产生于图腾的，这已为研究者所公认，如姜姓从女从羊，羊可能是姜姓的氏族图腾；马、牛、龙等原是图腾的标志，后来成了姓氏。

不妨借青铜器为喻体，打个比方。远古图腾崇拜像是铜锡合金溶液，曾有过灼热耀眼、沸沸腾腾的当年，作为自己的纪念碑，它铸出青铜礼器的动物纹样，此外，还以神话传说、邦国姓氏作为浇铸的范模。经过漫长的岁月，它冷却了、凝定了，再难寻觅当年的模样。考古学、历史学、民俗学、神话学花了很大的气力，终于通过它的"铸件"得窥它的若干本貌——原始时代那熔金铄银般流动着、燃烧着的愚昧信仰和狂热崇拜。

十二生肖也是这么一种"铸件"。

（三）选择了这十二种动物

清代学者赵翼《陔余丛考》主张"十二相属起于后汉"，广罗材料以证之：

十二相属起于何时，诸书皆无明文。《韩文考异·毛颖传》"封卯地"注谓："十二物未见从来。"又，朱子尝问蔡季通十二相属起于何时，首见何书？季通亦无以对……王子年《拾遗记》：郑康成梦孔子告之曰："起起，今年岁在辰，明年岁在巳。"既悟，以谶合之，知命当终，曰："岁在龙蛇贤人嗟。"此见于后汉者也。而其时蔡邕《月令论》谓："十二辰之会，五时所食，必家人所畜之物。"又，十二物见《论衡》，《物势篇》曰："五行之气相贼害。寅木，其禽虎也。戌土，其禽犬也。丑未亦土，丑禽牛，未禽羊也。木胜土，故犬与牛羊为虎所服也。亥水，其禽豕也。巳火，其禽蛇也。子亦水，其禽鼠也。午亦火，其禽马也。水胜火，故豕食蛇。火为水所害，故马食鼠屎而腹胀。"又，《四讳篇》云："子之禽鼠，卯之兽兔。"许慎《说文》亦云："巳为蛇，取象也。"《管辂别传》亦云："蛇者协辰巳之位。"是后汉时其说甚行。更推之汉以前，则未有言及者。窃意此本起于北俗，至后汉时呼韩邪款塞，入居五原，与齐民相杂，遂流传入中国耳。王应麟以"吉日庚午，既差我马"为午马之证，"季冬出土牛"为丑牛之证。此不过因一二偶合而附会之。若古已有是，则子鼠寅虎之类，何以经书中绝不经见？惟《吴越春秋》子胥为阖闾筑大城，因越在巳地，故作蛇门。而吴在辰，其位龙也，故小城南门上反羽为两鲵，以象龙角。此则在汉之前。然《吴越春秋》乃后汉赵长君所撰，安知非出于长君附会耶？则十二相属之起于后汉无疑也。

以上引文中，《毛颖传》为唐代韩愈的作品，本书第四章将做介绍。"朱子尝问蔡季通"，朱子即宋代朱熹，蔡季通即蔡元定，《宋史》有传。《陔余丛考》引用了许多东汉时的材料，如蔡邕《月令》、王充《论衡》、许慎《说文解字》等，但只能证明"后汉时其说甚行"，不能说明生肖东汉时才有的。赵翼虽未回避东汉之前的材料，如"吉日庚午，既差我马""季冬出土牛"等，但认为那"不过因一二偶合而附会之"。该书"十二相属"条说：

　　盖北俗初无所谓子丑寅卯之十二辰，但以鼠、
牛、虎、兔之类分纪岁时，浸寻流传于中国，遂相沿
不废耳。

　　赵翼认为，十二生肖由北方少数民族地区传入中原地区，并与子
丑寅卯十二地支相配合。记载生肖的年代较早的文献，也认为东汉的
《论衡》和《月令问答》可信。赵翼的见解是有影响的。

　　然而，多少年来这并未能成为定论。因为，越是仔细品味《论
衡》和《月令》的文句，越难咂摸出"最先载录"的那么一种滋味。
王充和蔡邕记载了十二生肖。但是，王充在批驳数术迷信时谈生肖，
是兼及而非正面记述；晚于王充的蔡邕当然更不会把生肖当作"新
闻"。他们文章的字里行间显示着一种情况，即在他们生活的时代，
十二生肖早已广泛流传。需要说服力强的史料来打破《论衡》称"第
一"的纪录。

　　这纪录终于被打破。1975年，湖北云梦县睡虎地十一号秦墓出
土一批竹简。这批秦简里有《日书》两种，其中一种《日书》背面的
《盗者》一节载有十二生肖。据研究，《日书》竹简很可能成文于秦始
皇称帝之前。这就比《论衡》的记载前推了将近300年。秦简的记载
中，十二地支齐全，除了辰一项原简漏抄生肖外，其余十一项均标有
生肖：

　　　子，鼠也。丑，牛也。寅，虎也。卯，兔也。辰，
龙也。巳，蟲也。午，鹿也。未，马也。申，环也。

酉，水也。戌，老羊也。亥，豕也。

子鼠、丑牛、寅虎、卯兔、亥猪，秦简所录这五种生肖与今一致；而"巳，蟲也""申，环也""酉，水也"三项，同巳蛇、申猴、酉鸡相近；其余三项则与今不同。当代学者于豪亮对这段史料的解释如下：

"巳，蟲也。"《说文·虫部》蟲字下段注："古虫蟲不分。"而虫字下云："虫，一名蝮。"蝮是一种毒蛇，因此"巳，蟲也"，实际上是巳为蛇。

"申，环也。"环读为猨。古代从睘得声的字常与从爰得声的字通假。《左传·襄公十九年》"齐侯环卒"，《公羊传·襄公十九年》作"齐侯瑗卒"，《释文》："瑗，一音环。"《汉书·五行志》"谓宫门铜锾"，注："锾读与环同。"因此环也可以读为猨。猨即猿字，与在申属猴之说相近。

"酉，水也。"水读为雉。水与雉同为脂部字，韵母相同；水为审母三等，雉为澄母三等；而雉字得声的矢字也是审母三等；水和雉读音相近，故水可读为雉。《汉纪》云"讳雉之字曰野鸡"，雉是野鸡，现在说酉属鸡，当是从酉属雉发展而来的。

秦简《日书》所记生肖，午为鹿、未为马、戌为老羊，与《论衡》记载、现今流行的说法不同。形成差异的原因，有一种可能，即前者（**秦简生肖**）为后者（**《论衡》生肖**）的前身，《日书》之后的三百年间，不仅将"酉，水也"改为"酉，鸡也"的表述方式，而且将鹿排挤在外、将狗拉入圈内，一改"午，鹿也。未，马也……戌，老羊也"的旧制；另一种可能则是，云梦为我国楚地，楚文化发达且独具特色，秦简所记是当年楚地的说法，就是说：当时，这一套生肖组合，与《论衡》所记的那一套并存，后来王充记下的一套流传下来，而楚地这一套在王充之前或以后泯而不闻了。被王充录入著述的十二生肖，广泛地融于民间生活，获得长久的生命力，至今是中华文化汪洋中永不干涸的一滴。

天下动物多得很，古人何以选择鼠、牛、虎、兔、龙、蛇、马、羊、猴、鸡、狗、猪这十二种动物当属相？这是个远非今朝今夕的问号，自古有人致力于给出解答，各式解题不一而足。

汉族民间故事说，当年轩辕黄帝遴选十二生肖，没搞伯乐（**如果那时伯乐已出世的话**）相马那一套，而是公开赛马，平等竞争，择优录用。参赛的动物不少，其中野牛并不像如今慢腾腾拉车之牛，而是四蹄生风，跑得一牛当先。眼看就要跑到终点，哪知老鼠偷骑牛背，关键时刻来了个"冲刺"，一跃而超前，窃取了第一名。牛也就只好坐亚望冠，屈居第二。其后依次为虎、兔、龙、蛇、马、羊、猴、鸡、狗、猪。轩辕黄帝尊重这一竞赛结果，将十二地支逐一分配给它们。

这个传说故事，远不是对问题的科学解释。但是，它却确确实实地反映了人们希望对十二生肖做出解释的愿望。不单汉民族，一些使用十二生肖的少数民族也如此。

新疆柯尔克孜族同胞相信十二生肖是柯尔克孜先民创造的。这创造被保留在柯尔克孜的传说里，流传至今。《柯尔克孜族风俗习惯》一书的记录，与汉族民间传说异曲同工。故事说：

> 很早以前，有个柯尔克孜汗王率兵打仗。打了几年仗，有胜也有负。他想把这些战争记录下来，传给后代，作为经验和教训。但是由于无纪年法，实在无法记录。于是，他召集群臣，想创造一种纪年法，让群臣出主意。满朝文武，齐集一堂，各抒己见，纷纷献策，最后一致决定以动物名称纪年。
>
> 汗王号令臣民到河边围猎，将各种动物都赶到大河边，并将它们同时赶下水，十二种动物游到了对岸，以此先后决定用这十二种动物纪年。其中老鼠小巧灵活，第一个上岸，排在首位。

彝族的十二生肖顺序，因地而异，有以虎为首，也有以鼠作"排头兵"的。传说故事讲，洪荒远古，彝族的祖先原来穴居山洞，阿萨爷爷教人们搭屋盖房，又教人们盆水观星，以定时日。可是，如何称谓今年、明年、后年呢？便想出一个法子，盆子放在那里，看什么动物先来喝水。首先来喝水的是鼠，接着是牛、虎、兔等，猪的名次在第十二位。从此，人们就用这个顺序来定年月日，并编出口诀："天年鼠年首，天月鼠月首，天时鼠时首。"

类似传说，民间还有许多，各有精彩处。这类故事，或似开心解闷的笑谈，或似贬恶扬善的寓言，文学成分较浓，很难说是可以走向组合生肖的那个时代的路。

清代刘献廷《广阳杂记》引李长卿《松霞馆赘言》：

> 子何以属鼠也？曰：天开于子，不耗则其气不开。鼠，耗虫也。于是夜尚未央，正鼠得令之候，故子属鼠。地辟于丑，而牛则开地之物也，故丑属牛。人生于寅，有生则有杀。杀人者，虎也，又，寅者，畏也。可畏莫若虎，故寅属虎。卯者，日出之候。日本离体，而中含太阴玉兔之精，故卯属兔。辰者，三月之卦，正群龙行雨之时，故辰属龙。巳者，四月之卦，于时草茂，而蛇得其所。又，巳时蛇不上道，故属蛇。午者，阳极而一阴甫生。马者，至健而不离地，阴类也，故午属马。羊啮未时之草而苗，故未属羊。申时，日落而猿啼，且申臂也，譬之气数，将乱则狂作横行，故申属猴。酉者，月出之时，月本坎体，而中含太阳金鸡之精，故酉属鸡。戌时方夜，而犬则司夜之物也，故戌属犬。亥者，天地混沌之时，如百果含生意于核中，猪则饮食之外无一所知，故亥属猪。

此一说，主要是从古代昼夜十二时辰的角度解说地支和肖兽的配属关系。黑天昏地，混沌一片，须消耗这混沌，其气方能洞开。鼠，耗虫，时近夜半之际，它出来活动，将天地间的混沌状态咬出缝隙，"天开于子"是鼠的功劳，所以子属鼠。

天开之后，接着要辟地，"地辟于丑"，牛耕田，该是辟地之物，所以丑属牛。

寅时是人出生的时辰。有生必有死，置人于死地的兽类莫过于猛虎。寅，又有敬畏之意，对人来说最可畏惧的要算是虎了。所以，寅属虎。

清晨卯时，卯为日出之象。太阳本应离卦，离卦象火，为☲，内中所含阴爻，为太阴即月亮之精玉兔。这样，卯便属兔了。

辰，三月的卦象，此时正值群龙行雨的时节。辰自然也就属了龙。

巳，四月的卦象。值此之时，春草茂盛，正是蛇的好日子，如鱼儿得水一般。另外，巳时为上午，这时候蛇已归洞，因此，巳属蛇。

午，正午之时，阳气达到极端，阴气已在萌生。马这种动物，驰骋奔跑，四蹄腾空，但又不时踏地。腾空为阳，踏地为阴，马在阴阳之间跃进，所以成了午的属相。

羊，午后吃草为最佳时辰，容易上膘，此时为未时，故未属羊。

未之后申时，是日近西山猿猴啼的时辰。并且，猴子喜欢在此时伸臂跳跃。故猴配申。

酉为月亮出现之时。月亮称为太阴，应着坎卦。坎卦☵，上下阴爻，而中间的阳爻代表太阳金乌之精。因此，酉属鸡。

夜幕降临，是为戌时。狗正是守夜的家畜，也就与之结为戌狗。

接着亥时到，天地间又浸入混沌一片的状态。如同果实包裹着果核那样，亥时夜黑覆盖着世间万物。猪是只知道吃的混混沌沌的生物，故此，猪成了亥的属相（图10）。

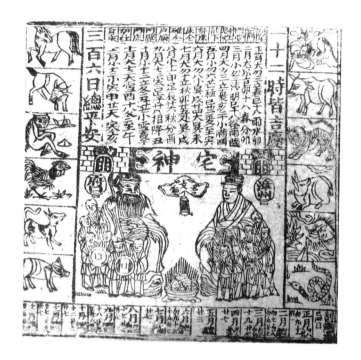

图10 漳州年画《宅神》，十二生肖图案对应"十二时皆吉庆"

以十二支时辰解释十二生肖的配属，持论即有先天不足之憾，因为十二地支及生肖最初用来纪日、纪年，标记时辰是后来使用范围扩大的结果。《松霞馆赘言》的有些解释，显得过于牵强。

宋代曾三异的笔记《因话录》从另一角度解释十二生肖：

> 子午卯酉五行死处，其属体皆有亏，鼠无胆，兔无肾，马无胃，鸡无肺。

明代叶子奇《草木子》的讲法，虽与《因话录》内容不尽相同，思路却是一致的：

术家以十二生肖配十二辰，每肖各有不足之形焉。如鼠无牙，牛无齿，虎无脾，兔无唇，龙无耳，蛇无足，马无胆，羊无神，猴无臀，鸡无肾，犬无肠，猪无肋。人则无不足也。

这一类讲法，着眼于所谓"不足之形"。兔唇三瓣视为无唇，尚可勉强；龙本人造的神物，东拼西凑合为一体，耳朵实在无所谓缺否（图11）；至于无胆、无肠、无肋、无肾等，大概经不住生物解剖学的推敲。明代学者郎瑛在《七修类稿·十二生肖》中质问："庶物岂止十二不全者？"实际上，这种解释确无多少意义，不过为十二生肖添些许神秘色彩而已。

图11 山西大同明代九龙壁龙形有耳

对于生肖各有不足之形的说法，郎瑛认为不足取。他提出"地支在下"，因此区别阴阳当看足趾数目。鼠前足四爪，偶数为阴，后足五爪，奇数为阳。子时的前半部分为昨夜之阴，后半部分为今日之阳，正好用鼠来象征子。牛、羊、猪蹄分，鸡四爪，再加上兔缺唇且四爪，蛇舌分，六者均应合着偶数，属阴，占了六项地支。虎五爪，龙五爪，猴、狗也五爪，马蹄圆而不分，均为奇数，属阳，连同属阳的鼠，占了另外六项地支。这种归类法，并非由郎瑛所首创。清代《浪迹续谈》引宋代洪巽《旸谷漫录》记：

> 子、寅、辰、午、申、戌俱阳，故取相属之奇数以为名，鼠、虎、龙、猴、狗五指，而马单蹄也。丑、卯、巳、未、酉、亥属阴，故取相属之偶数以为名，牛、羊、鸡、猪皆四爪，兔两爪，蛇两舌也。

两相对照，可知宋人著作中的这段话，应是郎瑛所借重的，二者大同小异。郎瑛在述说了上面的意思后，又出一问："他物之足爪亦岂无如十二物者？"于是，亮出据说是"未见出书，故存于稿"的见解。郎瑛的议论，没按十二支顺序。这里且依十二支顺序复述如下：

子为阴极，象征着幽潜隐晦，配之以鼠，因为鼠的特征是藏迹。

丑属阴，让人想到俯首而生慈爱。牛有舐犊之情，故以配丑。

寅为三阳，阳盛则暴，以虎配寅位，因其为猛兽，性暴。

卯，太阳生东方卯位而含西酉之鸡，月亮生西方酉位而含东卯之兔，月为阴，日为阳，正应了阴阳交感之义，所以说卯和酉是太阳月亮之门户。雌兔舐雄兔皮毛便能受孕，这是感而不交的例子。因此，卯属兔。

辰，表示阳气升起而动作，其盛以龙配之，故辰为龙。

巳也表示阳起而动作，其不那么旺盛的状态以蛇象之，故巳为蛇。

午为阳极之象，以马配午，因为马疾驰而矫健，可以代表阳极的意义。

未为阴，以羊配未。羊的形象"仰而秉礼行焉"，且有跪乳的习性。

申为三阴，阴盛则黠，以猴置申位，正因为猴性黠。

酉与卯同为太阳、月亮之私门。日生东卯而有西酉之鸡，所以酉属鸡。

戌，阴敛而潜寂。狗司夜，是为持守之物，故配戌。

亥为猪。因为亥与戌一样，也主阴敛潜寂，猪镇静持守，正好相属。

郎瑛立论的出发点，在于"十二支固属阴阳，皆于时位上见之"。他将目光瞥向生肖动物的习性特征，这或许更合理一些。因为，人类认识事物，往往先从宏观的总体印象方面把握，然后才有可能详观局部细节。如果十二生肖不是阴阳数术家闭门造车、苦心设构的产物，而是远古先民将动物崇拜、图腾崇拜与原始天文学融会一体的结果，那么，选择和排定十二生肖的眼光，应是粗线条的。这样讲，并不意味着对郎瑛的说法投了赞成票。

十二生肖的创造，很可能不是一代人所能完成的。最初未必就是一次提名十二个。也许其初时的数目就像天空四象，只有四五个，凑足十二，靠着漫长岁月的积累。也许，其曾有过超额的局面，虽不见得比得上二十八星宿之数，但毕竟有两"鸟"争一"枝"的情况，后来优胜劣汰，"一个萝卜一个坑"，定额定员且定位了。

生肖座次的排定，非一朝一夕，各种因素又纷扰其间，属于必然性的东西自然要施以影响，一些偶然效应以及流传中更改修订的因素，也不能排除。比如，前文已述，有以肖兽足趾数目划分阴阳以配地支的说法，对此就不好简单地判定可否，推想当初，动物崇拜、图腾崇拜的生活氛围之中，人们借用动物代称序数符号，用这种动物，不用那种动物，谁先谁后，大约并非数足趾来决定。当时，所多的是狂热，是对生肖动物整体的轮廓式的认识；所少的，正是清醒，是局部细微处的辨识。然而，在某种意义上讲，足趾说（**其将兔唇蛇舌也列为证据**）还算能自圆其说。它可能是后来的数术家挖空心思，附会于十二生肖的解释，也可能曾对十二生肖的最后排定起过一点作用。

云梦睡虎地秦简所载，有几处与《论衡》十二生肖不同："午，鹿也。未，马也。……戌，老羊也。"若按足趾偶奇的讲法，马蹄圆，论趾为单数，肖午属阳；羊趾为偶数，肖未属阴；戌位属狗，狗趾奇数为阳。睡虎地秦简生肖，马居未位，老羊居戌位，与足趾之说对照，未之马、戌之老羊均系阴阳错位。试想，睡虎地秦简所书十二生肖系统早于《论衡》十二生肖形诸文字，其未能流传下来，是因为两者本有先后之分，后者为秦简十二生肖的"修正型"。就是说，先秦时代十二生肖如秦简所记，后来数术家套用阴阳之说解释之，注目于足趾奇偶，原先的排列难以说通，就将原先午位的鹿剔除，使马前进一位，以便腾出未位，牵羊至未，应合阴阳。空缺的戌位为阳，狗趾奇数，就用其增补。这样一折腾，数术家有了说嘴的。久而久之，"秦简原型"也就被《论衡》"修正型"生肖所取代了。这只是一种假设。

关于十二生肖的排列，当代人何满子谈及一种说法，是转述抗日战争时一位饱学老儒的解说，其以家畜、野兽分类，解释生肖排列顺序。十二生肖中，马、牛、羊、鸡、狗、猪为六畜，鼠、虎、兔、龙、蛇、猴为六种野生动物。生肖的排列次序合于《易经》的"比"和"小畜"两卦。古人以接近人的六畜为阳，在卦象中用阳爻"—"表示；又以野生动物为阴，在卦象中用阴爻"--"表示。"比"卦象为☷☵，五阴一阳，由鼠开始排，阳爻正轮到牛，而鼠、虎、兔、龙、蛇均遇阴爻。《易经》中"比"卦之后是"小畜"卦，卦象为☴☰，五阳一阴。由马开始接着排，马、羊阳爻，羊之后的猴，轮到唯一的阴爻，其后鸡、狗、猪均为阳爻。"比""小畜"两卦，共六阴六阳，以家畜为阳、野兽为阴，十二生肖的顺序正合这两卦。因此，那位饱学老儒认为，十二生肖分属十二支的排列方法由此而来。

如果是任意地从六十四卦中挑选出两卦，编出以上之说，大概并不很难。有趣的是，用来做出以上解释的"比"和"小畜"两卦，在六十四卦中恰恰是比邻的两卦，明代《六十四卦次第歌》："乾坤屯蒙需讼师，比小畜兮履泰否。""比"卦第七，随后即排序第八的"小畜"卦。这种巧合，可以说是巧趣天成。

源于民族文化间

——十二生肖的华夏渊源

第二章

关于十二生肖的起源问题，有人将目光投向古巴比伦。但是，更有研究者认为华夏是生肖文化的发源地。古代两河流域的巴比伦天文学发达，其创造的黄道十二宫传到古希腊，融入西方古典天文学体系。然而，将此作为十二生肖之源，显得证据不足。不断发掘出的史料则证明，生肖文化在中国有着十分久远的历史。

一、我国各民族的十二生肖

清代赵翼《陔余丛考》认为十二生肖起于东汉，这说的是汉族地区。所以，其又有"此本起于北俗，至后汉时呼韩邪款塞，入居五原，与齐民相杂，遂流传入中国耳"之语。按赵翼的说法，十二生肖本为古代北方游牧民族的习俗。汉代宣帝的时候，匈奴族内部发生分裂，其中呼韩邪单于所率一部前来汉朝，于甘露二年（公元前52年）"款五原塞"，南徙至长城一带。呼韩邪单于后来到了长安，汉元帝以宫人王嫱（qiáng）嫁之，这便是著名的昭君出塞。此后，汉、匈民族文化交流进一步发展，十二生肖在汉族地区流传开来。《陔余丛考》还说：

> 陆深《春风堂随笔》谓，本起于北俗。此说较为得之。《唐书》："黠戛斯国以十二物纪年，如岁在寅，则曰虎年。"《宋史·吐蕃传》："仁宗遣刘涣使其国。厮啰延使者劳问，具道旧事，亦数十二辰属，曰兔年如此，马年如此。"《辍耕录》记丘处机奏元太祖疏云"龙儿年三月日奏"，云云。顾宁人《山东考古录》亦载泰山有元碑二通，一泰定鼠儿年，一至正猴儿年。此其明证也。盖北俗初无所谓子丑寅卯之十二辰，但以鼠牛虎兔之类分纪岁时，浸寻流传于中国，遂相沿不废耳。

这是以为，少数民族以动物纪年的方法与汉族十二支结合，是中原地区使用十二生肖的起点。

赵翼关于十二生肖起源于中国游牧民族的见解值得重视，尽管他未能提出确凿的立论依据。

自古以来，我国有不少少数民族使用十二生肖。

维吾尔族很早就使用阿拉伯历法，但也有以十二属配十二支的习惯。清代萧雄《西疆杂述诗》记：

回国纪元以三百六十日为一岁，岁分十二月，配
以地支，不知天干。地支亦论所属，辰则属鱼，余与
中国同。

萧雄记录的材料说，维吾尔族以十二属相纪月。十二生肖中，辰
的属相不是龙而是鱼。

以鱼代龙的生肖系统，在柯尔克孜族的十二生肖纪年中也可以见
到。新疆柯尔克孜族是历史上最古老的突厥语系民族之一，也是突厥
语系中最早运用日、月、季、年历法的民族。柯尔克孜人以十二生肖
纪年，十二生肖的排列顺序是：鼠、牛、虎、兔、鱼、蛇、马、羊、
狐狸、鸡、狗、猪。这种十二生肖纪年法，柯尔克孜人至今仍在使
用，他们以这种历法推算本民族的传统节日诺鲁孜节。柯尔克孜人用
十二生肖为孩子计算年龄，为孩子取名也常表现生年属相。

徐珂《清稗类钞》第十册辑有一则有关藏历的材料：

藏历，向由红教喇嘛推算，凡是年所有各项吉凶，
皆于历后绘图贴说，如内地《推背图》之式。藏人曾
云：前红教喇嘛推定壬子鼠年藏中有刀兵之事……

所言"壬子鼠年"，可说是汉藏合璧的讲法。藏族采用十二生肖
纪年，另有形式。

一般认为，西藏地区的生肖纪年法，是公元7世纪中叶唐朝文
成公主出嫁松赞干布带去的。有关传说一直在当地流传。藏族的生

肖纪年，六十年一甲子，称为"回登"。回登，藏语木鼠的意思，表示六十年的循环是从木鼠年开始的。农历甲子年时，藏历为木鼠年。

藏历纪年还具有阴阳、五行、肖兽三位一体的特点，因此有"阴火兔年""阳土龙年"之类叫法。比如，20世纪80年代第一年农历庚申年，邮电部发行生肖邮票以金猴为图案。这一年藏历为阳金猴年。转年，农历辛酉年，属鸡，藏历则叫阴金鸡年。

藏历纪年，鼠、牛、虎、兔等十二生肖不仅依次配合木、火、金、水、土五行，还要同阴阳相结合。配合之法同十天干有对应关系，即以甲乙为木、丙丁为火、戊己为土、庚辛为金、壬癸为水。以上五对，每对中前者为阳，后者为阴。1980年和1981年均排为属金之年，分别称阳金猴年、阴金鸡年，正应这两年农历天干庚和辛。藏历纪年虽没明确标示干支，但隐含着干支顺序。此外，阴阳又可以以男女称，比如阴金牛年也叫女金牛年，阳水虎年也叫男水虎年。纪年生肖前边的阴阳五行可以调换前后，例如阴金牛年又作金阴牛年或金女牛年，阳水虎年又作水阳虎年或水男虎年。

再来说西夏王朝用生肖纪年的记载。历史上的西夏国为羌族一支党项族所建。从公元1038年李元昊正式称帝算起，西夏存在近200年。党项人早期居住地主要在川北、甘南及青海东部。西夏受西藏地区十二生肖纪年历法的影响，官府和民间都以生肖纪年。1974年第3期《考古》杂志载文，介绍甘肃武威发现的西夏文物，其中西夏文账单就记有"大庆虎年"字样。大庆，李元昊年号。大庆虎年即大庆三年，岁次戊寅，公元1038年。《中央民族学院学报》1978年第1期，载文介绍夏仁宗乾祐七年（公元954年）甘州黑水桥碑，碑体汉文纪年"岁次丙申乾祐七年"，藏文纪年"阳火猴年"。这明显反映出西夏的生肖纪年受到藏族纪年方法的影响。

十二生肖纪年，蒙古语称"阿尔本浩牙勒吉勒"。蒙古族纪年以虎年为首，顺序为虎、兔、龙、蛇、马、羊、猴、鸡、狗、猪、鼠、牛。蒙古族最早的历史巨著《蒙古秘史》（又称《元朝秘史》）即以生肖纪年。《蒙古秘史》末尾记："鼠儿年忽阑撒拉……书毕矣。"鼠儿年忽阑撒拉即公元1240年7月（忽阑撒拉为雨月，也称为马月）。

元代的生肖纪年，用虎儿年、鼠儿年之类称法。1219年，成吉思汗派遣侍臣传旨，敦请全真道教领袖丘处机，转年丘处机呈陈情表："登州栖霞县志道丘处机，近奉宣旨，远召不才……优望圣裁。龙儿年三月奏。"丘处机是颇有造诣的道教人物，他不署庚辰年而写龙儿年，也可见当时的习惯。在北京法源寺，如今仍能寻到镌有"蛇儿年二月十三日"落款的元代圣旨碑。山西芮城永乐宫的元代碑刻，有牛儿年碑、兔儿年碑（图12）。

元代的十二生肖纪年，在《元史·五行志》中也有反映：

至正五年（公元1345年），淮、楚间童谣云："富汉莫起楼，穷汉莫起屋，但看羊儿年，便是吴家国。"

元朝末年，民众多怨，大大小小的农民起义接连不断。《元史》所录这首童谣，预言元王朝的统治将在公元1355年被推翻。童谣不说乙未年，而直称羊儿年。

图12 山西永乐宫元代兔儿年碑

蒙古文史籍《黄金史》记："妥欢帖睦尔之子必力克图哈罕于同年即狗儿年，在名为应昌之都城即大位，迄马儿年崩。"这是讲明朝开国后，元昭宗爱猷识理达腊在塞北即位做皇帝的事。狗儿年即庚戌洪武三年（公元1370年），马儿年即戊午洪武十一年（公元1378年）。该书还记："同年马儿年，乌萨哈尔合罕即大位。经十一年，龙儿年崩。"这是说，爱猷识理达腊死后，其弟脱古思帖木儿接着做皇帝，从马儿年开始，在位十一年，于戊辰洪武二十一年（公元1388年）逝世。龙儿年即戊辰年。

清代梁章钜注意到古代北方少数民族政权的这种情况，其《浪迹三谈》说：

> 师颜《伪南迁录》谓鞑有诏与金国，称"龙虎九年"。按，孟珙《蒙鞑备录》云，鞑人称年曰兔儿年，曰龙儿年，其时尚未改年立号也。

著名历史学家陈垣《元秘史音译用字考》，谈到"鼠儿年"的汉译：

> 鼠，华夷译语译忽鲁合纳，秘史作忽鑪合纳，鼠儿年作忽鑪合纳真，鲁改为鑪，非偶然也。

后来，随着各民族间的文化交流，蒙古族开始十二生肖纪年与干支纪年并用，民间仍习惯于沿用十二属相纪年。喇嘛教在民间盛行之后，一些地方使用藏历纪年方法。一些地方则以蓝、红、黄、白、黑五色代表五行，同生肖配合纪年，例如火兔年称红兔年、金龙年称白龙年。

我国许多少数民族同生肖文化有关。新疆哈萨克族使用十二生肖纪年。东北朝鲜族有十二生肖之说，其岁时习俗，"捞龙卵"活动在辰（龙）日，"熏鼠火"活动在子（鼠）日。滇南哈尼族以十二生肖纪日。聚居于黔东南苗族布依族自治州和广西大苗山地区的苗族同胞，传统节日苗年多在卯（兔）、丑（牛）日。云南梁河县的阿昌族民间祭土主活动，在二月属马日举行。甘肃裕固族为孩子取名，选吉日良辰，时辰是按十二属相计算的。广西毛南族民间岁时风俗，分龙节选夏至后第一个属龙日。海南黎族十二生肖以鸡起首、猴煞尾，用来纪日。《海南黎族苗族自治州概况》记载：

> 黎族有本民族传统的历法，以十二天为一周期，每天都以一种动物的名称命名，类似汉族的十二地支，次序是：鸡、狗、猪、鼠、牛、虫、兔、龙、蛇、马、羊、猴日。但日子的名称、次序也因地而大同小异。

彝族的十二生肖，也因地域不同而有差异。居住于川黔滇一些地区的彝族同胞，使用与汉族相同的十二生肖。毛道彝族的十二生肖则是：鼠、牛、虫、兔、龙、鱼、肉、人、猴、鸡、狗、猪。嵌入了虫、鱼、肉、人，是这一生肖系统的特点。学者陈志良曾在广西工作两年多，从事少数民族资料的搜集和研究。他1940年在《说文月刊》

上发表《僿俗札记》，其中有些弥足珍贵的材料，如桂西地区彝族的十二生肖是：龙、凤、马、蚁、人、鸡、狗、猪、雀、牛、虎、蛇。

当代民族学家刘尧汉，彝族人，出生于云南楚雄彝族自治州南华县哀牢山马街区。他提供的哀牢山彝族十二生肖如下：虎、兔、穿山甲、蛇、马、羊、猴、鸡、狗、猪、鼠、牛。

在这套生肖名单上，龙的位置上为穿山甲。这种情况并非孤例。川、滇凉山彝族以一种长一尺的红花蛇为龙；在滇南六诏山区峨山彝族自治县，以山壁虎即蜥蜴为龙。

彝族历法纪年与藏历有相似处，除了用生肖，也用阴阳五行，其五行为木、火、土、铁、水，铁代金，阴阳则称公母。木分为木公、木母，火分为火公、火母，余类推，配成十个符号，依次同十二生肖相配合，形成类似六十甲子的周期。彝文《年算历》载，这种六十周期开端为鼠年木公、牛年木母、虎年火公、兔年火母、龙年土公、蛇年土母、马年铁公、羊年铁母、猴年水公、鸡年水母、狗年木公、猪年木母，这是十二生肖第一轮。五轮为一周期，其末轮为鼠年水公、牛年水母……狗年水公、猪年水母。水母之后接着木公，又逢鼠年，新的周期便开始了。

《僿俗札记》还记录了采自云南少数民族居住地区的情况，说那里"亦有十二生肖，其等次有二：一种与汉人相同；另一种同为十二名，而次序与名称略异"，依次是：象、牛、虎、鼠、龙、蛇、马、蚁、猿、鸡、狗、猪。

碧江地区的墨勒人是白族分支。其历法一年为十三个月，以十二肖兽纪日，新年在十三月下旬龙日或蛇日。

生活在云南怒江傈僳族自治州的傈僳族同胞有十几万人，以十二生肖纪年、纪日。1958年云南民族调查组怒江分组《泸水县四排拉底村傈僳族社会经济调查》报告有如下记述：

> 逢年过节，以属龙、蛇二日为吉，属鼠属牛日过年会大脖子。过年必须全家齐聚家中，不能跨出大门一步，认为违反就会死人。

中国现代天文学家陈遵妫在其著作《中国天文学史》中说，傈僳族"用十二属相纪日，以蛇日和龙日为吉，鼠日和牛日为凶"，与云南民族调查组的调查报告相吻合。该书说傈僳族一年分为十个"季节月"，当是古有的历法。这在上述的调查报告中没有得到反映，是值得注意的。陈遵妫解释十月历法同十二生肖纪日的关系：

> 这样一年分为十个月，每月一定是三十六天，这和十二属相纪日相配合，也甚协调。当然一年是三百六十五天，那么多余的五天，很可能当做"空日"，不计算在日期里面，也不配以十二属相名称。

此说同刘尧汉对云南哀牢山彝族历法的解释如出一辙，是可信的。

二、"生肖外来说"不足取

（一）巴比伦黄道十二宫

巴比伦黄道十二宫以十二而成系统，又多以动物为名称，与十二生肖不乏相似处。这就有了一种必要，在讨论十二生肖的华夏渊源时，也来看一看黄道十二宫。

1926年，我国近代著名思想家康有为完成了他的最后一部专著《诸天书》。该书广泛论及东西方天文学知识，书中"欧人测天之动物圈北天南天十二宫"一节写道：

> 欧洲自希腊人以动物名星，测星分动物圈、北天南天。自黄道南北二十度即动物圈，亦为十二宫，与中国同，推日与恒星之位置。
>
> （1）白羊宫（山羊座）（2）金牛宫（牡牛座）（3）双女宫（双子座）（4）巨蟹宫（蟹座）（5）狮子宫（狮子座）（6）处女宫（乙女座）（7）天秤宫（天秤座）（8）天蝎宫（蝎座）（9）人马宫（射手座）（10）摩羯宫（山羊座）（11）宝瓶宫（水瓶座）（12）双鱼宫（双鱼座）

这里所说的希腊人观测星星，以黄道为"动物圈"，命名黄道十二星座、划分十二宫的天文学成就，其实是希腊人接受并发展了巴比伦古代文化的成果。世界学术界公认，黄道十二宫是巴比伦人的创造。所以，将其称为巴比伦黄道十二宫。

世界古代文明的发祥地之一是幼发拉底河和底格里斯河流域。两河流域地区大约相当于现今的伊拉克。

巴比伦人至迟在公元前3000年时就具备了星座的概念，他们已懂得区别恒星与行星，并为五颗行星命名，还确定了黄道。黄道是太阳在天空中周年视运动的运行轨迹。地球围绕太阳公转，一年一圈，地球上的人看上去，似乎是太阳在恒星背景上画圆。太阳在星空中周而复始地巡行的轨迹，以"黄道"名之。巴比伦人将黄道附近的恒星分为十二星座。公元前2100年巴比伦的楔形文字泥版中，便留下有关黄道十二宫的痕迹。黄道十二宫形成一个体系，其完成的年代却较晚，在文献上出现的时间更晚，始见于公元前419年的泥版书中。

黄道十二宫系统后来被埃及和希腊天文学所吸收。由于黄道星座的形象多为动物，古希腊将黄道带称为"动物圈"或"兽带"。

巴比伦人将黄道等分为十二宫，大约同他们分一年为十二个月有关。这样，太阳每个月正好移动一宫。黄道十二星座如太阳轨道（周年视运动）上的十二座里程碑，也可以叫时间表，太阳年年如期出现在每个星座。当然，存在岁差。千年岁差的积累，已使星座东移。但是，占星术仍沿用以3月21日为白羊座起点的黄道十二宫数据。它们是：

白羊座：3月21日—4月19日；

金牛座：4月20日—5月20日；

双子座：5月21日—6月21日；

巨蟹座：6月22日—7月22日；

狮子座：7月23日—8月22日；

室女座：8月23日—9月22日；

天秤座：9月23日—10月23日；

天蝎座：10月24日—11月21日；

人马座：11月22日—12月21日；

摩羯座：12月22日—1月19日；

宝瓶座：1月20日—2月18日；

双鱼座：2月19日—3月20日。

　　白羊座为黄道十二星座之首，当年的春分点位于白羊座中。这是一个"地位"显要的星座。在巴比伦星图中，白羊座的图形为手持麦穗站立的农夫形象。此星座东半部叫"农作日"，西半部叫"穗"，合为农夫。新巴比伦繁盛时期的国王尼布甲尼撒二世（公元前605年—前562年在位），对外频繁征战，攻克耶路撒冷时，将许多犹太人俘往巴比伦。这位气势逼人的新巴比伦国国王，自称"巴比伦农夫"，该不是谦辞。白羊宫的形象后来演变为公羊，并融入希腊神话：阿塔玛斯国王的儿子弗里克修斯伏在一只公羊背上，平安地从色萨利逃亡到科尔乞斯。他把这只公羊献给宙斯，宙斯将公羊化为天上的星座。

　　希腊神话有欧罗巴的故事。传说欧罗巴为农神，是腓尼基国王的女儿。一天，她同女友们在海滨玩耍，宙斯变成一头牡牛哄她骑上牛背，把她劫到克里特岛。在那里，欧罗巴为宙斯生下后代。欧洲的名字来源于这一神话。在黄道带上，同白羊座相邻的金牛座，形象是一头公牛，与上述希腊神话发生了联系。在巴比伦星图上，金牛座为御夫把战车套在牛背的姿势。

双子星座为黄道十二星座的第三个星座。在巴比伦星图上，画有并肩两兄弟的图形。这是一对孪生兄弟的形象。在埃及占星术中其为一对山羊，在阿拉伯占星术中其为一对孔雀。

巨蟹座被描绘为一只螃蟹。希腊神话说，英雄赫拉克勒斯在冒险奋斗之中，踩死巨蟹精。这巨蟹升天，化为巨蟹星座。

接下去为狮子座。英雄赫拉克勒斯因遭暗算而致疯，犯了罪。他神智恢复后，受命去完成十二件苦差事，去冒险。他以自己的强悍，立下了十二件功绩，第一功即是杀死涅墨亚狮子，并取得它的毛皮。希腊神话讲，天空中的狮子座就是被赫拉克勒斯杀死的雄狮。狮子，巴比伦语也叫大犬，所以巴比伦瓦当把狮子画成大狗的模样。

处于狮子座与天秤座之间的星座为室女座。如今常见的室女宫图形是双翼少女手持一束麦穗。

天秤座在巴比伦星图上表现为被天蝎夹住的秤。新巴比伦时代称它为"死的天秤"——当时，秋分点在天秤座，太阳过白羊座春分点后白昼渐长夜渐短，至巨蟹座时白昼最长，后逐日缩短，太阳行至天秤座昼夜持平。以后逐渐夜长昼短，太阳仿佛向阴曹地府走去，故而天秤座被称为"死的天秤"。后代以秤表示之，罗马神话则将其想象为女神阿斯特拉亚持秤的形象。

有关天蝎座的希腊神话故事，包括猎户座：蝎子将猎人奥里翁蜇死，然后双双升空，各居东西，每当天蝎座从东方升起时猎户座便垂落西天了。在巴比伦占星术里，天蝎宫称为"天地之主"，影响力非同一般。

按照地球人的视觉效果，太阳过天蝎座向前即人马星座。公元前1300年的巴比伦界石上，刻着半人半蝎的合体图形。其上半部人形，箭上弦，弓拉满，下半部为翘卷尾巴的蝎形，两条长腿着地。巴比伦人称这一图形为蝎人。到公元前11世纪，巴比伦人已将这一星座视为骑在马上的弓箭手形象，蝎变成了马，称人马星座。

摩羯座的形象为具有鱼尾的山羊。黄道十二宫中，同羊形象相关者有二——白羊宫和摩羯宫。羊如此受青睐的原因，有如下文化背景：大约公元前3000年进入巴比伦的迦尔迪人是牧羊民族，他们称星星为"天的羊"，对行星则称为"随年的羊"。摩羯座，巴比伦想象为鱼和山羊的合体，并称为"鱼山羊"。希腊神话的解释是，神仙潘被妖怪泰丰紧追不舍，疾跑逃命，急中生智，跳入水中，结果露出水面的上半身变成羊身，浸在水面下的身体变成鱼尾。

接着是宝瓶座，其形象是一人倾瓶，瓶口淌着水流。这令人联想到法国画家让·奥古斯特·多米尼克·安格尔的名作《泉》。巴比伦曾将宝瓶座绘为水的女神带犬而坐的样子，这见于当年的界石。但是，在斯莎出土的界石上，已是手持宝瓶而立的女神图案。宝瓶宫与水的关系密切，据认为是因为宝瓶座从东方升起之际，恰巧是中东地区的雨季。

从白羊座走过来的太阳越来越接近它的起始点，它来到双鱼星座，这是黄道十二星座的最末一站。巴比伦人描绘双鱼座形象，图案中已出现连接两物的细绳。后来，希腊神话更为双鱼故事涂抹绚丽的色彩。故事说，从大海浪花里出生的女神阿芙罗狄蒂（**别名阿娜狄俄墨涅，意为出水的**），是航海女神；经常伴随在她左右的，有她的儿子厄洛斯——那位翩翩扇动金翅膀、弯弓射出爱情金箭的爱情之神。厄洛斯是阿芙罗狄蒂的伙伴和使者，形影相随，如同一条线拴着两条鱼。

巴比伦的天文学知识，后来经过希腊传遍欧洲。巴比伦的天文学成就记录在楔形文字泥版上，也镌刻在石碑上。研究者发现，古希腊的星座神话与巴比伦神话基本相同。古希腊文明汲取了巴比伦文化的营养，这在地理条件方面比较容易解释。

黄道十二宫传入中国的时间较远，其时十二生肖早已在中国世代流传。《考古学报》1976年第2期刊载夏鼐《从宣化辽墓的星图论二十八宿和黄道十二宫》。文章说，关于黄道十二宫的传入历史，现在所知道的，以"隋代耶连提耶舍"所译的《大乘大方等日藏经》中出现的十二宫名为最早。其次为唐代不空于公元758年译出的《文殊师利菩萨及诸仙所说吉凶时日善恶宿曜经》（简称《宿曜经》）、金俱叱于公元806年译出的《七曜禳灾诀》。他们所译的黄道十二宫宫名，各人不同，甚至同一《宿曜经》书中前后采用的译名也并不完全相同。后来我国人自著的书，谈术数占候等内容时，也列举十二宫名，和今所用的，除了双子称阴阳、室女称双女（图13），大体上是一致的。

黄道十二宫经印度传入我国，是在隋唐时期，媒介是佛经的翻译。从那时至宋代的五六百年间，十二宫的译名才逐渐统一。例如双子宫之名，就曾历经双鸟、媱、男女、仪、阴阳等译名，这显然反映了在华夏文化背景下的接收方式。公元1059年刊行的《蟹谱》引《释典》的话："十二星宫有巨蟹焉。"这说明，黄道十二宫在北宋时已广为流传。

图13　敦煌莫高窟61洞黄道十二宫图，室女宫为双女图案；另一为双鱼宫

黄道十二宫神像传入我国，图形便中国化了。1971年，河北张家口宣化区发现一座葬于公元1116年的辽代古墓，墓室穹隆圆形顶部彩色星图，巴比伦黄道十二宫神像围成一圈，图像已融进中国风格。如，双子宫巴比伦为两幼童之像，这里则画双人拱手图形，左为男子，戴软巾、长袍短襦皆紫色，右为女子，高发髻，蓝襦红袍；室女宫，巴比伦画为带翅女人，这里为两位女子站立图，或红襦蓝袍，或蓝襦红袍，皆双手拱于胸前，一副中国人的站相；摩羯宫，原为羊首鱼尾怪兽，这里改画成龙首鱼身兽，并且添出翅膀来；宝瓶宫，图中宝瓶呈中国样式。

山西潞城县发现的《迎神赛社礼节传簿四十曲官调》，是明万历年间民间祭神活动的节目单。其所记黄道十二宫的宫名，已与中国传统的文化内容水乳交融、难解难分了。请看有关内容：

上帝玉皇面前有八宫八乐星君，内有宫院。何为乐阴乐阳、八乐星君？第一，阴阳宫，居申，是昊益广府星君。好乐也，置下金钟也。第二金瓶宫，居子，是惠灵上境星君。好乐也，置下玉磬也。第三［人］马宫，居寅，是乐籍星君。置下丝弦琵琶、琴也。第四狮子宫，居午，是昭祐齐代星君，置下竹箫管也。第五磨蝎宫，居丑，是度稷庆憬星君。置下鞄（匏）笙也。第六天秤［宫］，居辰，是金泉裓板星君。置下土坆（埙）也。第七双女宫，［居巳］，是听师步光星君。置下革鼓也。第八白羊宫，居戌，是护坛宣扬星君。置下木柷歌（柷敔）也。八位天星是天府八星，八音大乐是金、石、系（丝）、竹、鞄（匏）、土、革、木，是乃八星。

引文中，阴阳宫即双子宫、金瓶宫即宝瓶宫、磨蝎宫即摩羯宫、双女宫即室女宫，这些名目当是明代民间通行的称呼。

迎神赛会上，主持祭礼的人员先讲一通乐队乐器上应天神，说到黄道十二宫、十二辰、八大乐星、十二律和八音。乐声十二律，乐器分八音，中国自古有此说。《周礼·春官·大师》郑玄注，八音金指钟、镈，石指磬，丝指琴、瑟，竹指管箫，匏指笙，土指埙，革指鼓、鼗，木指柷敔。道教传说中又有八大乐星，在玉皇大帝御前掌管音乐，如文中昊益广府星君等。迎神赛会上讲音乐伴奏，八音俱及，均采用"阴阳宫，居申，是昊益广府星君。好乐也，置下金钟也"的表述格式。先言黄道十二宫宫名，再以十二辰注其方位，随后言说属于八大乐星中哪位星君，最后点明乐器。从内容上看，黄道十二宫同十二辰的配合已显得默契娴熟，并且，其不仅表现为中外天文学体系的融合，与道教文化形成联袂，并进入中国古代音乐文化领域。这段史料反映了明代时黄道十二宫在民间的流传情况，包括它的本土化。

巴比伦黄道十二宫，隋唐时代由印度传入中国，经宋、元、明历代，逐步为我国古代天文学体系所包容。从时间方面看，黄道十二宫传入之初，我国的生肖文化已相当成熟，这是不言而喻的。

巴比伦黄道十二宫的传入，并未能影响十二地支及生肖的流传。黄道十二宫被应用时，常需以十二地支标示对应关系，但两者之间存在着重要的区别。朱文鑫《天文学小史》说："巴比伦分一年为十二月，分黄道星象为十二宫，每月见太阳行一宫，月份名称也取之此。如：第八月名天蝎月，第十月名山羊月，第十二月名双鱼月。"中国的十二地支及其肖兽，主要不是用来纪月份，而巴比伦黄道十二宫当初是为分割一年十二个月才被创造出来的。

中国的十二生肖与巴比伦黄道十二宫之间，存在着某种近似的地方。然而，在中外古代天文学史上，对星空的解释不是也有一些相似点吗？相似未必就是谁因袭了谁的结果。世界各民族的思维各有特点，但全人类的思维又有同一性，例如美洲土著民族崇拜图腾，亚洲、非洲和欧洲也都发现了大量图腾崇拜的人类学材料，图腾崇拜是各个古老民族的原始思维的必经阶段，并不是靠着异族文化输入才产生的。早期天文学（生肖纪日纪年，属于天文学范畴）也有这种情况。比如说，世界各民族对于天体的想象，均以大地上的事物为蓝本，将地球上的事物移到星空上去，用来命名天体，可谓思路一致。对于日月星辰的想象，各民族多赋予动物形象，这也是一种不约而同。

《淮南子·精神训》说："日中有踆乌。"踆乌即三足乌，或谓阳乌、金乌，被视为太阳的精魄。张衡《灵宪》："日者，阳精之宗，积而成鸟，象乌而有三趾。"后世一直以乌兔并称，分别指代日月。类似传说也见于希腊神话，被庞然巨神打败的众神，为了隐身，变化为各种动物，太阳神变成乌鸦，月亮神变成猫。中国的金乌传说，天文学史研究者认为源于先民们对于太阳黑子的观察。可是，希腊神话中的太阳神为何偏偏也有乌鸦的形变呢？是否也是人们望日中黑子而发畅想的创作？对于月亮，华夏的联想是玉兔，希腊的联想则是猫。这种大同小异，应该说是思路相同造成的，而不是有谁学了别人的样子。

此类相似的天文故事，不仅仅限于日月的题材。《史记·天官书》描述北斗星："斗为帝车，运于中央，临制四乡，分阴阳，建四时，均五行，移节度，定诸纪，皆系于斗。"汉画像石将此形诸生动的图案（图14），斗魁天枢、天璇、天玑、天权四星似车厢，斗杓玉衡、开阳、摇光三星似车辕，天帝安坐车上，接受天神的朝拜。北斗七星属大熊座。巴比伦称其为"大车"，还将小熊座称为"小车"，同中国古人的想象如出一辙。这如出一辙的原因，首先在于天上的那几颗星布局像车，由此便有了天下人相同的想象。

图14　"斗为帝车"，山东武梁祠东汉画像石

　　远古时代，交通不便，人群活动区域受到很大的局限，文化交流是件困难的事。天幕则为地球先民们所共有，那上边年复一年地上映着日月星辰的"故事片"。人们只需举首翘望，便能共享日月升降、斗转星移的星空大奇观。先民们用地上的事物、自身的感想来解释星空。尽管各民族的心理特点不同，然而，天这样大，星如此繁，处天涯居海角的人们，总会有一些巧合。这是问题的一个方面。另一方面，由于人类思维共同特点的作用，出现不谋而合的星空解释，是合乎情理的事。古巴比伦有关于黄道十二宫的构想，大部分取象于动物形象；华夏则有关于十二生肖的创造，全部取象于动物。

　　21世纪初，西方学者曾提出"泛巴比伦论"，认为世界文化起源于巴比伦。其论点可概括为：第一，所有的神话，几乎全是以天上的现象为主题的，这就是说，它们是星辰神话。第二，这些神话表现天上星体运转周期的数字及其彼此间的关系，在教义和神话上，都占有重要的地位，因此这种数字就成为"圣数"，并施影响于宗教节日与节期的制定。第三，上述远古文化系统，公元前3000年时已经在巴比伦完成了。"泛巴比伦论"断言，这种"泛"论也适用于欧洲以外的印度、中国、墨西哥、中美与秘鲁文化，以及当时尚未开化的民族。

"泛巴比伦论"问世即遇非议，如 W.施密特《原始宗教与神话》一书便说，其"象是代表一种退化论，它以已开化的民族为起点，追寻其在未开化民族的影响"。

历史学的研究证明，各民族都在各自的历史条件下创造了引以为豪的文明史。文化交流是有的。但是，硬要为世界文化确定一个起源点，是缺乏根据的。巴比伦创造了灿烂的文化，却不能为空泛的史论做注脚。

（二）郭沫若释支干兼十二生肖

《释支干》收入《郭沫若全集》考古编第一卷。这是一篇刻意出新的著作，写成于1929年。

郭沫若释支干，涉及二十八星宿、黄道十二宫，兼及十二生肖。他运用殷商甲骨卜辞提供的新材料，大胆推论假设，多含前人所未言。

《说文解字》释"巳"为蛇的象形。《释支干》认为，许慎的解释"于巳之本义亦未把握"，提出"巳实无象，蛇之意，巳之为蛇者其事在十二生肖输入以后"。郭沫若的见解是，十二生肖见于文献以东汉《论衡》为始，但至迟在新莽时代已被零星引用，例如"《新莽嘉量》之'龙在己巳'巳作💫，酷肖蛇形"。

这就须面对十二生肖源于何方、何时输入的问题。郭沫若没有回避这一问题，他写道：

十二肖象于巴比伦、埃及、印度均有之，然均不甚古，疑中央亚细亚古民族之稍落后者，如月氏、康居之类仿十二宫象之意而为之，故向四周传播也。其入中国当在汉武帝通西域之时，子巳之交替实证明此史实之指路碑，惜自秦汉以后，古器物中干支少见，未能有确切之论断耳。

郭沫若的这段话，用了"疑"字，是推测的口气。他认为，甲骨文甲子表中"子""巳"形成"二子"，为至关重要的线索。

所谓"二子"问题，说的是甲骨文的干支表中"巳"字皆作"子"，尽管甲骨文中已经有"巳"字，并用它组成"祀"字"妃"字等；而子丑寅卯的"子"字，却不用本字，以"🐍"字"🐍"字充任之。清末金石文字学家罗振玉最先提出这一问题。他的《殷墟书契前编》说："卜辞中凡十二支之巳皆作子，与古金文同。宋以来说古金文中之乙子、癸子诸文者，异说甚多，殆无一当。今得干支诸表，乃决是疑。然观卜辞，中非无🐍字，又氾、妃、改，诸字并从🐍，而所书甲子无一作🐍者，此疑终不明也。"十天干十二地支配甲子，乙与子以及癸与子本来无缘配合，可是古代钟鼎铭文却分明记着"乙子""癸子"。自宋代以来一直令人费神猜解的问题，至此冰释，原来"乙子"即"乙巳"，"子"非子，"癸子"则是"癸巳"。然而，新问题也随之提出来：如罗振玉所言，为什么甲骨文中有"巳"字，干支表却不用？

郭沫若的答案，借助了日本学者新城新藏的思路。新城新藏在

《东洋天文学史研究》中，把甲骨干支表上的"巳"同北斗七星的星象联系起来。《释支干》则从文字、音韵和天文学的角度寻求解释。郭沫若引述了《左传·昭公元年》所记高辛氏二子分别为商星、参星的神话传说，并将其同甲骨文"二子"问题联系起来。这无疑是具有开创性的工作。但他探索的结果，却是"中国十二辰名自巴比伦来"的结论。

《史记·天官书》说："大角者，天王帝廷，其两旁各有三星，鼎足句之，曰摄提。"据此，《释支干》提出，寅为大角，与黄道十二宫少女（即室女）宫相当，并以此为基准，假定了十二辰同巴比伦黄道十二宫的对应关系：

寅——少女宫　　卯——狮子宫

辰——巨蟹宫　　巳——双子宫

午——金牛宫　　未——白羊宫

申——双鱼宫　　酉——宝瓶宫

戌——魔羯宫　　亥——人马宫

子——天蝎宫　　丑——天秤宫

其中少女宫即室女宫，魔羯宫即摩羯宫。

《释支干》着力寻找中国十二辰同巴比伦十二星座的相关点。例如，释寅与少女座、卯与狮子座借助音韵学的方法；释巳与双子星座引《左传》高辛氏有二子分别为商星、参星的传说，认为"此真巧合至不可思议"；释午与金牛座，"午之初意实驭索之象形。午当于金牛宫，而巴比伦之金牛则恰为服牛之象"；释未与白羊座，点明巴比伦之白羊和"农夫""田甫"有关，正合"未为穗"之义；申的古文，与希腊双鱼座符号相似，亦为一线联结两物状；释酉与宝瓶座，认为二十八星宿相应者为虚宿，《史记·天官书》"虚为哭泣之事"；释戌与摩羯宫，摩羯为"山羊鱼"，这和戌本字、同假设戌所对应的牛宿没什么关系，但《尔雅·释天》却有"何（河）鼓谓之牵牛"之说，而"河"同"山羊鱼"总该有关联；释亥与人马宫，用公元前1200年界碑上的十二星座神像图样，其图案一人一犬共两首，人体、马身、鸟翼、犬阴、牛尾、蝎尾共六身，两首六身拼接为一，正合亥为二首六身之说；释子与天蝎座，"中国古有蝎星，而𪓐（子）字即蝎形之变"，释丑与天秤宫，"丑车象爪形，位当于天秤，天秤本即蝎之二爪也"。

逐一分析十二辰名称的字义，郭沫若写道：

> 十二辰文字之分析即竟，其义之可知者如子当作𪓐（无例外），丑为爪，寅为矢，辰为耨，巳当作子，午为索，未为穗，酉为壶尊，戌为戊，其不可知者则卯当读刘，申有重义，当属孳乳，亥象异兽之形，但不知为何物，而"有二首六身"。

《释支干》问世70多年来，其主要论点一直未能成为定论。近年仍有人指出该书"牵强附会，自圆其说之处，在所不免"。对于十二生肖外来之说，研究者多持异议。考古发现新史料，证明《释支干》

的一些论点已过时。如1975年云梦出土的秦简，发现关于十二生肖的记载，这就否定了《释支干》有关十二生肖为西汉武帝通西域时传入的推论。

（三）十二生肖的华夏渊源

从古至今，生肖文化绵延于华夏文化的生生不已之中。它源远流长，激发了许多研究者的好奇心，人们企望能一窥它的源头之貌。

20世纪70年代，湖北云梦睡虎地秦简的发现，是生肖文化研究的重大收获。80年代，又有甘肃天水放马滩秦简的出土。溯源探幽，领略了云梦睡虎地、天水放马滩的生肖风光，今人不会止步。因为，依稀可见的更古老的生肖文化景观正召唤着跋涉者。

与湖北云梦睡虎地秦墓下葬的时代相距不远，吕不韦的门客广记见闻，编撰出《吕氏春秋》。书中兼容儒、道、名、法、墨、农、阴阳各家之言，保存了许多先秦旧说和古代史料。该书谈及周鼎所铸马履鼠的图案，可作为研究十二生肖的材料。《吕氏春秋·达郁》道："水郁则为污，树郁则为蠹（dù），草郁则为蒉（kuì）。国亦有郁。主德不通，民欲不达，此国之郁也。"这是讲述郁可败国的道理，接下去讲到十二生肖中的马和鼠：

郁者，不阳也。周鼎著鼠，令马履之，为其不阳也。不阳者，亡国之俗也。

鼎纹铸鼠代表阴，铸马代表阳，应了《论衡》"子亦水也，其禽鼠也；午亦火也，其禽马也"。《吕氏春秋》说，铸鼎者欲表现郁塞之象，便利用鼠马各属阴阳这一前提，形诸马履鼠的图形。鼠为阴，郁而不扬，马为阳，能克阴，表示求通达解郁塞的意思。阴阳五行之说，周代已有。因此，《吕氏春秋》对周鼎马履鼠图案的解释，并非强加于前人。

史籍中关于天干地支的记载很早，有关十二生肖的史料则比较少，相对来说也晚些。那么，是否可以从并非"文章"的史料中寻到"记录"呢？自古有人注意到汉字字形可能隐含着生肖文化信息。如"巳"字与蛇形、"亥"字与"豕"字等。1931年出版的《岭南学报》第二卷第1期载文《地支与十二禽》，作者邓尔雅。文章说：

> 窃以文字形象考之，疑地支所以取禽名而比附之者，或因字形相似。盖子丑云云，绝无意义（干支名予另有文论之），次序易讹，代以庶物，以便记忆，其来源疑在周末秦初，为民间习俗所用者。至西汉末，遂为谶纬家所利用，而大行于后汉，否则西汉之末，当时古文发现至多，谶纬家因而比附，以成其说，亦事之可能者？

邓尔雅讲到两个关键年代和两种可能。第一种可能，十二支子丑寅卯容易记混，民间便用常见的动物做代称，如用鼠代表子、牛代表丑。推想这是周末秦初的事。第二种可能，到了西汉末，随着古文的发现、谶纬的渐盛，谶纬家将古文子丑寅卯比附为动物。邓尔雅将十二地支和十二生肖古字作对比，认为两者在字形上是有一些联系的。如，小篆鼠字写作鼠，甲骨卜辞子字写作⊗；小篆兔字写作兔，卯字写作⊕，卜辞辰字写作辰，龙字写作龙；卜辞未字写作米，羊字写作⊕，小篆未字作⊕，羊字作⊕等。

中国有句老话，叫"书画同源"。汉字象形，造字之初的字形，有些几乎就是一幅墨线图。以十二地支的古文和十二生肖的古文相比较，确有大同小异者，让人想：十二地支是否就是十二生肖的象形字？举例而言，表示牛这种牲畜，描画正面立牛，作⊕；描画侧面卧牛，作⊕。前者沿用为牛字，用来称谓牲畜，后者纳入十二支，即丑字，成为序数符号。再如甲骨文寅字，颇有些虎形的影子。倘若在象形造字之时，"牛"和"丑"就是对牛不同侧面姿势的摹写，那么，这本身即已说明地支与生肖同源。汉字是书写符号，古老汉字的某些字形就是一条史料。

清代《浪迹续谈》谈十二属相时说：

> 朱子尝论《易》，"乾"马"坤"牛，"震"龙"巽"鸡，"坎"豕"离"雉，"艮"狗"兑"羊，此取象自有来历，非假譬之，十二属颇与八卦取象相类，得云无来历乎？瞿晴江曰，观仓颉造字，亥与豕共一笔小殊，而巳字直象蛇形，则其来历夐残矣。

梁章钜相信生肖起源很早，引用了两条材料。其中一条是，"十二属颇与八卦取象相类"，举朱熹论《易》为例证。关于这条材料，这里仅取司马迁《太史公自序》的话，来作时间上的注明："伏羲至纯厚，作《易》八卦。"另外，则讲到"亥""豕"形近，"巳"字为蛇的象形。

先秦文献中散存着一些生肖文化材料。《诗经·小雅》里有几首同周宣王有关的诗，其中《吉日》："吉日庚午，即差我马。"将庚午日与马联系起来，视为跃马出猎的吉祥日子。周宣王公元前827年起在位45年。《吉日》记录的情况，到秦始皇统一中国前还存在，此时已相去5个世纪。云梦睡虎地出土的秦简《日书》记载，当时的奴隶买卖、货材交易也是要择日而行的。《日书》记："毋以午出入臣妾马，是胃（谓）并亡。"这是说，在午日做奴隶牲畜交易不吉利，其中包括马的买卖。

对零星散见的材料，清代编写《陔余丛考》的赵翼不以为然，而是信服《论衡》的记载。湖北云梦睡虎地秦简出土后，《论衡》记录十二生肖的率先优势一下子被超越了。睡虎地秦简令人一振。但愿秦简也不要永远称冠。殷商甲骨文中有干支表，金文中也多有运用干支的例子。这让人企盼，激人寻觅。早于秦简的关于十二生肖的系统记载，有朝一日也许会带给今人丰富的远古文化信息。

关于十二生肖的起源，中外学者都做了一些探讨性的工作。

欧洲学者波尔认为，巴比伦人发明十二兽环之说，用以对应黄道十二星座。巴比伦黄道十二星座传入中国时，十二兽环也伴随着而来，这是中国十二生肖的原型。对此，许多研究者持有不同看法，认为这是一种缺乏根据的假设。

巴比伦有黄道十二宫，印度有酷似中国的十二肖兽，但是它们都未能创造出如子丑寅卯十二地支这样的序数系统，同十二生肖结伴行世，相得益彰。殷商甲骨文中关于干支周期的完整记录证明，至迟在公元前14世纪十二地支已成序列。

天文学史研究者郑文光认为，郭沫若《释支干》论说十二地支的来源，把它归为巴比伦，显然是不正确的，但其认为十二地支从观察天象而来，却是颇有见地的。

郑文光在《论十二辰与十二次》（载于《北京天文台台刊》第12期，1978年3月）中提到，远古初民发现十二个朔望月约略等于一年之后，观察十二个朔望月中新月始见时（即初三），新月所在天区的星象，导致十二地支的产生。生肖配地支的想法，也源于当时这种星象观察。他提出，甲骨文中，十二地支之首"子"，象参宿及其北面的觜宿。以此为基点，下一次新月出现在二十八宿的井宿，该天区几颗亮星，构成"丑"字图形。又一个月之后，新月出现在狮子座头部，星象图形近似于甲骨文中"寅"字……如此依次类推，每次新月都东移30°，大约12次新月一周天。12次新月的不同的背景天区星象，被逐一地描画为符号，这便派生出十二地支。这其中，有些生肖同所属地支的星象正相吻合。比如，寅为虎，寅位众星，形象如一只蹲踞的猛兽的头部。就此，郑文光写道：

我国向以十二生肖配十二支。虽然正式的文字记载始于王充的《论衡·物势》，但是我以为，十二生肖的思想，至少其中一部分，是早已有之。不过有人认为，十二支来自十二生肖；我的意见正相反：十二生肖来自十二支。午为马，有天上众星命名为证。前面的辰为龙，也是如此：辰位的角宿一和大角这两颗星星，正是象征着东宫苍龙这条龙的两角，因而得名。寅为虎，前述寅位众星属轩辕，形象十分像一只蹲踞的猛兽的头部，希腊以之为狮子座；我国不产狮，以之肖虎。当然，十二生肖不能完全从星象中找出根源，恐怕只有一部分符合，另一部分是拼凑上去的——这也不完全是题外话。

这就是说，十二生肖的出现，不仅离不开天文学背景，而且有些生肖就是诞生于对星象的联想。寅虎的例子最典型。初民们一方面将有关的一组星星用想象中的线勾画出来，形成甲骨文里的"寅"字；另一方面，又根据这组星象的图形特点，将其视为虎形（图15）。

图15　与"寅"相似的星图，又被想象为猛兽头部

寅为虎，甚至可以说是同一组星象的孪生子。需要说明的是，生肖与地支一同源于星象，还不能一概而论，因为一如寅虎的例子，在十二生肖之中毕竟并非各个如此。

郑文光借鉴了《释支干》的思路，也来运用"十二支是从观察星象诞生的"这把钥匙，力求打开的却是截然不同的另一把锁——确立同"十二生肖外来说"相对立的另一见解。不仅"锁"不同，"钥匙投簧"也是不一致的。《释支干》以寅—摄提格—室女座—角宿为基准，假定十二辰与巴比伦黄道十二宫及中国二十八宿的对应关系。按照郑文光表述的新月巡天顺序，十二地支为辰的时候，新月当出现在角宿、亢宿一带，先民们依据这一带的星象创造出"辰"字，又因为这里的星宿表示四象之一东方苍龙的龙首，所以就以辰为龙。显然这是两种意见，同是对角宿，一者说它是"寅"的地盘，另者则说它是"辰"的天区。两者虽然都将周天划分为十二份，都在寻找星象与十二支的联系，但他们所设想的"对号入座"是互不相同的。

论证生肖文化生发于中华大地，近年有彝族十月历法与十二生肖这样一个命题提出，值得重视。提出此说者，为民族学家刘尧汉。他描述十月历：

> 彝族十月历计量时间的方法与一般的历法迥然不同。它纪日不按一、二、三、四等序数纪日（如初一、初二、初三或一日、二日、三日……二十九日、三十日），而是用虎、兔、龙……鼠、牛等十二属相（或称"十二肖兽"）轮回纪日（昨天属虎，今天属兔，明

天属龙……）。它把十二属相经三次轮回即三十六日，作为一个"时节"或"时段"，三十次轮回即十个"时段"共三百六十日为一年，每十个时段终结之后，另加五至六日为"过年日"；之后，新年伊始。新、旧两年之间的"过年日"，通常是五日；每隔三年即到第四年，增一闰日，则此年"过年日"为六日；……这种历法把一年划分为十个"时段"，每个"时段"三十六日，它与月亮运动的圆缺周期毫无关系，因而它是太阳历。

以上摘引自《中国文明源头新探——道家与彝族虎宇宙观》一书。若将该书中"新探"足迹连缀成线，可见作者的思维走向：第一，"彝族是元谋猿人故地金沙江和乌蒙山的土著"；第二，"西南三省的彝族及彝语支各族是当地的土著，远古时已迁往西北甘、青，及至夏、商、周、秦、汉以后，被称为戎或羌戎"；第三，"藏缅语族羌、藏、彝各族及彝语支彝、白、纳西、哈尼、傈僳、土家等族，都是古羌戎的遗裔"；第四，"羲、炎、黄、夏、周、秦是'西戎'，商是'东夷'，夏、商以前已有汉族的萌芽。及至夏、商、周时，戎、夷、蛮、狄中的先进部分逐渐融合成汉族"；第五，"彝族十月历法曾通行于金沙江两侧滇、川、黔三省彝区"；第六，"在我国历史上，这种十月历曾是夏代的历法，从而可称'彝夏十月历'"；第七，《礼纬·稽命征》说：夏'禹建寅（虎），宗伏羲'。彝、夏同源出远古羌戎虎伏羲氏族部落"——这样，刘尧汉的论说就将以十二属相纪日为基础的彝族十月历同夏代融为一体。

这实际上是说，属于"东夷"的商代人运用干支六十甲子纪日，但十二支并非中华民族的第一套采用十二个符号的计数系统。属于"西戎"的"彝夏十月历"，在先于商代的夏代就已经运用十二属相纪日。简言之，不是先有子丑寅卯，再以鼠牛虎兔去属配，而是十二生肖在前，十二地支后起。《中国文明源头新探——道家与彝族虎宇宙观》写道：

> 甲、乙至壬、癸等"十干"，当是商代一年十二个月藉助于夏代一年十个月的抽象；子、丑、寅到戌、亥等"十二支"，则是对于夏历纪日"十二兽"的抽象。干支纪日、纪月、纪年是以远古羌戎的"虎历"一年为十个月，以三十个"十二兽"纪日周期的"黑甲子"为基础而建立的符号系统。

所谓"黑甲子"，见于国民时期《西昌县志·夷族志》。其记载凉山彝族"择吉日以虎日为上吉"，并把彝族用十二属相纪日称为"黑甲子"。至于"虎历"，刘尧汉认为，彝族以虎为原始图腾，是远古羌戎以虎为图腾的伏羲氏族部落的后裔，十月历用以纪日的十二属相，以虎为首为贵，故称彝族十月历为"虎历"。

让我们将这一思路扩展开来——先民们通过双手十指，获得了关于"十"的数字概念。后来，"十"被用来分割太阳年，创造出十月历法。建于公元前21世纪的夏朝即通行十月历，一年十个月（确切地说，一年由十个时段单位组成），十二属相轮回三次为一个月。夏朝历经500年，被东夷部落所灭，成汤建商。商朝除旧布新，废止夏朝历法，推行十二月历法，十二属相纪日的方法自然也被废弃，只在诸如彝族这样的边远地区少数民族中坚持使用下来。破旧还须立新，需要有新的纪日手段。用什么呢？商朝人继承了十二属相纪日的"十二"，但不肯再用属相，而以地支代之。同时，也应用十个数目的计数系统，是为天干。

（四）外国的生肖文化

生肖文化的华夏渊源，是一个远未做尽的文章，它有待史料的发现，有待新的探索。

在这一节，让我们把目光投向域外，浏览日本、东南亚各国以及印度、埃及等国的生肖文化现象。其间，还将再次涉及巴比伦黄道十二宫。同时，美洲玛雅文化也将作为话题。

日本学者认为，日本的生肖文化是由中国传入的，传入年代当在奈良时期（公元8世纪）之前。日本的古代文物"十二支雕刻石板"证明，距今1300年前日本便有子为鼠、丑为牛……戌为犬、亥为猪的说法了。日语读十二地支，将子读为鼠、丑读为牛等，从这种意义上讲，在地支与属相结合的紧密程度上，似乎比中国有过之而无不及，可以说是"青出于蓝而胜于蓝"。

日本学者西村真次在《日本古代社会》一书里说过这样的话：

今人由十二支而名辰之助、卯太郎、丑五郎、阿酉、阿寅等带动物之名尤多。一般虽释为因生岁关系，然不属于十二支的熊、鹿之名又不可解，故我以为是图腾痕迹之表现。

中国人也有取名于十二地支的，但通常并不认为那是"带动物之名"。日本学者将阿酉、阿寅之类称为"带动物之名"，概"将子读为鼠、丑读为牛"的缘故。

日本民间存在关于生肖生克的迷信。日本诸桥辙次《十二生肖趣谈》谈到这种情况，并举例：

今年是鼠年，而鼠有嗜啃的特性，于是认为今年出生的小孩也有这种性质。而来年如是猴年，所生的孩子就较聪明敏捷，身体轻巧者居多。虎年不好。丙午生的女孩性情刚烈如燃烧之火，会克死对方，又有火灾之虞。诸如此类的迷信层出不穷。

不言而喻，这种生肖生克的迷信，乃是缘于对生肖的动物特性的联想。至今，在日本民间，生肖与性格、生肖与命运一类话题也还有市场。我国吉林文史出版社出版的《蓬莱谈古说今》一书介绍日本情况时，其中有《蛇年明明暗暗》一文。所谓"明明暗暗"，不仅是蛇年与个人或家庭生活的话题，还是关于生肖年年景的议论。

日本古时民间有祭祀亥神的风俗。亥神，在十月亥子之日所祭祀的神。流传于熊野地方的民谚说："庆祝吧，我们的野猪神，给我们带来丰年，是百姓的农业神。"

在日本，河流多的地方流传着关于河童的古老传说，有些地方还在河岸边修建了河童之祠。河童体形像猿，又具鼠的嘴脸，背着乌龟壳（图16）。河童的头上顶着一个盘子，据说盘中的水一旦干涸，河童就会死亡。河童喜欢与马争斗，能把比自己高大很多的烈马拉到水里，战而胜之。对这一传说，日本的民俗研究者吉野裕子根据五行原理进行分析，认为河童形象体现了"水的三合"，即申（猴）、子（鼠）、辰（龙）所代表的水气的生、壮、死过程。河童胜马（午），以象征水的"子"战胜象征火的"午"，来体现五行相克中的水克火。所以，弱小的河童能够战胜庞大的马。古代日本从中国引进了生肖文化，也引进了阴阳五行的学说。

图16　日本民间传说中河童的形象

朝鲜古代也讲生肖（图17）。在民间，与十二生肖相关的风俗流传至今。1990年1月27日，法新社发自韩国汉城的一条电讯说："许多头戴嘴中塞满钱币的猪头假面具的人们，向观众深鞠躬以表示马年的到来……汉城电视台也组织了特别节目来庆祝马年。"

图17　朝鲜古代石刻子鼠神像

同一天，法新社发于河内的电讯说："越南人以同家人团聚、放焰火、祈祷和跳舞等多种传统形式来庆祝马年……一位老人说：'蛇年不好，我祈求马年要好些。'"越南的十二生肖风俗是从中国传去的。不过，在那里十二生肖无兔而有猫。这据说是由于当初翻译上的差错所致，因为"卯"与"猫"同音，卯兔被误为猫，以讹传讹至如今。

关于柬埔寨古代十二生肖的较早记载，见于中国元代人周达观的

《真腊风土记》。真腊即今柬埔寨。作者于元朝成宗元贞元年（公元
1295年）奉命随使赴真腊。公元10世纪至13世纪为柬埔寨文明最灿
烂的时代，称吴哥时代。《真腊风土记》记录当时的情况：

十二生肖亦与中国同，但所呼之名异耳。如以马
为卜赛，呼鸡为蛮，呼猪为直庐，呼牛为个之类也。

对于这段文字，21世纪初法国学者伯希有注解：

按柬埔寨与占波、暹罗并用十二生肖，与中国
同。其合干支为一甲子，与中国制无异，似由中国输
入者也。现在柬埔寨之十二生肖，为一牛，二虎，三
兔，四龙，五蛇，六马，七山羊，八猴，九鸡，十狗，
十一猪，十二鼠。

注释中占波为古国名，故地在今越南中部；暹罗为泰国的旧称。
按照这位法国人的说法，十二生肖之环，柬埔寨选牛为开头者，依次
排下去，鼠便只有叼陪末座的份儿了。据研究，柬埔寨十二生肖的名
称，并非高棉文，似乎系中国南方某一地区的方言。

泰国也以十二生肖纪年（图18）。生肖依次是：蛇、马、羊、
猴、鸡、狗、猪、鼠、牛、虎、兔、龙。生肖十二年轮一番，称为小
周纪年法。与"小周"相对而言的大周纪年法，六十年一周期，不用
干支，直呼生肖，并以从一至十的十个数目字相配合。这种大周纪年

法，应该说是中国干支纪年法的变形。大周纪年法的起始年为蛇一年，接下去是马二年、羊三年……牛九年、虎十年之后为兔一年、龙二年、蛇三年、马四年……每种生肖轮五次，每个数目字轮六次，最后由兔九年、龙十年收尾，新一轮大周纪年便又从蛇一年开始了。

图18　泰国2001年发行蛇年邮票

新加坡人口以华人居多。1990年新春，路透社新加坡1月26日电讯："当华人庆祝马年的时候，李光耀总理则敦促人数居统治地位的华人不要受动物年迷信的影响。"李光耀在新年文告中说："在普遍掌握科学与技术的新加坡社会里，年轻夫妇们怀不怀孩子仍受动物年的影响太大……我们应该认真看待这件事。本来说蛇年不太好，可是我们去年干得很出色……"新加坡的所谓"动物年迷信"，即生肖迷信。由于相信属相会影响人的命运，新加坡的一些青年夫妇以选择受孕时间的方法，为自己的孩子选择出生年。

　　缅甸流行八大生肖之说，这在东南亚地区别具一格。缅甸人相信，天空中八种星体每星期一循环，周而复始地影响人间生活。其中星期三上午出生的人与水星相关联，下午出生的人受罗睺星的影响，从而形成在七天里八种星体轮番值日的格局。星体之外，又有八肖兽：星期一出生的人属虎，星期二出生的人属狮子，星期三上午出生的人属双牙象，下午出生的人属无牙象，星期四出生的人属老鼠，星期五出生的人属天竺鼠，星期六出生的人属龙，星期日出生的人属妙翅鸟。

　　中国十二支及属相具有指示方位的作用。缅甸八生肖也含这种意义。缅甸的佛塔上，常见这八种生肖的形象环绕一匝，各司其方位。虎踞东，鼠占西，双牙象处南，天竺鼠在北，东北角有狮子，西北角是无牙象，西南隅、东南隅分别为龙和妙翅鸟。

　　印度古有十二生肖，依次是：鼠、牛、狮、兔、龙、蛇、马、羊、猴、金翅鸟（或鸡）、狗、猪。生肖文化同佛教的关系，本书后面的章节将做介绍。

　　据郭沫若《释支干》引录的材料，埃及和希腊的十二生肖大体一致：牡牛、山羊、狮、驴、蟹、蛇、犬、猫（**希腊生肖为鼠**）、鳄、红鹤、猿、鹰。用这张生肖名单同巴比伦相对照，所差无几：猫、犬、蛇、蜣螂、驴、狮、公羊、公牛、隼、猴、鳄、红鹤。两者相比，次序不同，但其中多种生肖是共有的。巴比伦生肖的引人注意处，在于以蜣螂为生肖。

对我国读者来说，以上埃及、希腊、巴比伦的三组生肖，几近不闻。人们大都知晓的，是西方的黄道十二宫。有报纸曾载文介绍"法国的十二属相"，所言便是一年一轮番的黄道十二宫。人们将此视为"洋生肖"。

欧洲人讲黄道十二宫，发轫之功应记在古希腊文化的册页上，其始于希腊人向巴比伦汲取天文学营养，并接受了巴比伦的占星术。公元前3世纪时，曾担任过巴比伦祭司的贝罗索斯，为向希腊人介绍巴比伦的历史、天文学和占星术，用希腊文撰写了一部《巴比伦志》。他向希腊人传授：如果所有行星（其言也包括太阳和月亮）齐集巨蟹座，世界将陷于一场大火；如果它们会聚在白羊座，世界将面临没顶的洪水之灾。这就讲到了黄道十二星座的巨蟹座和白羊座。

古希腊人使巴比伦的天文学和占星术走向欧洲，欧洲人也以十二种植物、十二种动物或十二个国家来附会黄道十二宫。选十二种宝石的做法，至今仍流行于许多国家，称为"生肖宝石"或"诞生石"。例如，德国民间曾以紫水晶代表白羊宫，以玛瑙代表金牛宫，以翠玉代表巨蟹宫、金刚石代表天秤宫、黄玉代表天蝎宫，以石榴石代表人马宫等。

"属相"之类，即便在现代文明高度发展的今天，仍饱有民俗生命力。在德国，大人孩子对自己的"生肖"都记得相当清楚。通俗杂志上时常刊登一些年轻人的经历和爱好等情况，按照生肖顺序排列起来，对照比较，读者也可以自己对号入座。那里的人们，对此有许多附会的说法，比如，说属天秤宫的人处事公正、刚直不阿，说属室女宫的人天真纯洁、属狮子宫的人刚毅勇敢等。法国的一些报纸上，也经常登载有关"属相"的文章，广泛印行的小日历卡上标着"属相"。

美洲玛雅文化历史悠久，保留下黄道十三宫的史料。大约两万年前，由亚洲东北部出发的原始人"发现"了"新大陆"，并在那里定居下来。当公元15世纪末，美洲大陆又被欧洲人重新"发现"一次时，这片大陆的土著民族被称为印第安人。印第安人的一支——中美的玛雅人，创造了独具特色的文化。据研究，玛雅文化在公元前1000年前后开始创立。玛雅人以独创的象形文字纪历，并将其镌刻于碑。

玛雅人采用黄道十三宫，借助黄道十三宫观测太阳等天体的运行。玛雅黄道十三宫的名称有：响尾蛇、海龟、蝎子、蝙蝠等，均取于动物。

此外，有报道说，墨西哥十二生肖动物中有虎、兔、龙、猴、狗、猪，与中国生肖一致，而其余六种动物与中国不同。

第三章

存诸周而复始中

——十二生肖分述

岁月的舞台，一年一启幕一落幕。子鼠值岁，丑牛接班，寅虎继任，卯兔候补……十二年一登台，十二年一循环。这让人想起《红楼梦》的名句："乱哄哄你方唱罢我登场，反认他乡是故乡。"不过，斗转星移，旧岁新年，毕竟是"天行健"的大自然规律使然，生肖年的更迭，按部就班，循序渐进，并无"乱哄哄"可言。因此，不妨改词易字，以副其实，叫作：稳当当你方唱罢它登场，唱过此场即退场。

然而，当龙年蛇年马年羊年乃至猴鸡狗猪之年依次出场的时候，它们不仅仅将辰、巳、午、未等地支化为活生生的形象，还是带着多重角色含蕴登台的。它们形象的塑造者，是悠悠岁月。《牛郎织女》剧曾有真牛上舞台演出。生肖的角色，正与真牛不同。丑牛之牛，已非拉犁之牛、驾辕之牛，甚至不是融入"老黄牛精神"的牛形象。可是，它又离不开那些代人出力的、艺术品的和做了一种精神象征物的牛。在这似与不似之间，它成为十二生肖名列第二的丑牛。

该开一次"博览会"，来展示、欣赏、端详、审视这十二生肖——或者说，称它们为十二禽、十二兽、十二物，叫它们十二属相、十二神。

一、子之属：鼠咬天开

子鼠丑牛寅虎卯兔，先言子鼠（图19）。鼠打着"子"的旗号，在十二生肖中占了首屈一指的位置。对此，人们似乎总觉得需要替子与鼠的结合说道说道，于是编出种种寓言故事来。

这些故事大体可归为三类。一类讲鼠的"奋斗"。比如有故事说，当初十三种动物挤进生肖候选圈，可是名额限定十二位，淘汰谁？是鼠用钻进象鼻的舍生忘死的拼搏，赶走大象，为解决超编难题立了大功。柯尔克孜族的传说故事，讲鼠在竞争生肖的比赛中第一个渡水登彼岸，所以生肖排行老大。这都是讲鼠能属子，靠实力。

图19 山西民间剪纸《子鼠》，图案为人骑鼠，并剪出"子鼠"二字

另一类故事讲鼠与猫。十二生肖中没有猫，这并不奇怪，因为中国开始有生肖的年代还没有猫呢。这类故事将猫未能跻身生肖归咎于鼠，说鼠只顾自己抢头名，忘了朋友的托付，误了猫的事，惹得猫永世记恨，见鼠就咬。这类故事的生活依据，是猫为鼠的天敌。

还有一类故事讲鼠与牛，原因是二者在生肖队列中比肩紧邻。美国汉学家爱伯哈德所著《中国符号词典——隐藏在中国人生活与思想中的象征》（汉译书名为《中国文化象征词典》）一书，复述了这样的故事：

> 鼠是中国人生肖中的第一种动物。有个故事讲，本来牛是要排在生肖之首的，但大家没注意到老鼠偷偷地伏在牛背上。因此，当动物们排好队开始点数时，老鼠跳了下来，得到了第一名。

子何以为鼠，古人谈论这个题目时，常将子时为夜半作为谈助。明代郎瑛《七修类稿》说："子虽属阳，上四刻乃昨夜之阴，下四刻今日之阳，鼠前足四爪象阴，后足五爪象阳故也。"这是说，鼠的前爪分为四趾，双数为阴，可以象征"昨夜之阴"；鼠后爪分为五趾，单数为阳，可以象征"今日之阳"。这解说，着眼于子夜时分连着昨日今日。

清代刘献廷《广阳杂记》引录的材料，将子鼠、丑牛并举，分别视为开天和辟地的角色："天开于子，不耗则其气不开。鼠，耗虫也。

于是夜尚未央，正鼠得令之候，故子属鼠。"接下去讲"地辟于丑"，丑牛辟地之前，先有子鼠开天。更有一种说法，上古时候，天地混沌一片，是鼠将这混沌咬破，使得天地分开。建此创世奇功，名列十二生肖之首，自然是当之无愧的了。

鼠是一种古老的动物。安徽曾出土距今5500万年的鼠类化石。甲骨文"鼠"字为象形字，其上半部分取象鼠嘴、鼠牙，下半部分描绘鼠腹、鼠爪、鼠尾。《诗经·相鼠》："相鼠有皮"，"相鼠有齿"，"相鼠有体"。相，即看。看老鼠的皮毛、牙齿和肢体，那细致的观察，简直可以说是为象形"鼠"字注解。

"小老鼠，上灯台；偷油吃，下不来。"这首童谣中的小老鼠，谁能说不是一个可爱小生灵呢？鲁迅在《朝花夕拾》里的一篇文章写道："我的床前就贴着两张花纸，一是'八戒招赘'，满纸长嘴大耳，我以为不甚雅观；别的一张，'老鼠成亲'却可爱，自新郎、新妇以至傧相、宾客、执事，没有一个不是尖腮细腿，像煞读书人的，但穿的，都是红衫绿裤。"鲁迅所称许的"老鼠娶亲"是我国民间年画的传统题材（图20）。民间风俗，农历正月二十五日为"填仓节"，粮商米贩祭"仓神"。仓神为老鼠。《燕京旧俗志·岁令篇》："大耗星君，所以配享此君者，传系掌管仓中之耗子"，这是祭老鼠为仓神。"填仓节"当晚不许点灯，据说是这夜晚老鼠嫁女。

所谓"老鼠嫁女日"各地日期并不划一，有的地方说是十二月初三，有的地方说是正月初七。浙江金华一带民间，旧时以二月初二为"老鼠嫁女日"。这一天，家家炒黄豆，拌以红糖，撒于屋隅。

图20　山西民间传统年画《老鼠娶亲》

　　清代赵翼《陔余丛考》录有两段材料,其一:"生汝兄弟,大者属鼠。"这是讲人的生年属相。其二:"尝事猫鬼,每以子日夜祀之,言子者鼠也。"说是有那么一个人,专在子日祀猫鬼,以子为鼠,取猫鬼饱腹的意思。清代袁枚《续子不语》卷四则记有一段不养猫的故事:

　　繁昌令黄公,与余同校江南甲子乡试。黄阅赵字号一卷,不合其意,置之落卷箱中。次日早起看文,此卷仍在几上。初意以为本未入箱,偶忘之耳,乃仍放箱中。次早此卷又在几上。疑家人作弊,夜张烛佯寐伺之,见三鼠钻入箱,共扛一卷放几上。黄疑此人有阴德,故朱衣遣鼠为之,遂勉强一荐而中。榜发,其人姓闵名某来见,乃告之故,且问:"君家作何善事?"曰:"家贫,无善事可做,但三世不许畜猫耳。"

闵某三代不养猫，老鼠感谢他，帮助他中了乡试。请注意这段文字的第二句："江南甲子乡试。"乡试之期甲子年，为三鼠搬试卷的离奇故事做了情节上的铺垫。子年鼠值岁，正是好时机。因此，这不仅是护鼠得报的故事，也是有关子鼠的生肖故事。其既反映了旧时迷信因果报应的心态，也反映了有关生肖的迷信。

二、丑之属：牛耕年丰

牛，十二生肖排名第二，值丑位，居鼠后。（图21）古时人于此颇有点愤愤不平，编出故事，编派老鼠投机取巧，占了牛之先。这类故事对于解释牛为啥做丑的相属，并无多大意义。可是，却反映出人们对牛有好感。

图21　南京民间剪纸《丑牛》，画面里剪开篆体"丑"字

　　陕西一些地方，民间将为老人庆祝生日称为"赶牛王会"。与牛何干？原来，人们认为十二生肖牛名列前茅，牛耕田犁地，出力建功，正如老年人为家庭含辛茹苦作贡献。由此，以"赶牛王会"称谓为老人祝寿，含着尊敬之意。民心如秤，这便是牛在人们心目中的分量。

　　丑与牛，老搭档，在初期象形字中"丑"即指牛。同为取象于牛，"丑"字画的是侧卧图，"牛"字画的是正立图。这是从古汉字考察十二生肖的一种意见。因是一对老搭档，丑具备替代牛的资格。名贵中药材牛黄，牛胆囊的结石，别名就叫丑宝，《本草纲目》说："牛属丑，故隐其名。"牵牛花又叫黑丑或白丑。唐代有名的宰相牛僧孺，绰号"丑座"，地支丑代替姓氏牛，是开玩笑的话。

　　牛是农耕社会的重要角色。1981年我国邮电部发行《畜牧业——牛》特种邮票，入选邮票画题的有秦川黄牛、滨湖水牛、牦牛、中国黑白花奶牛等。野牛驯化在中国有着悠久的历史。过去，我国山西、河南、四川等地出土了距今5000年左右的水牛遗骸化石，但要证实古水牛发源地在中国，这一年代的说服力尚不足。因此，历来有同中国起源说并存的水牛外来之说。浙江余姚河姆渡遗址出土水牛头盖骨、残肢和颊齿等300余件，通过同位素测定和考古论证，证明中国水牛是由古河姆渡人从野生驯化而进入牛耕的。古代神话"王亥服牛"的故事，讲的是商部落畜牧业的发达。王亥被看作是商族的"高祖"，即遥远的祖先。商部落后来建立了商朝。据记载，王亥曾赶着牛群，到河北同有易氏进行贸易。殷商甲骨文中常见"犁"字，像牛牵引犁头启土之形。老黄牛脚踏实地，拉着改造自然之犁，耕耘着，走过农业文明的一个又一个金秋。

在牛肩胛骨上刻写丑字牛字的时代，望星空的古人可曾在天幕上
寻到牛的形象？《诗经·大东》是西周的哀怨之歌，诗中唱罢织女吟
牵牛："睆彼牵牛，不以服箱。"意思是说，牵牛星虽然明亮，却不能
用来驾车、拉车。牵牛星同织女星隔银河相望，牛郎织女的故事代代
相传（图22）。东汉《古诗十九首》中有一首写牛郎织女："迢迢牵
牛星，皎皎河汉女。纤纤擢素手，札札弄机杼。终日不成章，泣涕零
如雨。河汉清且浅，相去复几许？盈盈一水间，脉脉不得语。"诗写
得情缠意绕。河汉女即织女星，她同牵牛星被银河阻隔，离别的哀愁
使她织不成布帛，而洒下如雨的相思泪。传说鹊桥相会在七夕，一年
一度，人们对天上的离别寄予极大的同情。如果这一日降些许雨滴，
就会说那是"相见时难别亦难"的泪水。

图22　河南南阳汉画像石牵牛织女图

《博物志》记，相传大海与天河相通，海岛上有人发现年年八月
有木筏漂来，随后又漂浮回去。有一次，这个人坐上木筏，随筏漂流
近30天，漂至一条大河，岸边楼阁富丽，妇女在织布。又见一男子

牵牛到河边饮水。海岛人记住日期，返回后问卜人，卜人答："那一天，有客星犯牵牛宿。"海岛人方知自己到了天河，所见牵牛者正是天上的牵牛星宿。这故事将牵牛星进一步拟人化了。

牛宿为北方七宿之一，其位于北天区，接近十二辰的丑宫，所以朱熹谈论十二生肖时说："以二十八宿之象言之，唯龙与牛为合，而他皆不类。"讲丑为牛，天上的牛宿同丑宫方位吻合。牛宿的近邻为天田星宿。凡间牛耕凡间田，天上牛自然耕的是"天田"。耕牛的记功碑，被树立在银河之畔了。

孔子有个学生，姓冉，名耕，字伯牛。这名字一目了然地显示着农业文明的内容。说来可笑，就这位冉耕，后来被奉为牛王。《古今图书集成》卷五四引《蓼花洲闲录》："有自中原来者，云北方有牛王庙，画百牛于壁，而牛王居其中间。牛王为何人？乃冉伯牛也。呜呼！冉伯牛乃牛王。"如此造神，是该"呜呼"的。牛是古代的主要耕畜，是农家的重要财产。供奉牛王，求神灵保佑耕牛不染瘟疫，庄稼汉以自己的祈祷吞下一粒"定心丸"。至于冉伯牛怎么就成了牛王，似乎并不重要。

湖北南漳、长阳一带旧日风俗，谓农历八月十五为牛王生辰。这日诵经，以祈耕牛健、农事顺。诵经要在卯时。卯属兔。卯时诵经，为了取"兔"与"透"的谐音，寄予将经诵透的意思。

礼牛王之外，还有广东民间的过牛年风俗。清代屈大均《广东新语》说："韶州十月朔日，农家大酺，为米糍相馈。以大糍粘牛角上，曰牛年。牛照水见影而喜。是日牛不穿绳，谓之放闲。"牛的功劳大，值得人们为其过节；牛的辛劳多，人要奖它个逍遥自在的"放闲"日。这以德报德之中，包含着农人对老黄牛的理解。

三、寅之属：虎为山君

东汉《论衡·物势篇》："寅，木也，其禽虎也。"按照阴阳五行之说，十二支中寅和卯属木。汉字中这个寅字，除了充当地支符号，还具有前进和恭敬两义项。郭沫若《释支干》分析甲骨文寅字"为矢形、弓矢形或奉矢形，与引、射同意"，就以"寅"的这两项为佐证，"矢乃急进之物"。

寅为虎（图23），虎也就得了"寅"的雅号。南朝陶弘景所撰道教名著《真诰·翼真检》记：

有云寅兽白齿者，是虎牙也。……亦云寅客。

图23　陕西民间剪纸十二生肖之一《寅虎》，图中有山，虎旁有娃

寅兽、寅客均为虎，类似的别称还有"斑寅将军"。古代传奇故事说，唐宣宗时，有秀才在南山庄夜吟，来访者叩门，自称南山斑寅将军，吟咏畅谈，海阔天空。客人告辞后，方才查明斑寅将军原是山中老虎所变化。东晋《抱朴子》则记："山中寅日，有自称虞吏者，虎也。"自古有虞人、虞官、虞卿、虞衡，均为管理山泽的官员。虎为山兽之王，故而葛洪有"自称虞者，虎也"的话。又特别言明"山中寅日"，这是因循寅为虎。

虎的其他名称。唐代《广异记》载："山魈下树，以手抚虎头曰：'斑子，我客在，宜速去也。'"斑子，以斑纹称虎。《水浒传》第四十三回"黑旋风沂岭杀四虎"，写李逵怒杀四只"大虫"。大虫是一些地方对虎的俗称。《庄子·至乐》"程生马"，宋代《梦溪笔谈》卷三解释说："尝观《文字注》：'秦人谓豹曰程。'予至延州，人至今谓虎豹为'程'，盖言'虫'也。"沈括记录了宋代时方言中称虎、豹为虫的情况。人们视虎为百兽之长，称其为山君，《说文解字·虎部》："虎，山君之兽。"《左传》则记，楚人"谓虎于菟"，这是楚地方言。明代方以智《通雅》卷四十六："南诏谓虎为波罗，蛮人呼虎为罗罗。……关中人曰：此中有程……秦声谓虫为程，谓虎为大虫也。"这可与《梦溪笔谈》相印证。据汉代《方言》保留的材料，古时各地方言中，虎分别称为"李父""李耳""伯都"。

这里说两件有关属虎的历史"公案"。

虎别名李耳，流传《道德经》的老子姓李名耳，此李耳、彼李耳有无联系？刘尧汉《中国文明源头新探——道家与彝族虎宇宙观》一书提出见解：老子的生日适值虎年或虎日，"老聃、李耳的彝意为虎首、母虎"。他认为，从汉译彝音的角度看，腊、拉、捞、老、李、黎、罗等都是一声之转，老子既姓"老"又姓"李"，其义均为虎。"老聃"当是"拉塔"的变音异写，"拉"义为虎，"塔"义为时辰，"拉塔"为虎年、或虎月、或虎日、或虎时出生。老子的取名，可能意在表示自己是虎年或虎日这样的祥年吉日所生。此中所反映的尚虎习俗，可归为原始图腾的遗风。刘尧汉考证，伏羲，神话中的始祖神，《管子·封禅篇》和《淮南子·览冥训》均作"虑戏"，二字皆从卢，义为虎，同虎图腾相关。进而提出，远古伏羲部落以虎为图腾。彝、白、藏、羌、傈僳、土家等族，都是虎伏羲部落的遗裔。

比老子生辰寅虎的命题著名，是屈原生于"三寅"的千古话题。《离骚》中屈原自叙："摄提贞于孟陬兮，惟庚寅吾以降。"对这句诗，东汉王逸《楚辞章句》释："言己以太岁在寅、正月始春、庚寅之日，下母体而生。"以后注家多因循王逸的说法。至宋代，朱熹《楚辞辩证》说："王逸以太岁在寅曰摄提格，遂认为屈子生于寅年、寅月、寅日，得阴阳之正中。……以今考之，月、日虽寅，而岁则未必寅。"明末清初顾炎武介入这一讨论，《日知录》卷二十："摄提，岁也；孟陬，月也；庚寅，日也。屈子以寅年寅月庚寅日生。"《离骚》开篇几句，屈原将自己的生辰三寅（或说双寅）引为自豪，以为大吉利，这是否与寅属虎有涉？一个颇为有趣、仍无定论的史题。

甲骨文"寅"字的写法，天文学史研究者郑文光认为源自对星空中轩辕众星的摹写，其形状如猛兽的头部，希腊称这一组星为狮子座，而中国十二生肖寅属虎。照此说来，星空中连缀成"寅"字形的星星，组成巨大的虎头。比这更具规模的"虎"，是二十八星宿中的西方白虎七宿，共有五十四个星座，包括几百颗星星。《淮南子》说："西方金也。其帝少昊，其佐蓐收，执矩而治秋。其神为太白，其兽白虎。"西方七宿被视为虎形，其奎宿众星象征虎尾，娄宿、胃宿、昴宿、毕宿众星象征虎身，觜宿众星象征虎头和虎须，参宿众星象征虎前肢。四象之中，白虎与青龙西东相对，前者主秋，后者主春。

天宇本无虎，古人想象之。中国产东北虎和华南虎，有过虎迹遍南北的漫长年代，发轫于原始图腾的虎文化有着丰富的积蕴。自古有言"风从虎"，当是得于山林间的实际观察，写入了《易经》。虎啸风生，撼山震谷，有人被吓破胆，有人则领受了阳刚之美，那是动人心魄的。东汉《论衡》："或问风何从虎也？风，木也；虎，金也；木受金制，焉得不从？故呼啸则风生，自然之道也。"虎又被说成五行属金的动物，同将寅归为五行属木的说法不一致。这大概是由对虎的凛凛气势联想而来。其实，虎将、虎士、虎威、虎步之类词给人雄赳赳的感觉，也是借了虎形象的光。

更希望借助虎的力量。汉代应劭《风俗通义·祀典》记，上古之时，神荼和郁垒二人善于捉鬼。度朔山上，立桃树下，神荼和郁垒用苇索拴住鬼，去喂老虎。"于是，县官常以腊除夕饰桃人，垂苇茭，画虎于门，皆追效于前事，冀以卫凶也。"并说："虎者，阳物，百兽之长也，能执搏挫锐，噬食鬼魅。"虎为阳，鬼为阴，以阳降阴，除夕门上画虎，这是比钟馗、秦琼和尉迟恭、温元帅和岳鄂王要早的门神画。不仅画在门上，也挂虎画于室内（图24），虎被赋予一种驱除邪恶的威慑力。如同费尔巴哈所说："人的崇拜对象，包括动物在内，所表现的价值，正是人加于自己、加于自己的生命的那个价值。"

图24 传统年画《镇宅神虎》

虎又被描绘得富有人情味。春秋时楚国令尹子文是私生子，被遗弃于云梦地方，传说由虎哺乳长大。他名榖於菟，以纪念这一经历。楚地方言，乳为榖，於菟即虎。《论语》里说："三仕为令尹，无喜色；三已之，无愠色。"三上三下不喜不怨的令尹子文，就是他。

古人还幻想虎成为伸张正义的义兽，在黑暗的封建时代，借虎威求得一种心理上的平衡。东汉时，刘昆去治理弘农，那地方本来虎患频繁。刘昆上任之后，政通人和，老虎为之感动，结伙离去。这神奇的故事，千百年来一直为人们津津乐道。唐代小说里，还编出虎为媒促成人间秦晋之好的故事。传说虎还能于缺水地方刨出涌泉，杭州虎跑泉成为名胜，就是浸在这美丽的故事中的。

　　然而，虎还是虎，它性凶猛，伤人。人必须从幻想世界回到现实生活中来，要面对虎患。春秋时鲁国卞庄子刺双虎，《论语·宪问》盛赞其勇。在伏虎的问题上，孔夫子颇有辩证观点，他将"暴虎冯河"当作鲁莽冒险的例证。暴虎指徒手搏虎。不过，"敢斗奖"还是在口碑之中。景阳冈上的武松用拳头打死那吊额大虫，"英雄武二郎"的美名妇孺皆知。人间伏虎自是壮举，同时也寄希望于神力，虚构出种种治虎瑞兽。有兹白，《逸周书·王会》"兹白者若白马，锯牙，食虎豹"；有酋耳，唐《朝野佥载》"天后中，涪州武龙界多虎暴。有一兽似虎而绝大，日正中，逐一虎直入人家，噬杀之，亦不食其肉。自是县界不复有虎矣。录奏，检《瑞图》乃酋耳"。还有降虎之神叫茅将军，传说其专门夜出猎虎，护佑行人。宋代《稽神记》记，五代及宋时，许多地方建有茅将军祠。

　　古代民风民俗简直离不开虎的形象。在沂蒙山区，妇女们缝制的布老虎色彩鲜艳，造型生动，是馈赠亲朋的吉祥物。谁家生孩子，送上一只布老虎，以祝孩子长得虎头虎脑。那布老虎，白天是玩具，晚上做孩子的枕头。民间以为，小孩子睡虎枕，既示武猛又辟邪。这种习俗在许多地方可见，绝非一地一隅之俗。古代延安地区早已没有原始大森林，没有虎迹，那里的民间剪纸却偏爱以虎为题材，一代代的剪纸高手年复一年地以镂空的形式创造虎形象。他们没见过虎，但爱虎，传说着虎的八面威风，看着猫，剪虎形。剪出的虎图案，贴在门上墙上，绣成虎鞋虎帽，做成虎枕。那里的儿童，一身穿戴从头到脚被虎图案武装起来。民间艺术家们描绘的虎形象，已失去咆哮山林的凶猛，它憨态可掬，既可爱又可笑还可亲，却似乎仍然虎威未减，镇宅、守墓、驱邪辟灾，尽可由人们派用场。这类民间工艺品的虎形象，比起商代青铜礼器上的虎造型，比起楚地漆器上的虎图案，比起国画绘虎图更具广泛的群众性。民间工艺的虎形象，寄寓着向往吉祥幸福的祈佑观念。虎形象在经历了漫长时光，经过原始宗教的、宗教的和非宗教的文化充填之后，却能由繁化简地符号化了。驱邪和祝福——这便是虎形象的民俗学含蕴。

虎虎有生气。这祝福不该让寅虎独占了。

四、卯之属：玉兔为月

十二属相之中，兔选择了卯，或言卯相中了兔（图25）。

卯，《说文解字》释："冒也。二月万物冒地而出，象开门之形，故二月为天门。"今人安子介《解开汉字之谜》一书释卯："状如半开的门，以此借喻农夫推门出耕的辰光——卯时。"他还以"卯"字

图25　山东民间剪纸《卯兔》，以双喜字衬图，称"贺喜生肖"

佐证，"卯"加两个圆点，意义扩展，借喻母鸡于卯时生下的蛋。将"卯"视为门开之形，"二月为天门"讲的是一年之门在二月，推门出耕的卯时则讲一日之门在于晨。甲骨卜辞屡见："卯几牛""卯几牢"字样，罗振玉等人认为，卯含分割牲体的意思。

卯在十二辰居正东，同酉遥遥相对。明代王逵《蠡海集》说：

卯、酉为日月二门，二肖皆一窍；兔舐雄毛则孕，感而不交也。

东方是日、月初升的方位，所以称卯为门。明代人的这一解释，与"卯"字像开门之形的字释相契。由此，说"月中有玉兔，乃卯之属"，兔成为卯的属相。此其一。另一，王逵认为兔和鸡"皆一窍；兔舐雄毛则孕"，也是卯为兔的原因。

对于兔类的孕和产，古人太多误解。《论衡》中有"兔舐雄毫而孕，及其生子，从口中出"的话，孕和产都谈到了。明代李诩《戒庵老人漫笔》有一条题为"兔亦有雄"，引"雄兔脚扑朔，雌兔眼迷离"的诗句作证据，雄兔的有无似乎真成了问题。月亮为太阴，月中玉兔据说却是雄性，望月兔的传说讲，天下的雌兔不用交配，只需望望皓月便可受孕，"其精自口而入，故兔吐而生子"。吐而生子的误解，大概由于人们常见大兔叼仔兔，逐渐形成的。古人将对兔的误解同鸡相对应，卯兔、酉鸡，一东一西，解说这对生肖。

宋代洪兴祖《楚辞补注》说：

苏鹗《演义》云:"兔十二属配卯位,处望日,月最圆,而出于卯上。卯,兔也。其形入于月中,遂有是形。"

这段话,从望日时月亮出于卯、圆月有阴影像兔这两方面,谈论卯与兔、兔与月。明代周婴《卮林》讲得更为详细,且出己见:

月无光,而溯日为明,世所知也。天有十二辰,列于方者,有神司其位。日出在东,其对在酉,酉为鸡,日光含景,则鸡在日中。及运而西,则对在卯,卯为兔,月光含景,则兔在月中。月有兔形,何足异哉?人知日中为乌,而不知为鸡。知月中有兔,不知兔自日以传形也。

周婴说,月亮自身不发光,月光为反射日光。十二辰排列于各方位,每一方位都有神(即肖属)司其方位。太阳东升,对着正西方的酉,酉的属相是鸡,日光之中有影子,那是西方酉位的鸡映入了太阳。太阳西落之时,正对着东方的卯,卯的属相是兔。月亮上有影子,那是东方卯位的兔映到西方的太阳里,再折映至月球上。这样说来,月亮上有阴影兔形,何足为怪呢?人们知晓日中有金乌,却不知金乌就是酉鸡。同样,人们知道月中有玉兔,却不知东方卯位的兔,是经过处于酉位的太阳将玉兔影子折映到月亮上去的。

应该说,这解释不是科学。然而,在以太阳和月亮为中介体,说明卯为兔、酉为鸡的种种尝试中，明代周婴的见解引入日月发光和不发光的天文学知识，其关于酉鸡映日、卯兔经太阳折映至月亮的构想，还是匠心独运、别具一格的。

并不介意学问家们处心积虑的解说，蟾宫玉兔的故事自有永世长新的艺术魅力。《太平御览》引晋代傅玄《拟天问》："月中何有？玉兔捣药。"这美丽的传说，在流传中得到丰富。年画上，奔月的嫦娥抱着一只小白兔，煞是可爱。八月十五中秋节，那是为一年一度秋月朗而过节。北京旧日民俗，每届中秋，以泥抟兔形，衣冠踞坐如人状，叫"兔爷"。明代纪坤题诗："布席陈瓜果，俨然东郭魏（jùn）。向来闻捣药，此日竟为神。狡计怀三窟，清光借一轮。韩庐休侧目，长近月中人。"

兔可以用来代称月亮。"金乌长飞玉兔走"（唐代韩琮《春愁》），玉兔是月；"慈乌夜夜向人啼，几度纱窗兔魄低"（元代范梈《赠郭判官》），兔魄是月；"西瞻若水兔轮低"（唐代元稹《梦上天》），兔轮是月。"惟此瑞兽，是称月精"，唐代权德舆《中书门下贺河阳获白兔表》的"月精"瑞兽为白兔，则是以月代称兔的例子。四川郫县新胜东汉晚期墓石棺画，有一幅画面为伏羲、女娲人首蛇身，各举日、月轮，日中有金乌，月中有玉兔，日月中间为羽人。这是迄今发现的年代较早的月中玉兔图画。

传说中玉兔捣药的处所，最初大概并非在月宫。河南郑州出土西汉末到东汉初的画像砖，有图案为东王公乘龙，龙尾处玉兔捣药，左上三足乌，左下西母拱手跪坐。山东嘉祥五老洼出土的东汉早期画像石，图案为西王母庄严正坐，旁有三只玉兔，其中一只在捣药。江苏

119

徐州青山泉白集东汉晚期画像石墓，西壁图案为西王母，旁有玉兔捣药等。四川新津出土东汉晚期画像砖，图为西王母坐虎上，右有三足乌、九尾狐，左有蟾蜍、玉兔、仙人持嘉禾。这后一幅，已是蟾蜍玉兔结伴了。

玉兔进月宫，一是同嫦娥神话有关，《初学记》引《淮南子》："羿请不死之药于西王母，羿妻姮娥窃之奔月，托身于月，是为蟾蜍，而为月精。"姮娥即嫦娥。"不死之药"来自西王母，玉兔是西王母御前的捣药者，以西王母的不死药为媒介，玉兔同嫦娥有了联系，嫦娥的归宿也就成了玉兔的归宿。再者是由于语音的关系。"兔""蟾蜍""顾菟"音近，它们都曾与月亮神话有牵连。屈原《天问》写月亮"而顾菟在腹"。"顾菟"何解，一直费人思忖。当代学者汤炳正《屈赋新探》，根据出土文物断定"顾菟"即"於菟"，为楚地方言"老虎"。依此说，月有兔、月有虎、月有蟾蜍都曾是神话传说的内容。后来，优胜劣汰，玉兔能在广寒宫里站住脚，是因为在中华文化的审视目光中，唯白兔与月亮，双双形象比较容易和谐地统一于阴柔之美。当然，蟾宫折桂之类的说法也并未绝迹。

五、辰之属：鱼龙混杂

十二生肖中，唯龙是传说中的神物，自然界所没有的（图26）。黄河鲤鱼跳龙门的美谈传了千年，如《太平广记》引《三秦记》："初登龙门，即有云雨随之，天火自后烧其尾，乃化为龙矣。"然而，在人们的意识里，龙和鱼仍不是一个档次上的形象。与"羊质虎皮"同义，"鱼质龙文"也是说明虚有其表的贬义词。李白《远别离》"君失臣兮龙为鱼"，极言"龙"的失落和掉价。元代诗云："天近君门严虎豹，地宽人海混鱼龙。"总有人抱怨：鱼龙混杂。

龙同鱼毕竟有着某种内在联系，有时就大可不必抱怨那"鱼"，例如论说十二生肖时。清代《西疆杂述诗》记载了许多维吾尔族史料，其中说："地支亦论所属，辰则属鱼。"你看，辰非龙而是鱼。柯尔克孜族的十二生肖排列，兔与蛇之间，也是鱼位置。柯尔克孜人以为，鱼年多雨，牧草会长得好。鱼为水生物，因而相信十二生肖中鱼司水，这与对龙的想象异曲同工，是容易理解的。

图26　陕西民间剪纸《辰龙》，图中抓髻娃娃具有驱邪纳吉意义

龙分多种，有鳞者谓蛟龙，有翼者谓应龙，有角者谓螭（chī）龙，《广雅》的这些解说是载在"释鱼"一类里的。

聚居于云南哀牢山区的彝族同胞，在其十二生肖系列中，以穿山甲占据龙的位置，依次排为：虎、兔、穿山甲、蛇、马……这就引人发问：穿山甲与龙有关系吗？这也是生肖文化中的"鱼""龙"混杂现象吗？

这问题说来有趣。宋代庄绰《鸡肋编》："江南、闽中公私酝酿，皆红曲酒，至秋尽食红糟，蔬菜鱼肉，率以拌和，更不食醋。信州冬日，又以红糟煮鲮鲤肉卖。鲮鲤，乃穿山甲也。"古时穿山甲数量一定不少，大概算不上山珍的。值得重视的是穿山甲别名鲮鲤。穿山甲作为陆上爬行动物，为何能在十二生肖中取代龙的位置，这是一条重要的线索。古代虽有"飞龙在天"的讲法，但龙的巢穴还是在江河湖海，它的神通在于管水，它虽可腾云驾雾，却更能兴风作浪，主要的是水生水长的"潜龙"。顺着鲮鲤这条线索，可以寻到神话中人面、人手、鱼身的神物：鲮鱼。屈原《天问》有一问："鲮鱼何所？"洪兴祖补注："鲮，音陵。《山海经》西海中近列姑射山有鲮鱼，人面人手鱼身，见则风涛起。"柳宗元《天对》："鲮鱼人貌，迩列姑射。"不仅讲了鲮鱼的模样，也讲它的栖身之地在海中列姑射山附近。《太平御览·鳞介·鲮鱼》说："《山海经》曰'鲮鱼吞舟'。《临海水土记》曰：'鲮鱼背腹皆有刺，如三角菱。'"鲮鱼巨能吞舟，颇似龙的派头；鲮鱼背腹长有三角菱形刺，这又恰如穿山甲。于是，掘洞穴居的穿山甲，有了俨然水族成员的别称——鲮鲤。李汝珍《镜花缘》第八十四回"逞豪兴朗吟妙句"："水族：虾蟆、蟾蜍、鲮鲤……"也将鲮鲤即穿山甲归为水族界。

云南哀牢山地区远距大海，那里的彝族居民中关于龙的神话传说不甚发达，当地又产穿山甲，所以便以穿山甲替代龙在十二生肖中的位置。联系二者的纽带，可见鱼的影子，同鱼类似的鳞片，龙有，穿山甲也有。因此，可以这样说，以穿山甲填充十二肖兽里龙的位子，仍是一种"鱼""龙"混杂的文化现象。

应该提到的是，这不应该仅仅视为少数民族用穿山甲置换了龙。彝族先民在远古时代即已创造了十月历法，一个月三十六天，用十二生肖纪日，正好转三圈为一个月。上古时期中原地区也曾使用过十月历法，有研究者认为那是由西南少数民族地区传入的。基于此，十二生肖中有龙在先，还是有穿山甲在先，还真不好一言置是否呢。

清代王士禛《池北偶谈》："何腾蛟，字云从，明末以御史抚楚。其先山阴人，戍贵州黎平卫，遂为黎平人。所居有神鱼井，素无鱼，腾蛟生，鱼忽满井，五色巨鳞，大者至尺余，居人异之。后腾蛟尽节死，井忽无鱼。"且不论这个神奇故事的真实性。名腾蛟，字云从，何氏取名是盯着腾飞之龙的。"蛟"儿落生带来满井五色鱼，"腾蛟尽节死，井忽无鱼"，真可说"龙"来鱼随，"龙"去鱼空。这离奇的故事，不正是鱼龙混杂的文化土壤长出的奇花异草吗？

且来说辰龙。辰，在我国古代天文历算中，是少有的多用、多义词。辰不像卯为兔、巳为蛇那样简单，它所含义项很多，如同一个东也张罗、西也忙乎的多面手。辰的多义是漫长历史过程的堆积。对于中国天文学史，"辰"甚至可以给人以窥豹之管，所谓管中窥豹可见一斑。

沈括《梦溪笔谈》卷七，专有条目做"辰"的文章：

天事以"辰"名者为多。皆本于"辰巳"之"辰"。今略举数事：十二支谓之"十二辰"，一时谓之"一辰"，一日谓之"一辰"，日月星谓之"三辰"，北极谓之"北辰"，大火谓之"大辰"，五星中有"辰星"，五行之时谓之"五辰"，书曰"抚于五辰"是也。已上皆谓之"辰"。

今考子丑至于戌亥谓之"十二辰"者，《左传》云："日月之会是谓'辰'。"一岁日月十二会，则"十二辰"也。日月之所舍，始于东方，苍龙角、亢之星起于辰，故以所首者名之。子丑戌亥之月既谓之"辰"，则十二支、十二时皆子丑戌亥，则谓之"辰"无疑也。一日谓之"一辰"者，以十二支言也。以十干言之，谓之"今日"，以十二支言之，谓之"今辰"，故支干谓之"日辰"。日月星谓之"三辰"者，日月星至于辰而毕见，以其所见者名之，故皆谓之"辰"。星有三类，一经星，北极为之长；二舍星，大火为之长；三行星，辰星为之长，故皆称之"辰"。

沈括至少从两方面谈及十二支里辰属龙的问题。其一，"日月之所舍，始于东方，苍龙角、亢之星起于辰"。这是讲二十八星宿由东方苍龙七宿起始，七宿中角宿和亢宿又是苍龙七宿的头，角宿亢宿正处于辰的方位，所以一岁日月十二会，就被称为"十二辰"。辰属龙，同苍龙七宿起于东方的辰方位有关。其二，"行星，辰星为之长"，注曰"辰星日之近辅,远乎日不过一辰,故为行星之长"。古代称水星为辰星。因为行星中水星离太阳最近,从地球上看去,仿佛总在太阳周围摆动,离太阳不超过一辰即30°。一方面,古人想象中龙水关系,是一种同鱼水关系一样密不可分的关系,水星在太阳旁的摆动,也容易引起龙一般左摇右晃的动姿联想;另一方面,距太阳一辰左右的水星,又得了辰星的美名。这样,龙与水的关联,通过水星即是辰星的中介,延展为龙与辰的联系。十二生肖里龙为辰,这应该是一个重要因素吧。

《史记·天官书》记载了对五大行星的观察,并且将它们与木火土金水五行联系起来。但是,并不用木星、火星之类的星名,而用岁星、荧惑、填星、太白、辰星分别称谓。《史记》说辰星:"辰星不出,太白为客。"唐代司马贞《史记索隐》:"谓辰星出西方。辰,水也。"《汉书·律历志》说:"五星之合于五行,水合于辰星,火合于荧惑……"其实,五行对五大行星的应合早于《史记》和《汉书》写作的年代。长沙马王堆三号汉墓出土的帛书《五星占》,其写成年代约在公元前170年。帛书中说:"北方水,其神上为辰星,主正四时。"辰星主水,《晋书·天文志》讲五星的精气能够落地化人,"辰星降为妇人"。这仍是循着女人属阴、水为阴的老套。

有人将"辰"字释为龙,从文字学角度说明辰属龙。对此,存在不同见解。郭沫若《释支干》主张十二生肖外来,他写道:"辰有释为龙者,案辰之属龙,事在十二肖兽输入以后,此说毫不足辨。"《释支干》不作详说,因为"不足辨"。为何"不足辨",因为判定"辰之属龙,事在十二肖兽输入以后"。这也是一家之言。

我们再来听听另一位古文字学研究者的一家之言。康殷《文字源流浅说·释例篇》认为，甲骨文"辰"为象形字，形若蜷状肉虫：

像某些蜷曲、胴体有环节襞纹的农田害虫，如蛴螬、地蚕、豆（天蛾幼）虫等鳞翅目的昆虫——害虫之形。🜚字中 ⁚ 形小点，像此类虫腹边的一排呼吸孔；可谓刻画入微。或更作：🜚等形，加一，示地，表示此虫的特点是多深藏地下食木根之意。晚期卜辞多省刻作🜚等形。

康殷提出："蚕本桑树害虫，后人变害为利，盖初民称此类'毛虫'皆为'辰'，今人尚称蛴螬为'地蚕'，辰、蚕古声也相同。"

将"辰"释为蜷状肉虫（图27），这倒令人产生联想，倘若将一曲三折的龙，来一番"缩龙成寸"的缩微处理，两者之间不是颇有相似处吗？关于龙的形象的创作过程，是否曾有扩寸虫而成巨龙的幻想参与其间呢？这里所言缩龙成寸的缩，或许可以通向一种逆向思维所造成的回复，就像加与减、乘与除的互相验算一样。就是说，在缩龙成虫的相近性中，包含着扩虫（辰）成龙的可能性。

《说文解字》释："龙，鳞虫之长，能幽能明，能细能巨，能短能长，春分而登天，秋分而潜渊。"龙的原型是什么？从古至今，见仁见智，莫衷一是。

或曰"雷电说"。《山海经·海内东经》："雷泽有雷神，龙身而人头。"乌云密布的雷雨天，先有闪电在天空划出弯曲的闪光，随即

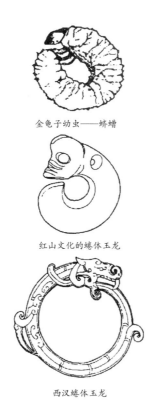

金龟子幼虫——蛴螬

红山文化的蜷体玉龙

西汉蜷体玉龙

图27　蛴螬与蜷体玉龙

隆隆雷声滚动于天地之间。电闪之形，启发了先民们对一种神物的描绘；雷鸣之声，隆——龙，被用作那神物的称谓。"春分而登天，秋分而潜渊"，这之间的雨季，正是"召云者龙"（《易经·系辞》）在天上"行云布雨"的时候。

或曰"图腾说"。卫聚贤《古史研究》认为禹为龙，"禹为夏龙氏的图腾"。闻一多曾著《从人首蛇身像谈到龙与图腾》，持龙为图腾之说。他的《伏羲考》则指出，龙是以蛇身为主体，再加上兽类的四脚、马的毛、鬣的尾、鹿的角、狗的爪、鱼的鳞和须组成的。据此，有研究者认为，龙可能是以蛇为图腾的远古华夏氏族部落不断地融合其他氏族部落，即蛇图腾不断地合并其他图腾的结果。

或曰"鳄鱼说"。有研究者提出"龙为湾鳄，凤为鸵鸟"的见解，认为龙神话有其真实的动物原型，即中国本来存在过，但在周、秦以后灭绝了的一种动物——湾鳄。据说，湾鳄是上古时代一种凶残的巨鳄，能吞食虎豹，体长可达十米左右，寿命数百年，曾分布于南海、东海和渤海，以及黄河中下游和江淮。在岭南地区，直到晚唐尚存。远古先民们对这种凶悍的巨鳄怀有恐惧，奉为神物，将其演化为龙。

或曰"恐龙说"，或曰"龙卷风说"，还有人主张"树神说"。"树神说"认为，传说中的龙，原型是松、柏一类乔木。立论依据是，汉代以前人们想象中的龙，头部似马，颈部有鬣，身体似蛇有鳞，形体有足，头上生角。这些形貌，松树全都具备。松针古人以鬣呼之，甚至直以龙须呼之。松枝盘曲，状可比蛇。松树皮呈鳞状，而旁枝斜出，有时看上去正似足似爪。龙能升天，而山间松树常有云气缭绕，远远望去可以促发腾云驾雾的联想。

最古老的龙什么样子呢？在中国历史博物馆，陈列着"中华第一龙"蚌塑（可参见前文图7）。这是1987年河南濮阳西水坡仰韶文化遗址发现的，出土地为西水坡45号墓。墓主人是一壮年男子，头南足北，两侧分别用蚌壳摆塑龙形和虎形。这一发现为研究原始社会提供了重要的史料。蚌塑之龙，已经基本具备了如今人们通常所描绘的龙的形象特征。

1978年，在湖北随县擂鼓墩战国早期墓葬中，出土了一个书写着二十八星宿的漆箱盖。二十八星宿名称围成一圈，圈内为一个很大的"斗"字，圈外一边画青龙，一边画白虎。这是我国迄今发现的年代最早的天文文物之一。古人将广阔星空的东方七个星宿想象为一条巨龙。漆箱盖上东方苍龙七宿的名称，紧靠在青龙图形之旁书写。这让人想到《淮南子·天文训》的一幅图，以十二地支对照分布周天的二十八星宿，图上辰对着苍龙七宿的角宿和亢宿。角宿为苍龙之角，亢宿为苍龙之颈，辰对着天空东方苍龙的头部。这正照应了十二生肖的第五位——辰龙。

辰和龙，中华文化史上两颗闪耀异彩的明珠，它们在生肖大家庭中珠联璧合，莫非是要组成一个冒号，叙述古老华夏的秘密？

六、巳之属：蛇称小龙

逢巳年出生的人属蛇。问其属相，可能会有三种回答，或说属蛇的，或说属长虫儿的，或说属小龙儿的。当代学者周汝昌的一篇文章谈民风，讲到天津人通常不说属蛇，而说属小龙儿，小龙儿发音如"小锣儿"，儿化音很浓。周汝昌是天津咸水沽人，对这一方风土人情有很多了解，所言民俗至今犹存。

以小龙儿代蛇，不外两种心理原因：常言道"毒蛇猛兽"，故而讳言蛇；再者，龙为神物，称属小龙儿，有点"攀龙附凤"的味道。这中间重要的是，蛇与龙形象的相似性。自然界中有蛇而无龙，龙形象的基调取诸蛇。中国科技史研究者张孟闻《龙考》中说："龙是未存在过的虚拟动物……其基调是大蛇，尤近五步蛇，以其剧毒使人惊怖而敬奉其为神物。"

蛇龙形似之外，还有其他"特殊关系"。东汉蔡邕《琴操》记，春秋时，晋文公逃亡，介之推"割股以啖文公"，晋文公回国后，赏赐流亡时的从属，唯独介之推无份。介之推一气之下隐居山中，留下一首《龙蛇之歌》，其词是："有龙矫矫，悲失其所；数蛇从之，周流天下。龙饥乏食，一蛇割股，龙返于渊，安其壤土；数蛇入穴，皆有宁宇，一蛇无穴，号于中野。"一通牢骚话，将君臣比拟为龙蛇，倒也形象而生动。

有时，龙蛇之间甚至连这种"君君臣臣"也不必分，蛇可以像龙那样做一做君王的化身。《史记》写汉高祖刘邦醉斩大蛇，有老妪啼哭，说是我儿本白帝之子，化为蛇，被赤帝之子所杀。刘邦闻言大喜，认为天降神示。通常说来，白帝之子该叫"真龙天子"的，可他却变化为蛇。蛇与龙的界线简直是若有若无的了。

生肖文化中也有这样的情况。生活在川、滇凉山的彝族同胞讲十二生肖，其生肖龙的形象与汉族不同，是以一种长一尺许的红花蛇为龙。这不是称蛇为小龙，而是将小蛇称为龙。

巳属蛇。《说文解字》释巳：

　　四月，阳气已出，阴气已藏，万物见，成文章，故巳为蛇，象形。

"蛇"字本作"它"，"虫"旁是后人加上的，是俗字。《说文解字》说"它"是象形字，"象弯曲垂尾形。上古草居，患它，故相问：'无它乎？'"在原始时代，避免被蛇伤害是日常生活的重大课题，人们见面，彼此相问"无它乎？"——"没有蛇吧？"这与后世相见时以"吃了吗？"打招呼，是大同小异的。蛇在民间有"长虫"的俗称，而"虫"字的古义正是指蛇。甲骨文里"虫"字，刻写为头部呈三角形的毒蛇。《说文解字》中"虫"字为蝮蛇卧伏之状。"巳""它""虫"，古人眼里的蛇形象，被汉字的美妙线条描绘下来。

对《说文解字》的这些解释，郭沫若持异议。《释支干》分析殷商甲骨文干支表第一位"子"作𢆯，第六位"巳"作♀或♀或♀即"子"的情况，写道：

> 巳实无象。蛇之意，巳之为蛇者，其事在十二肖象输入以后。《论衡·物势篇》曰："巳，火也，其禽蛇也。"又《言毒篇》曰："辰为龙，巳为蛇。"此为十二肖象见于文献之始。其于古器，据余所见《新莽嘉量》之"龙在己巳"，巳作𢆯，酷肖蛇形，则知肖象之输入至迟在新莽时代。

郭沫若认为十二生肖是外来物，"入中国当在汉武帝通西域之时"。上面所引那一段话，即是以"生肖外来"为前提发的一通议论。他认为，原本并无"巳"字为蛇的象形这么一回事，汉武帝时生肖传入，"巳"方同蛇有了关联。受此影响，《新莽嘉量》"巳"字酷肖蛇形。

蛇称小龙，不止生肖属相，旧时还有这方面的迷信。浙江、江苏的一些地方，人们把家蛇——黑眉锦蛇奉为"青龙菩萨"，说它是保佑房主消灾得福的神。我国东北的蛇岛，岛上漫地满树是剧毒的蝮蛇，过去附近居民称蝮蛇为"小龙王"。类似迷信习俗，沈括《梦溪笔谈》卷二十也载：

> "彭蠡小龙"显异至多，人人能道之，一事最著。熙宁中，王师南征，有军仗数十船，泛江而南。自离真州，即有一小蛇登船，船师识之，曰："此'彭蠡小龙'也，当是来护军仗耳。"主典者以洁器荐之。蛇优其中，船乘便风，日棹数百里，未尝有波涛之恐，不日至洞庭……此龙当游舟楫间，与常蛇无辨，但蛇行必蜿蜒，而此乃直行，江人常以此辨之。

尽管故事讲得有根有叶儿，煞有介事一般，但那被装在洁器里的"彭蠡小龙"，实实在在不过小蛇而已。船师楫夫外加"主典者"迷信那蛇能护航，敬而奉之，那蛇也就成了"龙"。

话说回来，作为人类所敬畏的灵物，蛇比龙的资格更老。可以断言，在还没有创造出龙形象的时候，蛇就已经成为原始崇拜的对象了。闻一多《伏羲考》认为，龙的主干部分和基本形态都取于蛇，"这表明在当初那众多图腾单位林立的时代，内中以蛇图腾为最强大"。

在中国古代神话的画廊中，女娲和伏羲均为人首蛇身，如汉代王延寿《鲁灵光殿赋》所描写"伏羲鳞身，女娲蛇身"（图28）。河南

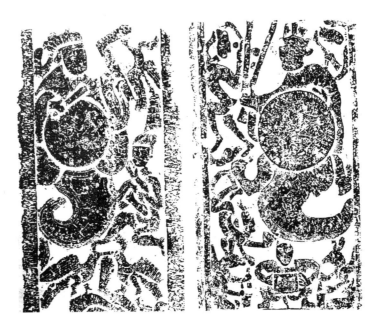

图28　山东临沂汉画像石伏羲女娲

洛阳卜千秋西汉墓壁画，伏羲戴冠，下身蛇尾上翘，前有太阳，内一阳乌；女高髻，下身蛇尾上翘，前有月轮，内有蟾蜍和桂树。河南南阳军帐营东汉早期墓画像石，伏羲执矩，女娲执规，上身着衣，下露蛇尾，相对而立。陕西米脂东汉墓画像石，伏羲女娲相对而列，皆着冠服，人首蛇身，手捧日月。山东滕州龙阳店东汉墓画像石，左伏羲右女娲，皆人首蛇身，两者共捧中间一神物，蛇尾同神物两腿交缠。江苏徐州蔡丘东汉墓画像石，伏羲女娲人身蛇尾。四川郫县新胜东汉墓石棺图案，伏羲、女娲人首蛇身，尾相交，脸相偎，分别举日轮、月轮。女娲是神话中抟土造人的始祖神，且又补天、治洪，是人类的保护神。伏羲画八卦，结网渔猎，作瑟作曲，被说成文明肇始时期最伟大的发明家。神话里女娲伏羲或蛇身或蛇尾，与蛇如此多瓜葛，保留下原始图腾崇拜的丝丝缕缕。

中国台湾地区有种剧毒的蛇。当地高山族传说，这种蛇是自己的始祖，自己是蛇的后代。他们视这种毒蛇为不可侵犯的神明，绘制人面蛇身的图案，作为本民族的标志。这是原始图腾的遗存。林惠祥《台湾番族之原始文化》记述台湾番族（高山族旧称）的崇蛇习俗："番族有以祖先死后灵魂转入动物者，又有谓其族之起源系诞自动物者，由此而发生动物崇拜……对一种毒蛇之崇拜即是如此，其蛇属管牙类之响尾蛇科……加以极敬虔之崇拜，不敢杀害，甚或于酋长之家室中，特备一小房，以为其巢穴。屋饰器物，常雕蛇形。"显而易见，这是典型的蛇图腾崇拜。

福建省的简称"闽"，翻《新华字典》在"门"部可以查到。东汉《说文解字》将"闲""阁"之类字归入"门"部，"闽"却被编在"虫"部。"虫"字古义是指一种毒蛇，而"闽"字的字形则为门内赫然供奉着一条蛇。《说文解字》释闽："东南越，蛇种。""蛇种"，反映图腾崇拜的一种说法。明代初年，曾任福建按察使佥事的谢肃目睹闽人崇蛇风俗，他的《谒镇闽王庙》诗是为纪实之作。诗序说："王有二将，居左右，尝化青红二蛇，见香几间以示灵显。闽人有祷即应。"不言自明，镇闽庙二将化二蛇的传说，出于当地的崇蛇之风。

七、午之属：马到成功

午为马（图29）。《说文解字》释："午，忤也。五月阴气忤逆阳

冒地而出。"午，甲骨文作 ⚱，后省作廓线之 ⚲，⚳ 形。甲骨文专家罗
振玉认为"象马策之形"。郭沫若则认为："当是索形，殆驭马之辔
也。"他的《释支干》说："午之初意实驭索之象形。"可是，根据他
假设的十二辰与巴比伦黄道十二星座的对应关系，午所对应的是金牛
座。所以，《释支干》又说："午当于金牛宫，而巴比伦之金牛则恰为
服牛之象。"这样一来，无异于说，甲骨文"午"，"驭马之辔"变为
穿牛鼻的绳子了。

图29　山东民间剪纸《午马》，构图剪出"午"字，并衬以"福"字，称"祝福生肖"

天文学史研究者郑文光《论十二辰与十二次》推测，十二支反映
了公元前2000多年以前，一年十二次新月所在天区的关系。这不同
于《释支干》的观点，认为午所对应的星宿为箕宿和斗宿，而《释支
干》中这是亥的"领空"。郑文光写道：

第七个朏日，新月在箕、斗等宿。十二支依次当为午，甲骨文作𠂤、𠂤、𠂤，向以为马策之形。郭沫若认为："殆驭马之缰也。"这种图形星象中比比皆是，难以确定。例如，斗宿的形象就像马策或"驭马之缰"。

我们还要考虑到这样的因素：这一带的恒星有不少是和马有关的。房宿本身，据《史记·天官书》："房为府，曰天驷。其阴，右骖。"又有："房南众星曰骑官。"《史记·索隐》引《诗经历枢》："房为天马，主车驾。"《史记·正义》："房星，君之位，亦主右骖，亦主良马，故为驷。王者恒祠之，是马祖也。"有良马、有骑官，当然就有马策，正不必附会哪个星象。

这段话，由箕宿、斗宿，扩及房宿，并得出结论"午为马，有天上众星命名为证"。我国古代历来以房宿为天马之星，《晋书·天文志》："房四星，亦曰天驷，为天马，主车驾。"唐代诗人李贺《马诗二十三首》之四："此马非凡马，房星本是星。"此句也用此典。

午为马吗？湖北云梦县睡虎地出土的秦简并不这样记："午，鹿也。未，马也。"这种配属，听起来煞是新奇，因为它没能在民间流传下来。流传至今的，是东汉《论衡》所述："午，亦火也，其禽，马也。"这是说，十二支分别配属于五行，午属火，其属相是马。《诗经》"讲吉日庚午，既差我马"，宋代《困学纪闻》认为这是"午为马之证也"。午为马的初源，或许可以不受秦简"未，马也"的局限，前溯很远。东汉乃至魏晋时期，午与马的结合即已深入人心，没有

"第三者"可以插足其间了。那时，有人以"典午"作为"司马"的隐语，"典"与"司"同义，午为马。

马、牛、羊、鸡、犬、猪，马为六畜之首。马的驯化，始自父系氏族公社时期。山东章丘龙山镇城子崖的考古发现证明，那时人们已开始养马。许多古籍中有"相土作乘马"的记载。历来讲上古史，此为生产力发展的一个标志。作乘马就是用四匹马驾车，作为运载的工具。这反映了活动于黄河流域的商部落畜牧业的发达。后来，相土的后代打败夏桀建立了商朝。《管子》说：商的祖先"立皂牢，服牛马，以为民利"。养牲畜，"皂"是喂料的槽，"牢"是圈。

在漫长的古代，马不仅是拉车的畜力、代步的坐骑，其本身就是斑斑驳驳的文化载体。有副春联："骅骝开道，骐骥呈材。"八字联语中，"马"字偏旁的字占了四个，语出《庄子·秋水》"骐骥骅骝，一日而千里"。汉字对于马类称谓区分之细，可令其他动物望尘莫及。仅就马的体色而言，骥色赤黑，骊色黑，駂为浅黑，骐为青黑，骍青黑，骍色赤，骝色紫，雅黑白相间，骝赤白杂色，騜为黄白色，黑白杂毛曰骃，黄白杂毛曰駓，青白杂毛曰骢，骠为黄色有白斑之马，骊为浅黑杂白之马，骝为身黄嘴黑之马，骝为黑鬣黑尾的红马，驒为黄脊的黑马……这些方块字，犹如五光十色的宝石，笔画间所凝定的，是古人对于马的观察、描画以至敷彩。这一切，不仅反映出古人对马的偏爱，还体现了古时马所占据的重要角色位置。美国汉学家爱伯哈德《中国符号词典——隐藏在中国人生活与思想中的象征》说："马是中国人生肖中的第七种动物。在中国古代，有许多不同的词，来描述不同大小、不同颜色的马。这些词汇的死亡，表明马在当代中国历史中的作用已经大大降低。"此话有理。那些关于马的字和词，以丰富多彩的阵容，显示着古代马文化的博大。

《说文解字》讲："马，怒也，武也。"这怒，这武，刚健且遒劲，凛凛威风，仰天长啸惊天，四蹄掠地无阻（图30）。一句"马到成功"，浅显而形象，体现了"快马加鞭未下鞍"的狂飙突进和"关山度若飞"的稳操胜券。杜甫《房兵曹胡马》："胡马大宛名，锋棱瘦骨成。竹批双耳峻，风入四蹄轻。所向天空阔，真堪托死生。骁腾有如此，万里可横行。"一往无前的气势，跃然纸上。相传西周穆王远游，出行时驭八匹骏马，《穆天子传》记为赤骥、盗骊、白义、逾轮、山子、渠黄、华骝、绿耳。这一组马之名，透露着体貌与毛色的不凡。到《拾遗记》八骏分别作绝地、翻羽、奔霄、超影、逾辉、超光、腾雾、挟翼。从名称看，不仅骏马添翼成飞马，而且"超影""超光"又"逾辉"，简直可望超光速了。汉武帝获大宛汗血马，称其为"天

图30　汉代铜奔马，又称"马踏飞燕"

马"。这位名叫刘彻的皇帝，曾写天马歌："天马徕兮从西极，经万里兮归有德。承灵威兮障外国，涉流河兮西夷服。"一代雄主借马抒怀，堪称豪放。

出类拔萃的马叫千里马。千里马之说，《战国策·燕策》已见。郭隗向昭王论说人才问题，用千里马打比方，讲了个千金求骏马、五百金买骏马骨的故事："古之人君，有以千金求千里马者，三年不能得。涓人言于君曰：'请求之。'君遣之。三月得千里马，马已死，买其骨五百金，返以报君。君大怒：'所求者生马，安事死马而捐五百金？'涓人对曰：'死马且买之五百金，况生马乎？天下必以王能市马，马今至矣。'于是不能期年，千里马之至者三。"据说，燕昭王听郭隗之劝，在今河北易县筑黄金台，招揽贤能。其实，黄金台系后人添油加醋，千里马及其知音伯乐成为众望所归，确是不假。

伯乐本为星名，古人相信那颗星主管天马，这近似于《西游记》中齐天大圣被招安，在天宫充当的弼马温角色。春秋时代，秦国的孙阳擅长养马、相马，被誉为伯乐。唐诗有"阶前莫怪双垂耳，不遇孙阳不敢嘶"句，即讲马遇知音是伯乐。为伯乐所高看的同行，是九方皋。九方皋受伯乐的推荐，为秦穆公求千里马。其相马，不辨颜色的雌雄，"得其精而忘其粗，在其内而忘其外"，表象与本质，注意后者宁可忽略前者。以画马著称的徐悲鸿，所绘九方皋相马图为传世佳作。

伯乐的名字连着中国古代的相马术。早在3000多年前的商代，相马已成一种职业。《周礼》有"马质"一职，其职责就是评议马价，按质论价，这就需要具备相马的本领。战国时代的徐无鬼、韩风，汉代的黄直、陈君夫，以相马术立名天下者屡屡。东汉名将马授曾向杨子阿学习相马骨法。在长沙马王堆汉墓出土的相马帛书，是世界上最早的相马专著。从北魏贾思勰《齐民要术》一书中，则可以读到对于前人相马学问的总结。

千里马成为美喻。汉武帝求贤诏写"马或奔踶而致千里"，这位帝王渴求"非常之功"，故求"非常之人"。"燕君市骏马之骨"，少年让梨的孔融复述"昭王筑台以尊郭隗"的史话，出发点与汉武帝自有不同。将这类文章做足，要数唐代韩愈："世有伯乐，然后有千里马；千里马常有，而伯乐不常有。"情炽而意切。"云横秦岭家何在，雪拥蓝关马不前"，这位文学家仕途坎坷思伯乐，此种"单相思"颇具封建时代的特色。韩愈的多篇文章讲伯乐："伯乐一过冀北之野，而马群遂空……吾所谓空，非无马也，无良马也"；"昔人有鬻马不售于市者，知伯乐之善相也，从而求之。伯乐一顾，增价三倍"等，却总未能突破一个思维定式：知遇。

八、未之属：羊致清和

"马驰率风，羊致清和。"当午马扬蹄而去、未羊（图31）款款来临之际，人们喜欢以这句话应景。另一句吉祥话也时髦起来，那就是"三羊（阳）开泰"。阳、羊同音。阳光之下三只羊，中国年画的传统题材，画题即叫《三羊开泰》。

图31　山东民间剪纸《未羊》，以桃为衬图，称"长寿生肖"

地支配属相，未属羊。但并非自古如此。湖北云梦县睡虎地秦墓出土的竹简，记载着与今不同的一套生肖——"午，鹿也。未，马也……戌，老羊也"，羊没能充当未的属相。而且，归入这一组生肖中的羊，似乎至少将"羔"羊排斥在外，因其名曰"老羊"。秦简生肖为何唯独关涉羊时尊"老"，也是值得探讨的题目。东汉《论衡》记生肖，"未禽羊也"，未羊之说已与今同。

巴比伦黄道十二宫，有两个同羊有关，它们是白羊宫和摩羯宫，摩羯宫的神像为羊首鱼尾结合体。大约公元前3000年的时候，生活在巴比伦的牧羊民族把星星称为"天的羊"，称行星为"随年的羊"。黄道十二宫中羊占两个席位，大概缘由在此。白羊星座为巴比伦黄道十二星座之首，地位显要，其在巴比伦星图中的形象为手持麦穗的农夫。

郭沫若主张十二地支和生肖西来说，将此作为立论的依据。《释支干》假定十二辰、二十八宿与巴比伦黄道十二星座的对应关系，其中：未——胃宿和娄宿——白羊座。《释支干》认为，甲骨卜辞中，未字作宋或朱，均为采之省笔，而后者为"穗之象形也"。他提出，"未为穗，当于白羊"，白羊座"星象为农人力田之形。此与未之为穗，意既相近"。

但是，很难说中国的未羊同巴比伦的白羊座天造地设正相当，因为出土秦简明明写着未马而戌羊。

郑文光对《释支干》的说法提出异议，认为"未"字所表现的是新月出现在牛宿附近时的星象。如果郑文光的见解能够站得住脚的话，那也就否定了白羊座与未羊的对应关系。

《说文解字》释："未，味也。六月滋味也。五行木老于未；象木重枝叶也。"刘熙《释名》："未，昧也；日中则昃，向幽昧也。"地支与生肖的关系，古代有人从记时方面做出解释，如清代刘献廷《广阳杂记》所引的材料，说："羊啮未时之草而茁，故未属羊。"这显得很牵强。

羊为六畜之一，早在母系氏族公社时期，生活在我国北方草原地区的原始居民，就已开始选择水草丰茂的沿河、沿湖地带，牧羊狩猎，获取生活资料。汉代许慎释字义说："美，甘也。从羊从大。羊在六畜，主给膳也。"这位东汉学者对"美"的解释，可以说是"唯物"的。明末清初屈大均套许慎的模式，他的《广东新语》说："东南少羊而多鱼，边海之民有不知羊味者，西北多羊而少鱼，其民亦然。二者少而得兼，故字以'鱼''羊'为'鲜'。"这仍是讲羊肉供膳食。

羊给予先民们最醒目的形状特征，当是头顶双角。甲骨文"羊"字写作🐏，以线条勾勒出羊的正面头像，上部一对左右下弯的羊角，下部如箭头状部分是羊嘴。在金文中，这"头像"更具艺术性，其写为☠，一对大角，卷弯着，像是绵羊的特征，中间一横表示左右两只耳朵，最下端是羊的嘴巴，这真是个好漂亮的"羊"字。羊，也确是个好字眼。商代甲骨卜辞中，"羊"通作"祥"。汉代器物款识（zhì），也有"大吉羊，宜用"的字样，吉羊即吉祥。

前面谈到将"美"字解释为甘，一种味觉的感受。那已是较为陈旧的说法。陈炜湛《古文字趣谈》分析甲骨文"美"字："字的下半部是正立的人形，也就是'大'；字的上半部分有点像羊，但不是羊，而是人头顶上戴的四只羊角的装饰品。由此看来，早期的美字也是一个象形字。本是一个人戴着双羊角而正立的形象。"人饰羊角，怎么就美呢？获得了形貌之美呢，还是产生了心理美感？要知道，那是还没有安逸适闲到需要举办假面舞会以自娱的时代。朱狄《原始文化研究》："'美'的概念来源于图腾信仰，不但与'甘'字毫无关系，而且正因为它来源于图腾信仰，因此正如图腾的禁忌那样，这样的动物是不能吃的。证据就是甲骨文上的'美'字的几种写法似乎都来自一个来源，即头戴图腾标志的人的形象。"《竹书纪年·帝舜元年》"击石拊石，以歌九韶，百兽率舞"，远古图腾舞蹈的场面，其遗风便是流传久远的戴着动物头饰的傩舞。戴上羊头饰的商代人，可是图腾仪式中求得心理上的满足？龙为图腾，虎为图腾，温顺的羊也可以为图腾吗？是的，这或许正是"美"字的含蕴。甲骨卜辞记载殷商的邻国有"虎方""马方""羊方"，这类方域可能就是以图腾称号的。

"羊""祥"通假，羊也真的成了祥物。西汉大儒董仲舒有云："羊，祥也，故吉礼用之。"《汉书·南越志》记："尉佗之时，有五色羊，以为瑞。"广州号称羊城，源于美好的传说：周夷王时，五个仙人骑着口衔六支谷穗的五只羊降临楚庭（**广州古名**），将谷穗赠给人们，祝这里永无饥荒。仙人言毕隐去，羊化为石。《广州记》则记："战国时，高固为楚相，五羊衔谷穗于楚庭，故广州厅室、梁上画五羊像，又作五谷囊。"如今，广州市越秀山公园有五羊山，其上矗立着一座高11米的五羊石雕，成为闻名海内外的城标雕塑。

明代《七修类稿》引《晋书》，解释羊在婚礼中的象征意义："羊者，祥也，然则婚之有羊，自汉末始也。"敦煌文物《新集周公解梦书》写本，反映唐代民间释梦的内容，有"梦见羊者，主得好妻"之语，也是依据羊即祥的联想。

只因通祥，羊成了古代宫廷里拉车的宠物。《晋书·胡贵嫔传》：武帝"并宠者众，帝莫知所适，常乘羊车，恣其所之，至便宴请。宫人乃取竹叶插户，盐汁洒地，以引帝车"。皇帝在宫内不是信马由缰，而是"信羊由车"，听任羊车拉着走，这使得宫人们想方设法讨好招引拉羊车的羊。这位皇帝的"起居注"看来是由羊决定的，也算笑话一则。

羊的可爱还在于形象温顺。这温顺被封建说教所借用，汉代人何休为《公羊传》作注："凡贽，天子用鬯，诸侯用玉，卿用羔……羔取其执之不鸣，杀之不号，乳必跪而受之，类死义知礼者也。""执之不鸣，杀之不号"被宣扬为"死义知礼"，连不平则鸣的权利也被剥夺了。这到底不如"乳必跪"的孝道较容易被人们所接受。因此，旧时以羊跪乳和乌反哺比喻孝道的说法，能够走入民间。汉代蔡邕《为陈留太守上孝子状》："乌以反哺，托体太阳，羔以跪乳，为贽国卿。"说的正是孝道。明代《蠡海集》为十二生肖分阴阳，讲"未为阳，仰而秉礼，以羊配之，羊跪乳"。

人们也注意到温顺之外的另一方面，羊有角，并非摆设，那角聚着力，它能抵。中华国货，便有大名鼎鼎的抵羊牌毛线。近代中国，国势积弱，列强觊觎，军事侵略、文化侵略、经济侵略一并袭来，"抵羊牌"即是中国民族工商业者的愤怒呼号。"羊"与"洋"谐音，并且"羊毛出在羊身上"。"抵羊牌"巧用双关修辞，其妙天成。它的精神则在一个"抵"字上。

九、申之属：金猴神通

申为猴（图32）。有研究者认为，象形造字之初，"申"字字形为两只母猴相对之形。将"申"字解释为猴的象形字，也就将"申猴关系"推溯到仓颉造字的时代。

图32　山东民间剪纸《申猴》，构图取古钱形状，称"多财生肖"

进化论告诉人们，人类是由类人猿转变而来的。瑞典生物学家林奈，这位动植物分类学的泰斗，在为猿猴归类时曾感叹道："丑陋的猿猴，与我们人类何其相似乃尔！"在人的感觉上，猴比其他动物更多一些与人的亲近感。旧时教书先生有句口头禅："家有斗米粮，不做猢狲王。"用猴子比喻稚气未消的学童。古人以这两句顺口溜讽刺奸臣秦桧，因为他发迹前曾当过塾师，晚年被封为申王。

郭沫若曾有创见，以神话人物帝喾为动物神祇猴，认为猴曾被作为原始图腾。他的《先秦天道观之进展》说："在我看来，帝俊、帝舜、帝喾、高祖夒，实是一人。"他在论证殷人的帝就是"高祖夒"之后，写道："夒字本来是动物的名称。《说文》说：'夒，贪兽也。一曰母猴，似人。'母猴，一称猕猴，又一称沐猴，大约就是猩猩。殷人称这种动物为他们的'高祖'，可见得这种动物在初还会是殷人的图腾。"猴为原始图腾的见解，至今也还是颇为新鲜的提法。

猴非家畜，与人类生活的关系比不上"六畜"密切。可是，尽管国内外的生肖名单参差不一，但总少不了猴；中华各民族的生肖名单不尽相同，也总是将猴列为一员。申猴的生肖配属，在日本学派生出《三猿像》的图画来。画中三只猴子，一只捂耳，一只掩嘴，一只蒙眼，表示不听、不说、不看。此图画题材，源自守庚申习俗。中国道教认为人体中有作祟之神三种，叫三尸虫。《太上三尸中经》：三尸虫"为人大害。常以庚申之日，上告天帝，以记人之造罪"。为了防止三尸虫殃人，逢庚申之日，夜晚不卧，守之若晓，这就是古代的守庚申风俗。守庚申的风俗传到日本，人们取三尸虫之数——三，和庚申之申的属相——猴，绘出三猿图像。画面上猴子捂耳、掩嘴、蒙眼，该是针对三尸虫在天帝面前进谗言而构图的。

中国古典文学画廊中，光彩夺目的猴形象是孙悟空。小说《西游记》中的孙悟空，号称齐天大圣、美猴王。七十二般变化，一筋斗翻出十万八千里，他入地府，闯龙宫，闹天宫，神通广大而又天不怕、地不怕。他疾恶如仇，西行取经路上，降妖除怪，化险为夷，顽强坚忍。这个文学形象，闪烁着理想主义的光芒。

孙悟空的原型，有人认为采自印度，印度传说中有神猴哈奴曼；也有人指出，吴承恩创作《西游记》，在中国传说故事中的无支祁的基础上，创造了孙悟空形象。其实，元代杂剧《西游记》描写孙行者，就有"巫无祁是他姊妹"的话。宋代《太平广记》收录的一条唐代材料说："淮涡水神名无支祁。善应对语言，辨江淮之浅深，原隰之远近，形若猿猴，缩鼻高额，青躯白首，金目雪牙，颈伸百尺，力逾九象，搏击腾踔疾奔，轻利倏忽，闻视不可久。"请看这"形若猿猴"的无支祁，反应快，善言辞，能辨江淮深浅；眼睛闪金光，恰应了孙悟空的火眼金睛；伸脖能长到百尺，这手段孙悟空不在话下；力大超过九只大象，孙悟空自有这般能耐；腾空跳跃，轻捷若飞，正为孙猴的看家本领；"视闻不可久"，看也好，听也好，总是左顾右盼不安静，这猴的特性在孙悟空身上反映得却也充分。应该说，无支祁的形象特点，是可以为孙悟空的塑造提供粗线条的、轮廓式样本的。

猴子好动，自古被视为聪明伶俐的形象。神医华佗首创五禽戏，即仿效动物姿态的一种体育治疗法，《后汉书·华佗传》记他的话："吾有一术，名五禽之戏：一曰虎，二曰鹿，三曰熊，四曰猨，五曰鸟。亦以除疾,并利蹄足,以当导引。"猨即猿,这里是说运动时模仿猴子的姿态动作。三国时代,曹植写诗《白马篇》,吟咏马上习武的豪爽,其中"仰手接飞猱,俯身散马蹄。狡捷过猴猿"之句,颇富动态感,是因为借助了猴的形象。猱,猿一类动物,攀缘树木敏捷若飞。

汉代《吴越春秋》所记传说,越王问范蠡剑术,范蠡推荐了一位善剑的女子,越王聘之。女子路逢一翁,自称袁公。同她试剑,试毕飞跃上树,化为白猿而去。《搜神记》则说:"楚王游于苑,白猿在焉,王令善射者射之,矢数发,猿搏矢而笑。乃命由基。由基抚弓,猿即抱木而号。"这只白猿能够将射来的箭支一一打掉,还在笑。神箭手养由基刚拿起弓来,白猿便知不妙,抱树而号。在这两个故事里,猿都被人格化了。

在古代,猴子的可爱,还与"猴""侯"谐音有关。封建社会,拜相封侯,显而且贵,是最为荣耀的人生价值取向。这就使猴成为一种祝福吉祥的符号。古代绘画,猴常以吉祥符号的角色入图。一幅猴子骑马画,寓意马上封侯;猴向枫树上挂印的图画,寓意为封侯挂印;一只猴子骑在另一只猴子背上,其寓意是辈辈封侯。这些画连同这些话,都能讨人欢喜。另有一幅民俗画《辟马瘟》(图33),画猴画马,反映了古人在马厩中养猴,认为猴子能驱马病、辟马瘟的习俗。这一民俗,也是《西游记》里孙猴子被玉皇封为"弼马温"故事的来源。

称呼猴,前边常冠以一个"金"字。《论衡》说:"申,猴也。……猕猴,金也。"按照五行之说,十二支的申和酉属金。孙悟空神通广大,降妖除怪称金猴,正缘于此。

图33　陕西民间传统木版画《辟马瘟》

十、酉之属：鸡有五德

相传为春秋时代左丘明所著《国语·晋语四》记："黄帝之子二十五宗，其得姓者十四人，为十二姓：姬、酉、祁、己……"十二姓反映了远古黄帝部落的十二个胞族。十二姓之中，唯独这"酉"又是十二地支的成员。

酉，象形字，像酒器。郭沫若《释支干》："酉字乃瓶尊之象形而位当于'水瓶'。"他主张十二支及生肖源于巴比伦黄道十二宫，此是得意之笔——按照《释支干》所假定的对应顺序，十二辰之酉正对着黄道十二宫的宝瓶（即水瓶）宫。郭沫若写道：水瓶宫"星象作一人捧瓶倾水之形。与'水瓶'相当之星宿在中国为虚，《天官书》云'虚为哭泣之事'"。《释支干》推论十二生肖为汉代时传入。近年出土的秦简记载十二生肖，否定了这一推论。然而，不应回避的是，也是这睡虎地秦简，书写着："酉，水也。"同郭沫若有关水瓶倾水的说法巧合。"酉，水也"，有研究者将"水也"注解为"鸡也"，本书前已述，不再重复。

东汉《论衡》说："酉，鸡也。"代表酉的资格，最终还是被鸡所拥有（图34）。五代时的徐夤（yín）《鸡》诗，赞鸡羽色美，也夸其生肖之林里有一号：

名参十二属，花入羽毛深。

图34　山东民间剪纸《酉鸡》，构图剪出"酉"字，并衬以"福"字，称"祝福生肖"

十二辰分割360°方位，酉占正西。宋代朱熹对酉为鸡想不通："鸡为鸟属而反居西，又舛之甚者。"意思是说，星宿四象，南方朱雀，鸡是十二生肖中唯一的禽类，为何没有配午居南，反而配酉居西呢？朱熹以二十八宿四象为参照系，指出十二生肖的方位同四象不合。明代杨慎试图解释这一矛盾，其《艺林伐山》说：

> 子鼠丑牛十二属之说，朱子谓不知所始，余以为此天地自然之理，非人能为也。日中有金鸡，乃酉之属，月中有玉兔，乃卯之属，日月阴阳互藏其宅也。

古代神话讲太阳里有神乌。《淮南子·精神训》说"日中有踆乌"，即三足乌，又称日乌、金乌、金鸦。杨慎说"日中有金鸡"，即由三足乌说起。杨慎解释说，日与月，太阳应属东方，酉鸡却位于西；月亮应属西方，卯兔却居于东，其原因是"互藏其宅"。

其实，倘若套用杨慎的论说模式，不妨做如下解释：地球自转所造成的太阳朝夕位置变化，也可引"酉"字另一义项表示，这就是《史记·律书》所载"酉者，万物之老也，故曰酉"。西天的太阳快要落山了，正是金乌（鸡）之垂暮老矣。

在古代传说里，金鸡同太阳的关联在于报晓。《神异经·东荒经》说："扶桑山有玉鸡，玉鸡鸣则金鸡鸣，金鸡鸣则石鸡鸣，石鸡鸣则天下之鸡悉鸣。"雄鸡一唱天下白，传说故事将其渲染得程序如此复杂，玉鸡、金鸡、石鸡、天下鸡，那朝阳真可谓千呼万唤始出来。

《述异记》的故事要简单些："东南有桃都山，山上有大树曰桃都，枝相去三千里，上有天鸡。日初出，照此木，天鸡则鸣，天下之鸡皆随之鸣。"李白《梦游天姥吟留别》："半壁见海日，空中闻天鸡。"太阳、天鸡并举。

鸡啼报晓，唤得旭日东升，这可是平凡之中见伟大的事情。况且，日复一日，雄鸡为着准时的一唱，大概要舍弃许多"高枕"安眠之福吧。

"守夜不失时，信也"，鸡又名烛夜，不会误时的。汉代《韩诗外传》称赞雄鸡报晓，用"信"字赞之。《诗经》写到鸡鸣，诗集中郑国民歌《女曰鸡鸣》开篇即写："女曰鸡鸣，士曰昧旦。"妻子对丈夫说："鸡叫了。"引出夫妻恩爱、家庭美满的生活场景。另一首《鸡鸣》，采自齐国，诗写国君的妻子劝国君早起去上朝，贪图安逸的国君恋床不起。诗以贤内助的话开头："鸡既鸣矣，朝既盈矣。"这是催促："鸡已叫了，上朝的人到齐了。"国君却装糊涂："匪鸡则鸣，苍蝇之声。"硬说那喔喔鸡啼是苍蝇嗡嗡声。

闻鸡鸣而恋床，是一种精神状态；闻鸡起舞，又是一种精气神儿，请读《晋书·祖逖传》："与司空刘琨俱为司州主簿，情好绸缪，共被同寝。中夜闻荒鸡鸣，蹴琨觉曰：'此非恶声也。'因起舞。"闻鸡起舞传为成语，表示奋发进取的意思。勤奋自然好，但还要注意把握努力的方向，向善还是逐恶？《孟子·尽心》："鸡鸣而起，孳孳为善者，舜之徒也；鸡鸣而起，孳孳为利者，跖之徒也。"孟夫子的话里，透露着"君子耻言利"的味道，实际上"为善"和"为利"并非必然对立。除此以外，孟子这段话讲一个人对自己每日的作为，要从鸡鸣而起之时就严格要求，无疑是劝人向善的，一日之计在于晨嘛。

古代计时器械尚未发达。万家梦破一声鸡，喔喔劲啼，先于"日出而作"报告新一天的开始。鸡啼是庄户人家的时钟，也是公共生活的时钟。战国时代，著名的函谷关开关时间就以鸡鸣为准。落魄而逃的孟尝君，面对大门紧闭的关口，担心后面追兵到，食客中有会口技者，学鸡鸣，一啼而群鸡尽鸣，骗开关门。这故事被司马迁写入《史记》，传为熟典。

啼晨报晓，鸡文化中绚丽多彩的篇章，还可翻到武王伐纣的历史一页。《尚书·牧誓》记载武王在商朝都城郊外的牧野誓师军队，他历数商纣昏庸："古人有言曰：'牝鸡无晨；牝鸡之晨，惟家之索。'今商王受，惟妇人是用……"列举的第一条罪状是商纣宠信妲己，并引古人言，以母鸡啼晨为不祥。其实，这不仅由于生物学意义上的反常，男尊女卑的时代，封建意识借此作为附着之物。

关于鸡啼，宋代《太平御览》引《春秋说解》谓："鸡为积阳南方之象，火阳精物炎上，故阳出鸡鸣，以类感也。"这种解释，仍是与南方朱雀属火相联系。

司晨啼晓被纳入鸡的"五德"。《韩诗外传》概括的"五德"是文、武、勇、仁、信，鸡被说成文武兼备、勇敢而仁义且又可信赖的动物，形容为"头戴冠，文也；足搏距，武也；见敌敢干，勇也；见食相呼，义也；守夜不失时，信也"。由此，古人送鸡一个雅号：德禽。

以十二辰配二十八星宿，酉值三宿，"胃土雉，昴日鸡，毕月乌，酉也"，即讲胃宿、昴宿、毕宿属酉。昴星宿居西方白虎七宿的中央，被认为方位正西，配酉，以鸡象之。《说文解字》释："昴从卯，阖户为卯，日入时也。"日薄西山，金乌打道回府，酉便关闭了光明之门，白昼让位给夜晚了。

《甘石星经》说："月精在昴、毕，日精在氐、房，自司其行度。"西方七宿中的昴宿，同东方七宿中的房宿，西东遥相对，"昴日鸡"对着"房日兔"。太阳之精本该东处卯位，以应房宿；月亮之精本该西居酉位，以应昴宿。可是，日、月换位，酉为鸡、卯为兔，这就引出明代杨慎有关"日月阴阳互换其宅"的话。至此，杨慎的这番话也就比较容易理解了。

古典小说《西游记》第五十五回中，昴日星官帮助孙悟空降伏蝎子精，书里写其居天宫东天门里光明宫，"现出本相，原来是一只双冠子大公鸡，昂起头来，约有六七尺高"，又有诗曰："花冠绣颈若团缨，爪硬距长目怒睛。踊跃雄威全五德，峥嵘壮势羡三鸣。岂如凡鸟啼茅屋，本是天星显圣名。"器宇轩昂，气派不凡，这昴日星官的本相，却取象于人间饲养的大公鸡。

雄鸡勇斗，古人想象其具有辟邪的神力。清初陈昊子《花镜》："雄鸡能角胜，目能辟邪。"梁朝宗懔《荆楚岁时记》引《问礼俗》的话："正月一日为鸡，二日为狗……正旦画鸡于门。"古代风俗，正月初一为鸡日，这一天不杀鸡，在门上贴画鸡的图画，悬苇索于其上，表示驱邪恶祈平安的意思。汉代应劭《风俗通》记，除夕"以雄鸡着门上，以和阴阳"。鸡的形象，成了钟馗像一般的保护神。自然，鸡辟邪的资历要比钟馗老得多。

十一、戌之属：狗亦图腾

湖北云梦睡虎地出土的秦代简书，记载着迄今发现年代较早的一套生肖。秦简生肖中没有狗。"戌，老羊也"，戌之位由"老羊"占据着。

至东汉，文献所记未为羊、戌为狗。《论衡》："戌，土也，其禽，犬也。"宋代《曲洧（wěi）旧闻》说："十二宫神，狗居戌位。"又言戌属犬，又言戌属狗，犬与狗有无区别？古人讲："狗犬通名，若分而言之，则大者为犬，小者为狗。"

地支酉后是戌，属相鸡后为狗（图35），"戌狗"似乎特别习惯于尾随"酉鸡"之后。列举"六畜"，通常的排法鸡、狗连接；一人得道，鸡犬升天；遭遇骚扰，鸡犬不宁；古时以正月一日为鸡日，二日为狗日，三日为猪日，四日为羊日，五日为牛日，六日为马日，七日为人日。战国时齐国孟尝君广纳食客，危难关头，先得助于客中能为狗盗者，又得益于客中能为鸡鸣者，宋代王安石评论此事，将前后次序颠倒，传为成语"鸡鸣狗盗"。语言中鸡在狗先的有趣现象，是否同生肖顺序有关，尚待探讨。

古人解释戌属狗，有种说法是借助于戌时的。古代昼夜十二时，戌时为夜的开始，狗守夜，所以主戌。明代《七修类稿》"戌、亥，阴敛而潜寂，狗司夜、猪镇静，故狗猪配焉"，讲的就是这个意思。

图35　山东民间剪纸《戌狗》，图案中剪出"戌"字

　　狗是人类最早驯养的家畜之一。早在母系氏族公社时期，生活在黄河流域的原始人就已开始养狗。《周礼》设犬人官职，专司相犬牵犬以供祭祀。狗是行猎的好帮手，汉代朝廷设狗监，是掌管皇帝猎犬的官员。到了唐代，五坊之中有狗坊，那是为皇帝饲养猎犬的官署。狗还被用作交通，《晋书·陆机传》记，陆机久居京师，一条叫"黄耳"的狗充当了传送两地书的信使。元代时，我国东北地区通行犬橇，即用狗拉车。冰天雪地之间，四条狗拖一雪橇，行速如飞。因此，元代设在东北地区的驿站，甚至换掉了带"马"字的"驿"，径称狗站。元末明初陶宗仪《南村辍耕录》记：当时运粮中狗站之车，"每车以四狗挽之，狗悉谙人性，站有狗分例，若克减之，必啮其主者，

至死乃已"。食物有定量，狗站若克减贪污，那狗是绝不肯轻饶的。

狗的身世不凡，作为图腾，它曾是原始人崇拜的对象。《后汉书·南蛮传》记载了一个著名的传说，有关原始图腾的研讨往往要引用的。传说故事讲，远古时代，高辛氏与他的敌人征战不已，总不能克敌制胜，于是帝高辛氏下令，能得敌方将军首级者，赏黄金、赏土地，还将自己的女儿嫁给他。"时帝有畜狗，其毛五彩，名曰盘瓠。下令之后，盘瓠遂衔人头造阙下。……帝不得已，乃以女配盘瓠。盘瓠得女，负而走入南山止石室中……经三年，生子十二人，六男六女……其后滋蔓，号曰蛮夷。"

一只叫盘瓠的狗，和高辛氏的公主结合，生育六男六妇，成为氏族的先人（图36）。

图36　浙江丽水畲族《盘瓠图》，绘于清乾隆年间，现藏于中国历史博物馆

　　这段传说，将盘瓠同狗联系起来。在西南地区苗、畲、瑶、黎、侗、壮、仮等少数民族中，均流传着女娲、伏羲乘葫芦躲避洪水灾难，生儿育女，繁衍人口，成为人类祖先的传说。研究者认为，这当是以采集野生植物为生的氏族生活的反映，盘瓠为氏族图腾。后来，随着文明的进步，发展为驯犬看守牛羊的畜牧生产，盘瓠图腾转化为犬图腾。《后汉书》所载，以狗名盘瓠传说的形成，大约反映这种情况。

　　以狗为图腾的古风流传下来。畲族的《狗皇歌》，是讲述畲族起源的。梁代鲍坚《武陵记》记，湘西"武山高可万仞，山半有盘瓠石窟，中有一石狗形，云是盘瓠之遗像"。明代方以智《通雅》说："《石药尔雅》：'白狗胆一名瓠汁，耳上血曰白龙柒。'盖以盘瓠为狗名，故称瓠汁耳。"黔东地区苗族中梁姓、黄姓等，至今仍祠盘瓠，禁忌吃狗肉。

　　狗，一名黄羊。见于《古今注》。古代有十二月初八以黄狗祭祀灶神的习俗。其源于《后汉书·阴识传》："宣帝时，阴子方者，至孝有仁恩。腊日晨炊，而灶神形见，子方再拜受庆。家有黄狗，因以祀之。自是已后，暴至巨富，田有七百余顷……至识三世，而遂繁昌，故后常以腊日祀灶，而荐黄羊焉。"此俗南北朝时仍兴，《荆楚岁时记》说："汉阴子方，腊日见灶神，以黄犬祭之，谓之黄羊。"清代《燕京岁时记》说："二十三日祭灶，古用黄羊，近闻内廷尚用之，民间不见用也。民间祭灶惟用南糖、关东糖、糖饼及清水草豆而已。"原来，腊月二十三民间以糖瓜祭灶的风俗，还有黄犬祭灶的老话在先呢。

十二、亥之属：肥猪拱门

十二地支末位是亥，其属相为豕，也就是猪（图37）。

亥与豕，字形相近。传写讹误，举它们为代表，是为"鲁鱼亥豕"。亥豕之误，实有其事，见《吕氏春秋·察传》："子夏之晋，过卫，有读史记者曰：'晋师三豕涉河。'子夏曰：'非也，是己亥也，夫己与三相近，豕与亥相似。'至于晋而问之，则曰晋师己亥涉河也。"

图37　陕西民间剪纸《亥猪》，图案瓶形，称"宝瓶生肖"

于是，有人从字形方面探求亥属猪的缘由，明代杨慎说：

> 古篆"巳"字作蛇形，"亥"字作猪形，余可推论而知。

杨慎的见解并非首创，东汉许慎已注意到此例，《说文解字》说：

> 《春秋传》曰："亥有二首六身"……帝，古文亥，
> 为豕，与豕同。

郭沫若主张十二生肖外来之说。认为"亥为豕"不能反映远古时代的情况，而是"十二肖兽输入之后文义"，即许慎那个时代人们的看法。

应该说，汉字形体中隐藏着丰富的上古文化信息。"亥为豕"，"亥字作猪形"，为考察生肖来历提供了一个横断面。1931年《岭南学报》邓尔雅的文章将十二支的古文与十二生肖的古文相比较，认为十二支是十二生肖的象形字，并特别提到"蛇，豕，则自来巳云巳象蛇，亥象豕也。且有三豕渡河之古典"。事情就是如此奇妙，亥豕不分的传写讹误中，可能闪现造字之初的亥豕同源——亥与豕可能本来是不分你我的。

再说豕与猪。《清稗类钞》讲"术家以三十六禽分配十二时，即生肖也"，三十六禽中"亥为豕、蜼、猪"，"豕与猪之分，则豕为家畜，猪为野猪也"。这种家猪与野猪的分法，虽出术家迷信，却也有趣。

家猪是由野猪驯化而来的。在华夏土地上，早在母系氏族公社时期，就已开始饲养猪、狗等家畜。浙江余姚河姆渡新石器文化遗址

出土有陶猪，其造型与现代家猪体态十分相似，证明当时已基本完成了对野猪的驯化。曾有外国学者提出，中国家猪是由外国引入的。可是，这主张既难以回答河姆渡陶猪带来的异议，也难以面对这样的事实：早年，华北地区的家猪与华北野猪相似，华南地区的家猪与华南野猪相似。

《后汉书·朱浮传》有"辽东豕"的典故，讲辽东养猪均黑色，偶有猪仔白头，视为奇异。等到了河东一看，有群猪皆白。十二支中，亥属水，方位北，色黑。亥的属相猪，别名多取"黑"字。亥之黑，猪之黑，两者间有无因果关系，怎样的因果关系？这或许是研究生肖文化的又一个切入点。

猪有别名叫"乌鬼"。杜甫《戏作俳谐体遣闷二首》之一："家家养乌鬼，顿顿食黄鱼。"宋代《漫叟诗话》写道："川人嗜此肉，家家养猪，杜诗谓'家家养乌鬼'，是也。每呼猪则作'乌鬼'声，故号猪为乌鬼。"宋代马永卿《懒真子录》则说："乌鬼，猪也。峡中人家多事鬼，家养一猪，非祭鬼不用，故于猪群中特呼'乌鬼'以别之。"两条材料的说法不尽一致，但都证明"乌鬼"即是称猪。

猪又名"乌金"、"黑面郎"及"黑爷"。唐代张鷟《朝野佥载》说，唐代洪州人养猪致富，称猪为"乌金"。唐代冯贽《云仙杂记》引《承平旧纂》："黑面郎，谓猪也。"清末贵族祭官，称活猪为"黑爷"。载涛、恽宝惠《清末贵族之生活》记祭礼程序，"后请牲入（活猪，呼为黑爷）"。

"乌羊"也是猪的别称，《宋稗类钞》有载。据说，一位修水利的古人，在开挖河渠时，变化为一只大猪，奋力当先。为此，当地人称猪为"乌羊",纪念那位先人。猪长喙,善拱掘,在人们想象中成了开河挖渠的生力军。猪与治水工程的联系,应当说还有亥属水的缘故。"见豕负涂",闻一多考证认为是雨象。古时,筑土堵水叫"偃猪"。《周礼》"以潴畜水",注曰:"偃猪者,畜流水之陂也。"

猪同马、牛、羊、鸡、犬共为"六畜",自古与人类生活有着密切的关系。在原始父系氏族公社时期,猪是可以夸耀的财富标志。猪头骨或下颚骨被作为财产的象征,用作随葬品,在甘肃临夏大何庄的墓葬中,有用十六块、三十六块猪骨陪葬的。

汉字"家",部首象征房屋,下部是个豕。对此解说纷纭,其中一说即是:房屋加豕(**代表财富**)等于家。《渊鉴类函》保留了一个古老的说法:"猪入门,百福臻。"千百年来,民众的祈福心理,又使那肥肥的猪背脊驮上个聚宝盆。这便是肥猪拱门的传统民间美术题材(图38),年画、剪纸、刺绣等世代因袭的画图。

图38 天津民间剪纸《肥猪拱门》

第四章

渗入悠悠岁月间

——十二生肖纵观

上一章题目标分述——十二生肖一一亮相，唱"定场诗"。这一章该来一番纵观，对生肖文化的材料，做一做分门别类的归纳，捋出几条线索，以见其在哪些领域介入了中华文化的历程。

载于宋代王应麟《困学纪闻》卷九的一段文字，专讲十二生肖，涉及的方方面面不算少，现引录如下：

> 朱文公尝问蔡季通，十二相属起于何时，首见何书。又谓以二十八宿之象言之，唯龙与牛为合，而他皆不类。至于虎当在西，而反居寅；鸡为鸟属，而反居西，又舛之甚者。《韩文考异·毛颖传》"封卯地"，谓十二物未见所从来。

> 愚按，"吉日庚午，既差我马"，午为马之证也。季冬出土牛，丑为牛之证也。蔡邕《月令论》云，十二辰之禽，五时所食者必家人所畜，丑牛、未羊、

戌狗、酉鸡、亥豕而已。其余虎以下非食也。《月令正义》云，鸡为木、羊为火、牛为土、犬为金、豕为水，但阴阳取象多涂，故午为马，酉为鸡，不可一定也。十二物见《论衡·物势篇》。《说文》亦谓巳为蛇，象形。

不长的一段文字，讲生肖，谈到星宿、月令、阴阳五行，谈到了饮食和迎春仪式，谈到了象形造字和唐代文学作品。生肖文化广泛地介入了中华文化各领域，由此可见一斑。

一、生肖与民俗

（一）"人人有一个"

生肖，从字面讲，是表示出生年份的象征物。原始先民用十二种动物名称纪日，与通常意义上的生肖有差别。用来纪年者，一般称为生肖，尽管还用其标示日、月或时辰。"全国十二个，人人有一个"，这正是从表示生年的基本功能上讲生肖。因为人人有一个，生肖文化就获得了广泛的群众性。一个人不能选择自己的属相，不能奢望拥有两个属相，就像难以拒绝自己出生年的属相一样。

生肖十二种，赶上哪个算哪个。并且，生肖面前人人"平等"，只要同为辰年生人，卑贱者对高贵者说一句"你属龙，我同样也属龙"，并未失实。宋朝皇帝有位属狗的，他可以诏令天下禁止屠狗，专制社会里他有那么霸道的权力，可是他不能不属狗。仅就此而言，是什么力量制约了那位大宋皇帝，在戌年生而属狗这一点上，将他等同于黎民百姓？是生肖文化的民俗性。罗马统帅恺撒的继承人，因自己出生的8月份是30天，便从2月抽出1天加在8月。假若有一位中国皇帝因自己的生年属相不那么"器宇轩昂"，企图调换生肖顺序，他大概会遇到许多麻烦，难以得手。在我们假设的这个例子中，能与帝王抗衡的力量，是民俗。

唐代李肇《唐国史补》记载文学家韩愈逸事一则：

> 陆长源以旧德为宣武军行军司马，韩愈巡官，同在使幕。或讥其年辈相辽，愈闻而答曰："大虫老鼠，俱为十二相属，何怪之有？"

古人诙谐，对论资排辈的议论，一笑了之，说了句：老虎老鼠，都可以在十二属相中有一号，有什么奇怪的？

以属相取名是常见的情况。明代唐寅以才气而被载入古代美术史，又因自称"江南第一风流才子"的狂放玩世，做了民间的传说人物。妇孺皆知的名字唐伯虎，是他的字。他出生于1740年，庚寅虎年。名寅字伯虎，名、字呼应，取自生年属相。当代书画家王学仲《画虎歌》："吴郡有唐寅，婀娜描仕女，误传好秋香，伯虎弗能虎。世人逐虚名，托名徒乱古，伯虎浮浪儿，传奇无足据，怜香惜玉人，焉窥虎肺腑。"这是借唐寅、伯虎名字做文章。

以属相取名的情况，在少数民族中也可见。新疆柯尔克孜族，属牛男孩的名字常缀以"克郎"，意为牛；辰年生属鱼的姑娘，名字缀以"百丽柯孜"，意为鱼年出生的女孩子。在苗族聚居的一些地方，有的家庭请巫师为子女取名。巫师根据孩子的出生日取名，例如在丑日出生的男孩命名为田或水牛。

名与号以外，乳名也常有取于生肖的。比如，现代画家叶浅予1907年农历丁未羊年生，乳名阿羊。根据他本人的回忆录，1929年叶浅予成为专业漫画家，我国早期美术刊物《上海漫画》连载他的成名作《王先生》。一次，他从上海回桐庐，二伯唤着他的乳名说："阿羊都二十出头了……"叶家居浙江。南方人以"羊""祥"二字相通，认为羊是吉祥的属相。阿羊是个祝吉的称谓。

乳名，又称小名。过去的民俗，为孩子取乳名是不可以马虎的事。乌丙安《中国民俗学》说：

> 旧俗命乳名十分郑重，有的地方由生父携带糖、饼之类请村中长者、族中有威望者取名，名字要与长辈亲属的名字避讳，通常多取吉字做名，如贵儿、祥儿、小龙、虎仔，但民间更多的取"贱"名，或带有符咒意味的名，以求免灾，容易抚养。

应该补充的是，吉字乳名如"小龙""虎仔"，"贱"如小狗子、小牛，有时又同孩子的属相有关。

著名作家老舍属狗，乳名小狗尾巴。老舍之子舒乙所作传记《老舍》写道：

老舍生于1899年2月3日。

那一年是戊戌年，清朝光绪二十四年，按阴历算，是狗年。老舍是年底生的，姑母给他起了一个很不中听的外号：小狗尾巴。属狗，和属猪、属鸡、属兔一样，没有什么高低贵贱之分，没有什么不光彩的，可是"狗尾巴"，而且是"小狗尾巴"，实在令人接受不了。所以老舍小时候总是说他是糖瓜祭灶的那一天生的，在灶王爷升天的时候光荣落地不比"小狗尾巴"光彩得多、神气得多？

以往的民俗民风，老舍的经历可视为典型例证。孩子生于戊戌狗年腊月，姑母为他取名"小狗尾巴"，为着叫贱名的孩子好养，那是寄托着姑母一片爱心的。"小狗尾巴"还有一岁末尾的意思，不仅含生肖，简直连生于腊月也喊在乳名里了。

清代赵翼《陔余丛考》卷四十二"命名奇诡"条辑录的材料，是颇为有趣的：

《南史》张敬儿本名狗儿，其弟名猪儿，齐明帝改为敬儿、恭儿。《宋史》刘继元之子名三猪。《金史·海陵纪》有刑部郎中海狗；《宣宗纪》有李瘤驴、唐括狗儿；《哀宗纪》有完颜猪儿。又，兀术之孙名羊蹄，胡沙虎之子名猪粪，封濮王。他如纥石烈猪狗、完颜狗儿，见《西夏传》。耶律赤狗儿，见《卢彦伦

传》。《金史》谓金人尚质，故沿旧俗不改。《元史》亦
有石抹狗狗、宁猪狗。……此本古俗。金元之人名多
丑恶，原无足异也。

金、元之时，人名用十二生肖的例子不少，而当年北方少数民族
纪年，直呼狗儿年、猪儿年之类。以生肖动物为人名，该是受了社会
文化生活的影响。

旧时，迷信各种"宜忌"的人，在取名时对生肖因素也是颇
有些讲究的，认为名字与生肖相合才吉祥。为了与生肖相合，取名
字有些部首的字宜用，有些则忌用，仿佛人生的命运系在取名之举
似的。

比如，说属鼠的人取名以用"宀""米""豆""鱼"等部首
的字为吉，忌用的部首有"山""刀""石"等。属牛者宜用部首
"氵""艹""豆"，属虎者宜用部首"山""金""木"等。

这类生肖与取名的迷信说法，为每种属相列出若干吉利字和忌
用字。所谓"宜"与"忌"，其判定标准说来也简单，那就是将人同
自己属相的那种动物等同起来，取名用字合于那种动物习性的，便能
使人的命运受得恩泽，这就是吉。对于"忌"的判断，也是如此。例
如，说属鼠者取名用字"宀"部首吉利，理由便是其像房屋之形，鼠
居室内，自是栖息好处所；而有"米"、有"豆"、有"鱼"者，据
说可盼"福寿兴家，子孙鼎盛"。山中老鼠，处境非佳，所以就说
属鼠者取名用"山"部首，一生孤独。属鼠者取名忌用"刀"，说
有"刀"者刑克父母；忌用"石"，用者身弱短寿，均为由彼及此想

当然。其他属相取名用字的宜忌，也是如法炮制，像属牛宜用部首"氵""艹""豆"，水可饮，草可食，豆是精饲料，不仅着眼于"牛"的饥渴问题，还顾及"伙食"的改善。属虎者取名宜用"山"部首之字，是因虎为山君。

这种迷信被称为"生肖吉祥命名法"。它可以给人带来吉祥吗？答案是否定的。人的名字只是一种代号。如果起个好名字就能一生幸福，那真是比烧香磕头还要轻捷、便当。只可惜，天下并无此等便宜事。

（二）本命和本命年

属相十二年一轮，故民间有"巡"的计年单位。"都属龙，比他大一巡"，是讲两人均辰年出生，相差十二岁。"娘儿俩整差两巡"，是说母子俩属相相同，母亲24岁时生下他。

每十二年，本属相的年份来一次，这就是本命年（图39）。有关本命年的说法和风俗，实际上是本命神迷信的民俗化。北方地区民间寿诞风俗，逢本命年过生日要"扎红"，孩童穿红背心、红裤衩，成年人则扎红腰带，相信以此可以辟邪恶。在内蒙古东部地区，特别重视男孩十二周岁生日。这一天，孩子要"扎红"，家长要置办酒席，亲友要赠予男孩礼物钱帛，以示祈福的意思。

在一些地方，本命年的腊月三十晚间忌出门。值本命年的成年人或孩子，这一天从太阳落山黄昏起，闭门不出，直至翌日太阳升起。已婚男子还要由妇人陪伴。

图39　民间传统木版画《本命星君》

　　青海河湟一带的"本命禳（ráng）解"旧俗，将逢凶化吉的内容明显地诉诸形式。人们相信，人逢本命必多灾殃，进行禳解，才能化为吉祥。年过半百的人本命年庆寿，仪式一如寿材落成的仪式，并且要增加一项礼仪，即由儿子、儿媳或女儿、女婿献上红衬裤、红绫裤带或红布，当日穿上系上。其中迷信色彩比"扎红"更浓了。"本命禳解"第一回在60岁那年。60岁又称"花甲""花甲子"。我国各地均有庆祝六十大寿的风俗，朝鲜族称其为"换甲""周甲""还历"，儿女要为老人办"换甲宴"。这是人生的第六个本命年。

　　本命年的种种说法，与一巡两巡之说相呼应，周期十二年。而

171

本命，对"宁肯信其有"的人说来，便年年月月日日伴随左右了。本命，即个人的属相。

唐代文学家柳宗元有篇寓言，写一个子年出生的人，"鼠，子神也，因爱鼠"。别以为这仅仅是文学作品的虚构，生活中这样的人和事自古不少。

本命子鼠而护鼠，与柳宗元寓言中人物相类的例子，《清稗类钞》记一则：

> 盐城有何姓者，其家主人自以子为本命肖鼠也，乃不畜猫，见鼠，辄禁人捕。久之，鼠大蕃息，日跳梁出入，不畏人。

属鼠人的姑息，为耗子提供了繁衍、肆虐的小环境。这记的是清代事。

柳宗元的那篇寓言，则是有唐代生活依据的。《新唐书·李泌传》载：

> 代宗将葬，帝号送承天门，而辒车行不中道，问其故，有司曰："陛下本命在午，故避之。"帝泣曰："安有枉灵驾以谋身利？"命直午而行。

《新唐书》记德宗李适言行：护灵要紧，不必计较其他。然而，"本命在午，故避之"，却反映了唐时的本命迷信习俗，不仅流行于民间，也进入了皇宫大内。

宋代朱弁《曲洧旧闻》记录了一段皇帝属狗而禁屠狗的奇闻，录之于下：

> 崇宁初，范致虚上言："十二宫神，狗居戌位，为陛下本命。今京师有以屠狗为业者，宜行禁止。"因降指挥，禁天下养狗，赏钱至二万。太学生初闻之，有宣言于众曰："朝廷事事绍述熙、丰，神宗生戊子，而当年未闻禁畜猫也。"其间有善议论者，密相语曰："狗在五行，其取类自有所在，今以忌器讳言，使之贵重若此，审如《洪范》所云，则其忧不可胜言者矣。"

宋徽宗赵佶生于公元1082年，时值壬戌，属狗的。赵佶具艺术天分，擅画花鸟，写瘦金体，是书画家天子，却不是治国有方的政治家，任用蔡京、童贯掌国柄。他穷奢极侈，又崇奉道教，自称教主道真皇帝。他的臣下便投其所好，上谀言，邀宠赏。当时就有持异议者，说：神宗属鼠，当年并未禁止养猫呀！宋徽宗为神宗赵顼（xū）第十一子。赵顼生于公元1048年，那是戊子鼠年。

明代李诩的笔记《戒庵老人漫笔》引述上面一段材料，并记：

> 余家藏旧通报中有正德十四年（公元1519年）十二月十九日辰时牌面，其略云：养豕之家，易卖宰杀，固系寻常。但当爵本命，既而又姓，虽然字异，

实乃音同，况兼食之随生疮疾。宜当禁革，如若故违，
本犯并连当房家小发遣极边卫，永远充军。

正德为明武宗朱厚照的年号，同李诩所记相印证，《武宗实录》
记载：

> 正德十四年十二月乙卯，时上……禁民间畜猪，
> 远近宰杀殆尽；田家有产者，悉投诸水。

朱厚照生于公元1491年，该年干支辛亥，是猪年。他禁止养猪，
一因是他的本命，二因他姓朱，谐音。照此说来，似乎比那位属狗皇
帝禁止屠狗的理由更充分，宋天子毕竟姓赵而不姓苟呀。当时，大学
士杨廷和敢于直谏，上书要求取消这条荒谬的禁令，朱厚照置之不
理，以致清明祭祀时，出现了找猪肉难的局面。后来，礼部官员多方
进言，朱厚照只得废除禁猪令。

清代梁绍壬《两般秋雨盦随笔》合记这两事，称为怪事：

> 宋徽宗崇宁间，范致虚为谏议，谓"上生壬戌，
> 于生肖属犬，人间不宜杀犬"。徽宗允其议，命屠狗
> 者有厉禁。明武宗南幸扬州，兵部左侍郎王抄奉钦差
> 总督军务、威武大将军总兵官、后军都督太师镇国公
> 朱钧帖云："照得养豕宰猪，固寻常通事，但当爵本
> 命，且姓字异音同，况食之随生疮疾，深为未便。为

此晓谕地方，除牛羊等不禁外，将豕牲不许喂养，并易卖宰杀，如敢故违，本犯及当房家小，发极边永远充军。"古今怪事，无独有偶如此。

相传朱氏大明王朝的皇陵选址，也弄出了类似故事。明成祖朱棣迁都北京后，即派朝廷官员和江湖术士一道，在北京周围寻找建陵墓的风水"吉壤"。他们跑了两年时间，找到了几处地方。一处地形很好，地名屠家营，姓朱谐音猪的皇帝，进屠家营，莫非甘受宰割？陵墓不能建在这里。还有一处在昌平西南的羊山脚下，因为这个地方后边有村名叫狼儿峪，不太妙，皇帝又自比为猪，猪后怎能有狼？这块风水宝地也被否定了。如今，北京有块地方叫十三陵地区。当年，倘若不是因为屠家营、狼儿峪地名对猪（朱）有威胁，十三陵很可能要建在别的地方。这正是"既而又姓，虽然字异，实乃音同"的注脚。

属狗、属猪两位皇帝闹出的笑话，可谓愚昧迷信与专制制度生出的怪胎。清代时，一次皇宫里为慈禧太后演戏。《玉堂春》唱词"羊入虎口有去无还"，演员刚刚唱出，慈禧勃然大怒，喝令停演。原来，慈禧生在1835年，岁次乙未是羊年。权势赫赫的那拉氏属羊，不能容忍"羊入虎口"！

人有属相本是标志出生时间的。可是，属相到底没有被限定在这个范围内。属相在民俗中，由属于时间的"相"进而成为人的"相"——在特定的场合，成为一种身份。

《半坡仰韶文化纵横谈》一书引用的一条民俗学材料说，新中国成立前，在云南宁蒗彝族自治县永宁区温泉乡的纳西族有种习俗，凡男孩长到13岁时要举行穿裤子礼，女孩子13岁时则举行穿裙子礼，这实际上是作为成年的标志。举行这种仪式的男女，要脚踏在粮食和猪膘上，寓意丰衣足食。仪式上主要的内容穿裤或穿裙，则必须由与他们性别、属相相同的成年人来主持。就是说，属虎的男孩，要由属虎的成年男子为其主持穿裤仪式；属兔的女孩，要由属兔的成年妇人为其主持穿裙。在这种场合，属相成了一种身份，一些人因为自己的生肖而具备了参与者的资格，而另外许多人则由于属相不合，只能充当旁观者。

云南傈僳族同胞认为虹是龙，不能用手指虹，否则会断掉手指。他们相信造成旱灾、风灾的原因是龙神作祟。碧江县色德乡德一登村地处高山之巅，居住在那里的傈僳人对水涝灾害感受不深，旱灾时祈雨则形成一套宗教仪式。其情况载于《傈僳族社会历史调查》一书：

（1）用竹或木条编成一个方块，涂上泥巴，由属龙的人在上面燃火一堆，将它放入龙潭或江中去，如果烈火为江水冲熄，即象征天将下雨；（2）用毒药毒死江中之扁头鱼，认为这样做能够使天降雨；（3）传说古时还以弩弓射龙潭，触动恒龙神，使之下雨。

祈雨而祭龙，这是普遍存在的风俗。这里要加着重号的地方是，属龙人在祈雨仪式中的角色分工。降雨的祈求以龙为对象，于是，基于一种联想，属龙的人被视为便于实现人和龙之间沟通的人选。

旧时山东泰安、济宁、淄博一带婚俗，有"押红砖"一项内容。

婚礼日，新娘子始出花轿，婿家用红纸包红砖两块，用红色绳系着，置于街门门楼的过梁上，砖下压红筷子一双，以避岁星。《临淄县志》载，又束莲插双箸，及新砖一对，裹以红纸，由二人属龙、虎者，登梯置于檐际。这"押红砖"的婚俗中，属龙属虎的人，也被赋予一种特殊的角色身份。

再来说治病。地方性甲状腺肿俗称"大脖子"，也叫"猪头肥"，中医称其为瘿病。旧时，在一些地方，伴随"大脖子"病的流行，有种可笑的治病方法被沿用。孩子患"大脖子"，长者请来属虎者在患儿面颊两边各写一个"虎"字，外加一个大圆圈，表示老虎吃掉"猪头肥"。这种疗病习俗，已同宗教画符相似，而其给予属虎人的角色信任，渲染了这种旧俗的神秘性。

此外，生肖生克的迷信，诸如婚姻讲"鼠配牛，虎配猪"之类，属鼠者、属牛者、属虎者、属猪者的属相，实际上也就成了一种身份。

（三）旱涝丰歉生肖年

过去历法以天干地支纪年，便有属相参与其间。因此，至少可以说在民间也是以生肖纪年的。元朝时干脆直呼"鼠儿年""牛儿年""虎儿年"，一时间被广泛地接受了。这颇能说明问题。

生肖为何十二属为一轮，或者说，地支为何十二？有种讲法认为这正和太阳黑子的活动周期接近，而太阳黑子活动会影响地球气象，影响农业年景。《淮南子·天文训》说："岁星之所居，五谷丰昌，其对为冲，岁乃有殃……故三岁而一饥，六岁而一衰，十二岁而一康。"岁星即木星。这段话将木星周期同农事联系起来。古代曾使用岁星运行位置来纪年。木星的恒星周期为11.86年，和太阳的活动周期相近。太阳活动周期对地球产生周期性的影响。古人察觉到农业年景的周期性变化，大概并未意识到太阳黑子的影响，而把这一周期性变化归为运行周期与之相近的木星。

对于地支、生肖为什么取数十二的问题，此说能否独释难题且不论，流传至今的古代农谚，确有用生肖解释年景的。

农谚曰："牛年马年好种田。"为什么说好种田，大约不只因为有耕犁的牛、拉车的马做生肖，生发出农事顺利的联想。这是一条气象谚语。大体上可以说，旱、涝年份是交替出现的，旱涝之间还会有风调雨顺的好年景。牛年与马年间隔四个年份，如果牛年无旱、无涝的话，经过几年的风风雨雨之后，到马年时可能又会是个无灾害的丰收年。"牛年马年好种田"当是古人对气象经验的一种总结。

诚然，对这类气象谚语的理解不能绝对化。否则，气象台干吗还要搞中、长期气象预报呢？再说，查考我国千年史实，牛年、马年歉收的例子也并不鲜见。天行有常，自然界阴晴雨雪不是一句两句农谚所能概括的。它也常常同人们的既往经验开开玩笑。这些不能终止古人总结提炼气象经验的努力，所以有许多农谚流传。

拥有这类经验积累的，不仅限于汉民族。《柯尔克孜族风俗习惯》一书介绍，古代柯尔克孜人对不同属相的年份各有说法：

鱼是水生物，故鱼年多雨水，谷物牧草都会长得好，是丰收年；虎年往往寒冷，大河的水也有一半要结冰的；鼠年则常常是干旱之年……柯尔克孜人习惯于根据不同的年份的特征安排生活和生产，有备无患。

古代柯尔克孜人还认为牛年多战事，原因是牛喜欢顶斗。这已与气象经验无涉。由牛喜斗到牛年多战事，其间的纽带是类比联想。与此相类似，旧时民间流传"甲子年乱，庚子年凶"的说法，预测社会生活，岁逢甲子、庚子兵荒马乱，也是没有什么道理的。

吉林省农业科学院的气象专家潘铁夫写了一本小册子，书名《吉林省农业气候长期预测研究》（中国农业科技出版社1990年版），书中有"地支（属相）与气候"一节。通过对长春地区74年间温度、降水量的统计分析，该书归纳出若干条，认为：

> 总的说来，不同地支（属相）年份，以未（羊）年、寅（虎）年和卯（兔）年为好；辰（龙）年和申（猴）年雨水少，对中东部有利，对西部不利；丑（牛）年和午（马）年雨水多，对西部有利，中东部容易出现涝灾；戌（狗）年和巳（蛇）年气候条件中等；酉（鸡）年、亥（猪）年和子（鼠）年气候条件差。

这是应用统计学方法，对农业气象灾害出现的概率进行分析，提出了生肖年份与气候的关系问题。其立论依据，取自长春地区的气象资料。其说法，同"牛马年好种田"的农谚又同又异，是不足为怪的。我国地域这么大，往往一年间有丰有歉，有些地区旱，有些地区涝，并不是一两句气象谚语所能概括的。由于地理条件所致，东北地区的农业年景因素中，无霜期长短和气温因素很受重视。该书写道：
"高温年出现在未（羊）年和丑（牛）年的可能性最大，其次是寅
（虎）年和戌（狗）年。"这几种年份，同作者所归纳出的"好年份"
大致吻合，反映出一种地域性特点。

农业气候的长期预测，是一门尚未成熟的学科分支。对此的探
索，可借鉴古代有益的经验，但须注意同伪科学划清界限。

旧时，社会上流行皇历，算命先生从事职业迷信活动时要用它，
有些迷信的人也根据它上面的"宜忌"安排生活，后者如赵树理小说
《小二黑结婚》中的"二诸葛"。

皇历上大都印有十二生肖图，还印有"几牛耕田""几龙治水
（图40）""几人分丙""几日得辛"之类。每年的第一个丑日在正月
初几，就是几牛耕田；第一个辰日在正月初几，就是几龙治水；"分
丙""得辛"也一样，日干无属相，直称丙、辛。

图40 旧时皇历首页的四龙治水图案

几条龙治水才是好年景呢？旧时传说，治水之龙越多，雨量越小；龙数越少，雨量越大——这真有点"人多瞎捣乱，鸡多不下蛋"的意思。宋代庄绰《鸡肋编》说：

> 历日中治水龙数，乃自元日之后，逢辰为支，即是。得寅、卯在六日，为丰年之兆。

这是讲历书上的"几龙治水"。据该书讲，言此者是个对算命术有研究的人。按其所言，寅、卯在六日为丰年之兆，那么，逢辰之日则在八日或七日，这就等于说"八龙治水"或"七龙治水"是降雨量适中的年份。

地支十有二，治水之龙可以多得超过十条。另有一种讲法，说这样的年头也会有洪涝。清代学者俞樾《乐府体四章记江浙大水·水灾叹》：

> 天公愦愦那有此，竟遣十一龙治水。雨师又不避甲子，遂令乘船可入市（正月十一日遇辰，为十一龙治水，主水灾。自宋以来有此说："夏雨甲子，乘船入市"，亦古谚也。今岁皆验）。君不见东南七千里，田庐尽化为污渠。又不见黄河之水天上来，一怒欲灌淮与徐。呜呼噫嘻，民其鱼！

俞樾描绘出洪水泛滥、大地汪洋的水灾景象，又将其归咎于"正月十一日遇辰，为十一龙治水，主水灾"。其实，新年伊始，第一个辰日排在第几天怎么能决定一年的旱涝？皇历要靠故弄玄虚来唬人，"几龙治水"的神秘色彩，是种种无稽之谈给涂抹上去的。至于俞樾所言"今岁皆验"，不过偶然撞上了而已。

（四）属相日

《诗经·小雅》有一首描写周宣王田猎的诗篇《吉日》，诗中说："吉日庚午，既差我马。"宋代王应麟认为这是"午马之证"。清代赵翼则持异议："此不过因一二偶合而附会之。"

"吉日庚午"诗句记录了一项古老的民俗。早在殷商时代，以龟甲兽骨占卜择日的迷信就已盛行。当时，上自国家大事，下至个人生活小事，如祭祀、天时、年成、征伐、田猎、疾病、生子等，无不求神问卜，以决定行止或推想祸福。商代甲骨卜辞因此保留了大量的珍贵史料，也表明当时干支纪日的运用已相当娴熟。云梦秦简《日书》则说："毋以午出入臣妾马。"又说："毋以申出入臣妾马牛货材。"这两条史料反映当时奴隶与牛马货物一样是买卖的商品，当时认为在午日或申日成交是不吉利的。到后来，更有皇历一类迷信品，将一年365天分成"吉""凶"等类型，并且"精确"到时辰，有了"吉日良辰""凶日煞时"的种种"宜忌"。这些都已渗入民间习俗。

就以集市交易为例。云南一些汉彝杂居地区，采用十二生肖纪日，集市名称就以相属称谓，哪天是集日，就用那天的属相作为集名。照理说，十二种生肖名用于集市地名的机会应该是均等的，可实际上并不是这样。十二属相之中有的使用率较高，如马、羊、鸡

等；有的则很少被采用，如鼠、兔、蛇。这反映了古人对集市日期的
选择。

云南傈僳族以十二种肖兽纪日，婚姻习俗也可见其影响。《碧江
县五区卡石、色得洼底村傈僳族社会经济调查》一文说：

> 订婚先由男方请媒到女方去议定财礼。女方也同
> 样请人到男方去传达自己所要的财礼数目……财礼议
> 定后，由男方选择日期通知女方（订婚日期一定要选
> 在属鼠、虎、蛇、猴、鸡和猪日），即将议定的财礼送
> 到女方去。

举办婚礼的日期也要注意选择属相，如《碧江县五区色德乡德一
登村傈僳族社会经济调查》记：

> 结婚日期只能选在鼠、猴、蛇三日，这三天能多
> 生子女。

为什么相信这三日为婚期能多子多女呢？大概是因为这三种动物
的繁殖力不弱，故而借日期的属相来表达一种祈望吧。

傈僳族的丧葬礼俗，选择安葬日期也要着眼属相，"一般是属鼠、
兔、蛇、猴、鸡和猪日才能埋葬"。

一些地方民间流传着避寅习俗。清代文人舒位《黔苗竹枝词·红
苗》诗并自注：

织就班丝不赠人，调来铜鼓赛山神，两情脉脉浑无语，今夜空房是避寅。

注：红苗惟铜仁府有之，衣服悉用班丝，女红以此为务。击铜鼓以鼓舞，名曰调鼓。每岁五月寅日，夫妇别寝，不敢相语，以为犯有虎伤。

寅为虎。那里的避寅，好像有老虎在做监视者：谁若敢违背避寅习俗，五月寅日夫妻同房而眠，老虎就会伤害他们。亲族往来也要躲开这一天。清代文人贝青乔《苗妓诗》中有"抱子始延巫设祀，避寅先谢客窥篱"句，并记：

五月寅日，瑾户伏处，夫妇异寝，亲族不相往来，有犯者，谓必遭虎厄。

有些岁时民俗活动也以地支属相取义，其中联想是很有趣味的。

在广西隆林一带，仡佬族虎日节为传统节日。虎日节为每年农历八月第一个寅日（虎日）。虎日节时，寨子里要杀一头公牛，取牛头、牛心分割成每家一份，各家以此在八月十五祭祖。

"梅蒸方过有余润，竹醉由来自古云。掘地聊栽数竿竹，开帘还当一溪云。"宋代刘延世《竹迷日种竹》诗，写的是古代的植竹节。宋代范致明《岳阳风土记》："五月十三日，谓龙生日，可种竹，《齐民要术》所谓醉竹日也。"此俗南北朝时已流传于我国南方。唐代以后，此节的日期增添辰日，以应合"龙生日"。唐代韩鄂《四时纂要》

记此事："此月十三日、辰日可移之。"龙生日，可种竹，由龙而辰，辰日便同种竹节有了关联。

子为鼠。农历正月第一个子日，朝鲜族同胞予以注目，在这一天要进行熏鼠火民俗活动。农家孩子们在田埂上撒布稻草，点燃，达到烧除杂草并驱赶田鼠的目的。这项民俗活动有利于灭鼠、灭虫，草木灰还可以肥田。同时，这项活动还具有心理上的意义，这意义的获取便在于非子日不熏。子日属鼠，在这一天燃一把熏鼠火，其象征性使人们得到了心理上的满足。

再来说说选在鸡日或猴日举行的捉蚂蚱节。这是哈尼族民间传统节日。该节节期的选择，通常在农历六月二十四后第一个鸡日或猴日。此时正值稻田需要灭虫之际，节日与农事融为一体，男女老少一齐到田间捉蝗虫。捉到的蝗虫，用竹片夹住，插在田边，表示惩一儆百的意思。随后，还要把那些蚂蚱收回食用。离开稻田时，要高呼："蚂蚱，三天内不捉你了，三个月内你不要来吃稻谷。"这种捉蚂蚱节习俗，保留着远古巫文化的遗风。节日之期选鸡日或猴日，则缘于十二生肖中鸡食虫，猴灵活善抓虫。

（五）与丑牛有关的迎春风俗

宋代王应麟谈论十二生肖之源，曾讲古代的季冬出土牛习俗是丑为牛的例证。

唐代诗人元稹《生春》诗："鞭牛县门外，争土盖春蚕。"鞭牛和争土有关系？有的。先"鞭"而后"争"，可谓"流水作业"，古代送冬寒迎新春风俗的两部曲。

《礼记·月令》载："季冬之月，命有司大傩旁磔，出土牛，以送寒气。"长冬漫漫，冬已末，随着春的临近，人们恨不得一下子走出冬寒，这便产生了出土牛送寒气的古老习俗。

送冬寒必然联系着迎春暖，难以截然分开，风俗的演变完成了两者的汇合。因此，清代褚人获《坚瓠集·续集》说："古者迎春与出土牛原是二事，迎春以迎阳气，出土牛以送阴气。迎春在立春之日，出土牛在季冬，与傩同时。"

其实，由季冬土牛到立春土牛的风俗演变，汉代已完成，《后汉书》有这方面的记载。立春土牛之习宋代大盛，当时许多人有所记述，《鸡肋编》谈及立春土牛的风俗，从汉代到宋代：

> 《后汉·礼仪志》："立春之日，夜漏未尽五刻，京师百官，皆衣青衣，郡国县道下至斗食令史，皆服青帻立青幡，施土牛耕人于门外，以示兆民。"而今世遂有造春牛毛色之法，以岁干色为头，支色为身，纳音为腹。立春日干色为角耳尾，支色为胫，纳音色为蹄，至于笼头、缰索与策人衣服之类，亦皆以岁日为别。州县官更执鞭击之，以示劝农之意。而庶民遂碎其牛，又不知何理所在。小人莫不争夺，而河东之人乃谓土牛之肉宜蚕，兼辟瘟疫，得少许则悬于帐上，调水以饮小儿，故相竞，有致损伤者。处处皆用平旦，而衢州开化县须俟交气时刻，有至立春之夜。而土牛幺麽，仅若狗大，其陋尤可笑也。《汉志》又载：季冬元月

"立土牛六头于国都郡县城外丑地，以送大寒"。

这段笔记史料，可用来回答元稹诗中的"鞭牛"与"争土"——鞭打的是土牛，争得的是土牛之土。"土牛之肉宜蚕"，这讲的即是打碎土牛，散落的土。"争土盖蚕丛"，人们相信土牛之土对养蚕有益。

立春出土牛以祈丰收的习俗传至宋代，土牛通体色彩已丰富多样。古代人将天干、地支和纳音分属于各种颜色，甲什么色、乙什么色、子什么色、丑什么色等，均有一定之规。土牛仪式，要以所逢年份、日期的天干色、地支色和纳音色分别涂染土牛的特定部位。这样，土牛也就身着五彩装，富有礼俗色彩了。这一风俗也有别称，"鞭牛""鞭春"都是。

关于立土牛于丑地，特别需要一叙。汉代季冬之月土牛送大寒，那土牛是要置于郊外丑地的。丑地，十二地支将遍周方位划分为十二，丑的方位在北方偏东。十二相属配地支，牛为丑。"立土牛六头于国都郡县城外丑地"，大概意在选取最佳方位吧。宋代吕陶《观打春牛和韵》一诗，也涉及这方面的情况：

块然形质本何殊，似为春来出旧墟。
以色配年疑未可，与耕为候信非虚。
升阳盖自寅正始，取类还当丑位初。
但得碎身资稼事，岂须功效载农书。

这首诗谈到了土牛以土块成型、以色彩涂抹，谈到建寅正月阳气上升和鞭碎土牛的民俗。其中"取类还当丑位初",言之所及:丑与牛。

季冬出土牛的内涵依据,是丑、牛关系。这不单表现在选城郊丑地开展土牛活动的方位观念上。《礼记·月令》"季冬之月,日在婺女",汉代郑玄的注解说:"季冬者,日月会于玄枵,而斗建丑之辰也。"我国古代按北斗星斗柄在一年中的指向位置,分为十二辰,称斗建。建丑为十二月,建寅为正月。季冬正值建丑。这才是《礼记》"出土牛,以送寒气"的来历。

习俗也是在不断发展的。五代丘光庭《兼明书》记,"王城四门,各出土牛,悉用五行之色"。所记土牛,已经四门皆出,不一而足。又如《长沙县志》记,"土牛胎骨用桑柘木,身高四尺,象四时;长三尺六寸,象三百六十日;头至尾长八尺,象八节;尾长一尺二寸,象十二月。鞭用柳枝,长二尺四寸,象二十四节气。牛色,以年干为头色,支为身色,纳音为腹色。如甲子年,干属木,色青;支属水,色黑;纳音属金,色白……"对土牛形、色构思已不拘于季冬之月,而是力图概括一年四季十二个月。这一活动的气氛,也由原先充满宗教般神秘气氛,演变为节日般喜庆气氛,歌舞载道,红火热闹。福建永定县民俗,届时村头有迎春牛的大队,队列中有乐队,有水牛,一老一少两位丑角,年老者用木棒敲击牛角,高喊:"少壮不努力,老大徒伤悲!"少者把算盘珠子摇得哗哗响,同时高喊:"一年之计在于春,莫待秋来斗无情!"一唱一和,可谓寓教于乐。山西民间传统年画《春牛图》(图41)上则刻印:"我是上方一春牛,差我下方遍地游……"这些都体现了此一民俗活动的不断丰富和发展。

图41　山西临汾传统年画《春牛图》，图中有"三人九饼，五谷丰登"字样

　　丰富的过程含有舍弃，例如四门出土牛取代丑地立土牛；发展的
过程会有变化，例如土牛着色所带来的象征时间的意义。但是，土牛
迎春的基本点还是保留下来，即丑之牛代表着季冬的寒冷，人们要以
出土牛之"出"，换得春光来，开始一年之计在于春的耕耘。

　　土牛题外话，来说祭马祖。清代福格《听雨丛谈》有"祭马神"
条："今满洲祭祀，有祭马祖者，或刻木为马，联络而悬于祭所，或
设神像而祀。"清嘉庆年间的进士张祥河写诗记此，题为《马祖》：

> 我马真称意，栈豆偕辛苦。
>
> 兹来综驿传，羽书正傍午。

午为马。《马祖》诗吟"正傍午"，神来之笔。

（六）饮食文化含生肖

烹饪用猪肉，用牛羊肉，美食吃猴脑、吃长虫，"丰年留客足鸡豚"，济公和尚嚼狗肉，这些都为饮食文化增色。可是，谁能说这是吃生肖？这里所要叙述的，不是十二生肖中哪些动物可做食物，供人们入口，而是要说一说生肖文化与饮食文化的相关之处，两者的搭界点。

唐代诗人白居易写过一句诗："亥日饶虾蟹，寅年足虎貙。"亥属水，故言"饶虾蟹"；寅为虎，所以"足虎貙。"如果这还算不上典型例证，请看宋代陶谷《清异录·馔馐》："卯羹，纯兔。"

兔为生肖，属卯。古人称兔肉汤为卯羹。

东汉时蔡邕的《月令问答》谈五时食肉，从生肖的五行归属角度讲生肖动物：

> 凡十二辰之禽五时所食者，必家人所畜。丑牛、未羊、戌犬、酉鸡、亥猪而已。其余龙虎以下，非食也。春，木王，木胜土，土王四季。四季之禽，牛属季夏，犬属季秋，故未羊可以为春食也。夏，火王，火胜金，故酉鸡可以为夏食也。季夏，土王，土胜水，

当食豕而食牛。土，五行之尊者；牛，五畜之大者。四行之牲，无足以配土德者，故以牛为季夏食也。秋，金王，金胜木，寅虎非可食者，犬豕而无角，虎属也，故以犬为秋食也。冬，水王。水胜火，当食马，而礼不以马为牲，故以其类而食豕也。

蔡邕《月令》是记载十二生肖较早的文献之一。这段文字讲饮食，谈论丑牛、未羊等生肖，并引入五行说。

我国古代一年分四季，每季的第三个月称季月，如三月为季春、六月为季夏、九月为季秋、十二月为季冬。古人以五行配四时，春为木，夏为火，秋为金，冬为木，剩下一个"土"就配给季月。这便有了所谓"五时所食"之说。

蔡邕以五行相克立论，讲春季食未羊，是因春属木，木胜土，而属土的生肖有丑牛、未羊、戌狗（《论衡》也持此说），"牛属季夏，犬属季秋，故未羊可以为春食也"。讲"酉鸡可以为夏食"，是因夏属火，火能胜金，酉鸡属金成了夏天之食。讲季夏食丑牛，绕了个弯子。季夏属于土，土可以胜水，未讲食属水的猪，却说以属土的丑牛为食。蔡邕解释，土为五行之中最尊贵者，牛属土，是五畜中首要者，五行中其他四行所配的牲畜，"无足以配土德者"，这样季夏吃肉便要动宰牛之刀了。接下来说秋季，秋属金，金胜木，《论衡》"寅，木也，其禽，虎也"，寅虎不便食，以戌狗充之。再说冬，冬属水，水可胜火，午马属火，但"礼不以马为牲，故以其类而食豕"，这就成为"水胜水"的模式了。

蔡邕说，十二种生肖动物，人们饲养的五种宜为食用，“丑牛、未羊、戌狗、酉鸡、亥猪而已”。可是，他的一通解说却显得补漏洞而捉襟见肘，显得勉强。

饮食和生肖，蔡邕所言带有五行生克的神秘色彩。千年以后，民间则有名曰“十二象”的吃食，表现出一种辛酸的幽默。

标榜“食有肉”，又是猪、牛、羊等的混合肉食，称为“十二象”，意思是说十二生肖一勺烩，从鼠至猪十二种动物全都有。李劼人《死水微澜》记录当时下层社会的生活，即端出“十二象”两大碗：

一天哪里讨不上二十个钱，那就可以吃荤了！四城门卖的十二象，五钱吃两大碗，乡坝里能够吗？

自然，这是大杂烩，而非珍馐佳肴。清末民初，在成都专门卖给穷人、乞丐的混合食品，取名“十二象”，既言有肉，又言其杂。

供品糕点也有以十二生肖造型的。《民间文艺季刊》1990年第1期载文，介绍对浙江嘉善县王家棣村“斋天”活动的调查。文章记“斋天”供品：

最突出的供品是糕点……也有捏制成的人物造型（孙悟空、唐僧、八仙等）、动物造型（猴、狗、鸡等十二生肖），粗细不一，颜色五彩，各具形态。

斋天，就是祭天，表示对天神的崇敬，祈求天神保佑风调雨顺，五谷丰登。这种祭天活动的供品，有以十二生肖造型的糕点。其造型"有的憨厚有的活泼，栩栩如生，充分展示了制作者的虔诚和手艺"。

饮食饮食，有食有饮。这里说一段饮与生肖的民俗。我国东北朝鲜族有辰日捞龙卵的风俗。朝鲜族人以农历正月第一个辰日（**即旧时决定皇历上几龙治水的日子**）为龙日。相传，龙在龙日的前夜排龙卵于井中，龙日先汲水的人家能捞到龙卵，一年吉利祥顺。因此，龙日清晨鸡鸣而汲水，家家争先。你看，饮水清清，辰龙之卵泛于其中了。

生肖也不单单被"饮"被"食"。遇到特殊时日，也会被邀请做一做饕餮客，请它们来"吃"。浙江一些地方，有念生肖的育儿习俗。孩子消化不佳，伤食肚痛，用小盏杯装满米，用布包紧。然后，将杯口在孩子的肚皮上轻轻地擦几下，同时念着："老鼠归老鼠，猪归猪，鸡归鸡，龙归龙……"将十二生肖念个遍，再说："孩子，它们都帮你吃，你一下子就不痛了。"

小孩子肚内积食，肠胃不和，念一念生肖歌谣，哄哄孩子，减轻病痛。在这种近乎巫术的形式之中，生肖成了"特邀食客"。

（七）十二兽地名

叶圣陶《我与四川——叶圣陶的第二故乡》第二辑的"蓉桂往返日记"中写到在贵阳赶集的见闻。那里称赶集为赶场：

> 贵阳赶场每十二日一轮，用"地支"名之，丑日之场为牛场，午日之场为马场，辰日之场为龙场（阳

明谪居之龙场即取义于此），戌日之场为狗场。

马场、龙场、狗场之类，并非仅仅用来表示集期。最初可能只是用来表示何日逢集的，时间一久，便凝固为地名了。叶圣陶的文章中，提到明代哲学家王守仁。王守仁曾隐居绍兴阳明洞，自号阳明子。王守仁在任兵部主事时因反对太监刘瑾，被贬到贵州做龙场驿丞芝麻官。如今，他所在的那个龙场已发展成修文县县城。

明代徐霞客的《黔游日记》，也记录着诸如狗场、兔场、兔场营之类的地名。这都说明，明代时在贵州不少地名采用此种称谓格式。

清代舒位，乾隆五十三年（公元1788年）举人，有《瓶水斋诗集》传世。其所作《黔苗竹枝词》对于黔地的集市民俗有所反映，如《八番》一首：

八番女儿日夜忙，耕田织布胜于郎。
长腰鼓敲老虎市，今年稻香满椎塘。

其自注："八番在定番州，其俗男逸女劳，男皆仰给于女。刳木作臼曰椎塘，临炊，始取稻把入臼舂之。以寅日为市，凡燕会则击长腰鼓为乐。"这注将诗通篇讲解了一遍。"老虎市"的注脚是"以寅日为市"。

舒位的竹枝词，另有一首《蛮人》：

记得牛场又狗场，带刀入市笑昂藏。

　　草衣男子花裙女，花太短时草太长。

　　此诗也有自注："在新添舟行二司居者曰蛮人，以丑、戌日为市期，出入必佩刀。男子以草为衣，长过其足，曳而走，作郭索声。妇人裙皆花绣，然及膝而止，殊不雅观也。"这里，"以丑、戌日为市期"，释"记得牛场又狗场"句。

　　清代道光十六年（公元1836年）进士沈兆霖，官至军机大臣、户部尚书，有《沈文忠公集》刊行。他的《度黔杂咏》诗写当时风俗，摘引两句并自注文字，如下：

　　鸡犬场开市不迁（黔中开场，以十二禽为名，子
　　日为鼠场，丑日牛场。至期商贩毕至，如北方趁集），
　　参差石屋起炊烟。

　　看来，大几初到贵州，对十二兽集市名总会有新奇感。两位清代人记入诗篇的牛场、狗场之类，一百多年后又被叶圣陶写进文章里。

　　看看地图，在贵州省的安顺、毕节、兴义等地区，羊场、鸡场、猴场、马场这样的地名，是很容易找到的。

　　云南省的曲靖、昭通、玉溪地区和楚雄彝族自治州以及哀牢山区，则多虎街、鼠街、龙街、马街之类地名。街与场一样，是当地对集市的称谓。这种地名情况，在同贵州、云南相邻的广西隆林一带也可见。关于云南的十二兽地名，文献记载始见于明代。大约成书于明万历四十七年（公元1619年）的《滇略》记载：

> 市肆岭南谓之墟，齐赵谓之集，蜀谓之亥，滇谓
> 之街子。以其日支名之，如辰日则曰龙街，戌日则曰狗
> 街之类。至期，则四远之物毕至，日午则聚，日昃而罢。

至清代乾隆年间，曾在云南蒙自任知县的尤维熊对此有所记述。蒙自在清代属临安府，今为红河哈尼族彝族自治州首府。尤维熊的《蒙自杂诗》当是纪实之作。其诗句并自注，摘录如下：

> 祈晴不用丙丁帖（蒙地晴多雨少，有雩而无棻），
> 赶集常轮子午街（市集谓之街，以日支所属为期，如
> 西关外鼠马二街，其地曰子午场是也）。

上引《蒙自杂诗》含两个"等号"。第一，"子午街"与"鼠马二街"等同，十二兽地名和日支对应；第二，"鼠马二街"与"子午场"等同，街、场说的是一码事，不过叫法不同罢了。

关于云南十二兽地名的分布特点，近年有人做过统计分析。《云南民族大学学报》1989年第4期载文说，据各市、县地名志和地名卡片提供的资料，云南的47个市、县共计有近200个十二兽地名。十二兽地名疏密相间地分布在西起保山、永平、洱源，东达广南、宣威、镇雄，南抵墨江、个旧、麻栗坡，北至金沙江南岸的永仁、彝良这片汉彝杂居地区，而傣、景颇、佤、傈僳、怒、独龙、藏等民族的聚居区基本没有十二兽地名。云南十二兽地名的分布范围，正是开发较早的汉彝杂居地区。

云南东部靠近黔桂的地区，还有采用"场"前冠以动物的地名。这类地名，有些是十二兽纪日的产物，有些并不是。镇雄有两个牛场，其中一个得名于交易物，表示那里曾是牛马交易市场，并不表示集期。云南各地还有一些"猪场"，是1958年人民公社建立养猪场时命名的，与十二兽地名无关。

用十二兽命名集市，古人是有选择的。因此，十二种生肖进入地名的机会不均等。在云南近200个十二兽地名里，只有3个蛇街、5个猴街、6个鼠街、7个兔街。有的生肖动物名的使用率就比较高，如马街有37个，羊街有34个，鸡街有26个，龙街有22个，牛街有17个。这种多寡差异，反映了人们对十二种生肖动物是有薄有厚、有好有恶的。

十二兽地名的史料，目前所见年代最久者为明代记载。有研究者据此提出，明王朝建立后，派40万大军入滇，后来又戍兵屯田，当地集市贸易得到发展，也促进了汉民族与彝语支各民族的融合，十二兽地名正是汉彝文化融合的结晶。《云南民族大学学报》1989年第4期张宁《云南十二兽地名初探》写道：

> 朱元璋平定云南后，就确定了戍兵屯田制……不仅有军屯，还有民屯、商屯，这样大规模的屯田，大大促进了云南乡间集市贸易的发展，以定期、定点的聚会交换为特点的间断性集市便应运而生了。起初，集场设在方便四邻赶集的旷野，原都是无名地。为方便记忆，按期到那旷野无名地去赶集，人们希望采用

纪日地名作为集期的标志。汉族的日期则以天干地支为纪，彝族的日期以十二兽为纪；十二兽与十二地支相配构成汉族的十二属相，为汉族所习用，十二兽历法以十二兽纪日，为彝族之传统。汉民族与彝语民族大约在相互折衷、求同存异的过程中，终于确定了双方都能接受的纪日工具，用十二属相（兽）来纪日。于是，无名地定期集市便以十二属相（兽）命名，并由此确定了最初的集市以十二日为一个周期。

由集市名而成为地名，鸡街、猴场之类也就具备了地名的一个特征——相对稳定性。比如，云南西畴、曲靖的鸡街，逢鸡、兔两日赶街，仍叫鸡街。曲靖的珠街（即猪街），逢猪、兔、蛇、猴之日集市，十二天中四次集期，仍称旧名。

说到猪街改称珠街，十二兽地名的雅化，在黔、滇均有例子。同云南珠街一样，贵州地名中猪场写作珠藏或朱昌，羊场改写阳长，鸡场改为基长等，都是以同音字替代动物名。云南南涧县的虎街，当地读音作"猫街"。这同云南一些地方的虎姓一样，写"虎"读"猫"。云南弥渡县有寅街，原来叫虎街的，后来以寅代虎了。云南建水县的虎街改称"永善街"，似乎走得更远。云南的景东县有小龙街，南涧县有长虫街，巍山县有长街，均为蛇街称谓的雅化。云南建水县的狗街改写为苟街，昆明安宁的羊街坪则写作杨街坪。

人们常说，地名是一种文化积淀。黔、滇、桂一些地方的十二兽地名，蕴藏着丰富的生肖文化信息。

（八）生肖古币

商品交换过程中作为"一般等价物"的货币，在我国很早就出现了。先以海产贝壳充当，后来铸币，从春秋时代的铜质空首铲形钱，到秦始皇统一币制所铸的"半两"钱，以至汉武帝时"五铢"钱、唐代的"开元通宝"、宋徽宗赵佶写字的"大观通宝"……一枚枚锈迹斑驳的古币记录着往昔的经济和政治，也保留着当年的民风民俗。生肖古币便是其中颇有趣味的一个品种。

生肖币又称十二支钱、命钱。《古钱大辞典》引《稗史类编》：

> 命钱，面有十二生肖字。张端木曰：此钱旧称命钱，有地支十二字，又有生肖形。生肖之说始于《淮南子》，则此钱不必出于近世也。今此钱有一字者、两字者、四字者、十二辰全者，大小不等，品种尤繁。

生肖钱币宋元时代即有铸造。其主要出于厌胜迷信的需要，如有的生肖钱图案，正面上方铸"本命星官"四字，下列丹鼎，右人形，左上为展旗之形，下铸生肖；币背面为符箓。当然，生肖钱也不尽与厌胜迷信有关，其形式也是多样的。

穿孔之上铸地支一字，方孔之下铸相应生肖，"子"字币铸鼠，"丑"字币铸牛，此即所谓"一字者"，图案比较单纯。另有一种，只一面铸生肖形，或虎，或蛇（图42），并不标地支，集齐十二枚，可以凑齐十二生肖动物。另外，正面铸子、丑、寅、卯四字，背面铸鼠、牛、虎、兔四生肖，这是一类。又有正面字子、午、卯、酉者，背面图案则为鼠、马、兔、鸡。还有一种形式，一面铸"午生"，另一面为星官与马图案；一面铸"酉生"，另一面则铸人和鸡图案，这就将生肖为人属相的意思点出来，突出了表示人的生年的内容。

图42　民间花钱里的生肖。丑牛钱、巳蛇钱、酉生人钱

有一种生肖钱，正面为两重圆圈，内圈铸十二支字，外圈在同十二支字相应处铸生肖（图43）；背面左有"敕令"字样，右有托塔神祇，下为神兽。从这种古币上所铸图案文字讲，显然已超出单纯的地支配生肖的内容。

另有三种生肖钱，正面图案类同，均为三重圆圈，内为地支十二

字，中间一圈花纹，外圈为与地支字相应的生肖动物。背面图案，其
一，立牌书"张天师"三字，并铸张天师驱鬼图，当具有驱邪、辟邪
意义；其二，星官、童子、树与鹤，当具祈求福寿的含义；其三，上
方"加官进禄"四字顶一冠，下方为卧鹿翘首望冠，冠谐音"官"，
鹿谐音"禄"，这是祈望升官发财的。

图43　生肖古币

又有一类图案采取连珠形式的生肖钱。此种古币一面为十二生
肖，分别嵌于十二个小圆圈内，穿孔为圆心，六个小圆圈围绕着形成
一圈，外圈又有六个小圆圈围一周，以云纹图案间隔，十二生肖呈连
珠形状；另一面铸莲花、芦荻和鹭鸟，取一路连科之意。

（九）生肖文化波及的植物和动物

西方人讲黄道十二宫，又有生肖宝石、生肖动物、生肖植物等

说法。

在中国，有人将十二种植物附会于生肖，所选植物是：鼠曲草、牛大力、虎刺、兔耳朵花、龙葵、蛇葡萄、马蹄莲、羊蹄草、侯（猴）骚子、鸡冠花、狗肝菜、猪笼草。

这十二种植物，有些植株形象与生肖动物的形象相似，故而得名。鸡冠花，明代王象晋《群芳谱》记："有扫帚鸡冠，有扇面鸡冠，有缨络鸡冠，有深紫、浅红、纯白、淡黄四色……五、六月茎端开花……扁卷而平者，如雄鸡之冠。"马蹄莲则以花似马蹄而得名。兔耳朵花的花萼朝下，花瓣向上翘着开放，如兔耳竖着。其他植物便显得有其名而无其"实"。

植物生肖之说近于游戏。普天之下，花草竹木名目繁多，凑足十二种并不难。倘若另组方案，不妨选传统医用植物牛膝，选名见《本草纲目》的虎耳草，选古代诗篇中常见的兔丝……而取谐音的侯骚子也可用猕猴桃代之，《花镜》说："猕猴桃一名阳桃，生山谷中……猕猴喜食之。"猕猴桃还正合睡虎地秦简"申，猕猴也"。笑谈，博一粲然。

包容于生肖文化之中的植物，有俗称喇叭花的牵牛花。牵牛花有许多名字，《群芳谱》记："一名草金铃，一名盆草，一名狗耳草，一名白丑、黑丑。"牛和丑，这不正是属相对地支吗？先说牵牛之名，南朝陶弘景讲："此药始出田野，人牵牛谢药，故以名之。"牵牛花子可入药，外表黑色者称为黑丑，浅棕黄色者称白丑，《本草纲目》有"牵牛子"一条。李时珍解释说：

近人隐其名为黑丑，白者为白丑，盖丑属牛也。

清代小说《镜花缘》第七十七回"斗百草全除旧套，对群花别出新裁"，写到牵牛花的别名：

秦小春把崔小莺袖子一拉，道："我出'牵牛'。"崔小莺两手向小春一扬，道："我对丹参的别名'逐马'。"紫芝道："你对'逐马'，我对'夺车'。"引的众人好笑。花再芳道："妹子因小春姐姐'牵牛'二字，忽然想起他的别名，我出'黑丑'。"紫芝道："好端端为何要出丑？"素云道："这个'丑'字暗藏地支之名，却不易对。"燕紫琼道："茶有'红丁'之名。"众人一齐叫绝。

牵牛、黑丑，生肖文化渗入古代植物学、药物学领域，又从那里走入闺房，充当女孩们文字游戏的话题。透过古典小说的这一描写，可见生肖文化的渗透力。

"生肖"一词，本身即讲的是动物，千百年来约定俗成，限定只是那十二种。生肖文化波及的动物，则意在言说子鼠丑牛十二种之外的动物。例如，因为生肖中有鼠无猫，人们编出许多故事来，这就使生肖榜上无名的猫，成了生肖文化波及的对象。下面讲猫与生肖有关的故事。

明代李诩的《戒庵老人漫笔》卷七引明代李梦阳《空同集》，讲猫怕属虎的人：

> 十二支子鼠丑牛等，初皆取象耳，然木人见漆则
> 疡，猫见寅人则衔其儿走，徙其窠。

猫与虎相类，自古有许多说法。此一例，由猫虎关系扩展到猫人（属虎者）关系。清代《花镜》说猫，也宣扬此说：

> 其性皆与虎同，此阴类之相符也。其孕则两月而
> 生，一乳三、四子。恒有出生即自食之者，是因属虎
> 人视之故也。

猫能分辨谁是属虎之人？很难说能。产仔之猫，出于动物本能，对外界很警惕。一窝猫自有气味，养猫人是不可轻易干扰的。产仔后，猫有时因口渴等原因，也会吃掉自己的产崽。将衔仔、徙窝归于猫对属虎人的戒心，纯系想当然。古代就有人反驳这类说法，王廷相《雅述》针锋相对：

> 使一家三两皆为寅属，其猫不养子耶？寅人见之，
> 徙其子，非寅人见之亦徙，此又何耶？

这里再来说一说大象。古时有种说法，大象庞然，躯体长有十二生肖肉。清代《两般秋雨盦随笔·肝异》说：

　　诸物之胆，皆附肝不动。蚺蛇之胆，随日而转，
分上中下三旬。熊胆随时而转，分春夏秋冬。象胆随
月而转，分十二建。盖象具十二肖肉，如正月建寅，
胆在其虎肉是也。

　　这是说，动物的胆脏器官在腹腔内因时而移动。蟒蛇之胆的位
置，各旬不一，熊胆四季位置不同。这种想当然，并无生物学依据。
可是，古人却讲得煞有介事。所举三例之中，象胆的"流动"周期为
一年十二个月。正月建寅（北斗星斗柄指十二辰寅位），寅属虎，
象的胆脏就在大象身上"虎肉"处；二月建卯，卯为兔，象胆又转移
到象体"兔肉"那里；三月建辰，象胆在大象的"龙肉"处。一年
十二月建，大象躯体便长着十二种生肖肉，轮流充当象胆的"驿站"。
　　这种说法流传较广，当时还有"人心象胆，世事獭肝"的谚语。
仍见《两般秋雨盦随笔》，"象胆獭肝"条说：

　　谚曰："人心象胆，世事獭肝。"象胆无定位，
十二月分属遍体，故以比人心，言难见也。獭肝凡
十二析，月腐一析，则他一析更新，循环岁更故以比
世事，言刻刻翻新也。

　　"象胆无定位，十二月分属遍体"，各部位的组成，便是上面说
的虎肉、兔肉十二生肖肉。
　　猫惧属虎人，象身十二生肖肉，这类传言如今是不驳自倒的。立

此存照，以见古代生肖文化涉足范围之广。

二、生肖与迷信

（一）生肖浸染阴阳五行色

"生肖与民俗""生肖与迷信"，这样分只为写作和阅读上的方便。若较真，二者间的界定很难。就讲阴阳之说，其产生之初显露着某种朴素的辩证法特点。它是那么广泛地影响了中国文化史，古代哲学难以排除它，中医学离不开它，它渗入民风民俗，又为算命、算卦职业迷信从业者所利用。

中国古代算命术对阴阳五行的运用和发挥，简直达到一种极致，此一方面。另一方面，又有这样的例子，翻开中医经典《黄帝内经·素问》，阴阳五行占了大量篇幅。甚至可以说，阴阳五行是中医理论的基石之一。

我们需要摒弃迷信观念，需要摒弃算命术，但不能丢掉《素问》，不能扔掉《素问》中的阴阳五行说。我们就是面对着并非齐整划一的复杂的文化景观。

对十二生肖的纵观，实在应是多视点、多角度的。现在，就来一瞥生肖文化的阴阳五行色彩。

山之北麓、水之南岸为阴，因此有华阴、淮阴的地名。山之南麓、水之北岸为阳，于是有地方叫南阳（《孟子》汉代赵岐注："山南曰阳，岱山之南，谓之南阳"），洛水岸边有洛阳。分阴阳，岂止山山水水。《易传·系辞》："一阴一阳谓之道。"此语的容量，包括日光的向背，也包括天地间万物化生。历史学家范文澜《与颉刚论五行说的起源》讲："最野蛮社会里，人除了找些果实和野兽充腹，相等重要的就是男女之间那个事，他们看人有男女，类而推之，有天地、日月、昼夜、人鬼，等等，于是'阴阳'成为解释一切事物的原则。在《易经》里可以探求不少的消息——现在的《周易》虽经后人增饰，但原始阴阳却也保存着。"战国末期，以邹衍为代表的阴阳家学派，"深观阴阳消息而作怪迂之变"，将阴阳概念更广泛地引入对自然现象和社会现象的解释。

邹衍还提出"五德终始"学说。金、木、水、火、土五种物质构成世界的概念，在他那里成为解释王朝兴替的依据。比如说，夏、商、周三个朝代分别为木、金、火，商朝取代夏朝为金克木，周朝取代商朝为火克金。

五行之说最早见于《尚书·洪范》。周武王杀死商纣王，带着纣王的叔父箕子来到镐京。有一次，周武王向箕子咨询治国常理，箕子讲了"洪范九畴"即九条治国大法："五行：一曰水，二曰火，三曰木，四曰金，五曰土。水曰润下，火曰炎上，木曰曲直，金曰从革，土曰稼穑。润下作咸，炎上作苦，曲直作酸，从革作辛，稼穑作甜。"这第一条，便讲五行水火木金土。

阴阳观念是先民们"近取诸身，远取诸物"，从男女两性差别和各种对立的自然现象中抽象出来的，具有朴素的辩证思想。五行观念则将世界的构成归纳为五种基本的物质元素，它包含着朴素的唯物主义观。阴阳说和五行说产生之初，就带着种种神秘色彩。后来，这种神秘色彩被用于涂抹封建迷信的幌子，变得充满玄虚。封建社会里，阴阳五行说在官方和民间广为流传，十二生肖因此浸染了神秘的色彩。

古人将十干和十二支都"一分为二"，分出阴阳。按照古人讲法，天干分阴阳，列于单数位的甲、丙、戊、庚、壬为阳干，列于双数位的乙、丁、己、辛、癸为阴干；十二地支也分为阴辰阳辰，属阳者为子、寅、辰、午、申、戌，属阴者为丑、卯、巳、未、酉、亥。

十二生肖是属配十二支的。十二支的阴阳之分，也就影响得生肖有了阴阳属性。《旸谷漫录》说：

> 子鼠、丑牛、寅虎、卯兔、辰龙、巳蛇、午马、未羊、申猴、酉鸡、戌狗、亥猪十二相属，前辈未有明其所以取义者。曩兄家璩公选云："子寅辰午申戌俱阳，故以阳属之奇数为名，鼠虎龙猴狗俱五指，马则单蹄也；丑卯巳未酉亥俱阴，故取相属之偶数为名，牛四爪，兔四爪，蛇两舌，羊四爪，鸡四爪，猪四爪。"其说有理，必有所据。

十二支为抽象的序数符号，可以如一二三四五六七一般，划分出奇数、偶数来。根据每个符号的位置，说它阳，它就阳，指其阴，也就属阴了。这些符号毕竟抽象。配地支的属相就不同了，子抽象，鼠却具体而形象。说鼠属子，为阳，人们立刻会想到昼伏夜出、总躲在阴暗角落里鬼鬼祟祟的小动物哪有阳气可言？对于生肖分阴阳，古人费了许多思考，以圆其说。《旸谷漫录》所记，在生肖动物的蹄、爪趾数目上做文章，数数论阴阳，即为一例。

古人还将干支分别配属五行。以五行说划分十干尚容易，甲、乙木，丙、丁火，戊、己土，庚、辛金，壬、癸水。十二支面对五行的"瓜分"，就不是简单的等分除法所能分配均匀的。古人解决这一难题的方法很巧妙。《淮南子·天文训》载，寅卯为木，巳午为火，申酉为金，亥子为水，四季为土。所谓四季，指季春、季夏、季秋、季冬，对应十二辰的辰、未、戌、丑。这样，天干地支的五行归属，再配以五行方位观，就成为——

甲乙寅卯东方木，

丙丁巳午南方火，

戊己中央土，辰戌丑未四库土，

庚辛申酉西方金，

壬癸亥子北方水。

由此，便产生了生肖生克的迷信。用十二支配属五行的模式去套十二生肖，谈论生肖动物的相生相克关系，进而将这些同人的命运挂上钩。这种迷信，东汉时已经很普遍，王充《论衡·物势篇》对此给予抨击。当时有人说，寅虎属木，戌狗、丑牛、未羊属土，木胜土，所以虎能降伏狗、牛、羊；亥猪、子鼠属水，巳蛇、午马属火，猪食蛇、马吃鼠屎而肚胀，都是水能胜火的缘故。针对这种似是而非的说法，王充反驳说：

曰：寅，木也，其禽虎也。戌，土也，其禽犬也。丑、未亦土也，丑禽牛，未禽羊也。木胜土，故犬与牛羊为虎所服也。亥，水也，其禽豕也。巳，火也，其禽蛇也。子，亦水也，其禽鼠也。午，亦火也，其禽马也。水胜火，故豕食蛇。火为水所害，故马食鼠屎而腹胀。

曰：审如论者之言，含血之虫，亦有不相胜之效。午，马也。子，鼠也。酉，鸡也。卯，兔也。水胜火，鼠何不逐马？金胜木，鸡何不啄兔？亥，豕也。未，羊也。丑，牛也。土胜水，牛羊何不杀豕？巳，蛇也。申，猴也。火胜金，蛇何不食猕猴？猕猴者，畏鼠也。啮猕猴者，犬也。鼠，水。猕猴，金也。水不胜金，猕猴何故畏鼠也？戌，土也。申，猴也。土不胜金，猴何故畏犬？

阴阳数术家宣扬各种动物"相生服、相啮噬、相啖食者，皆五行气使之然"。王充连发六个反问：第一，子鼠五行属水，午马属火，水能胜火，鼠为什么不驱逐马？第二，酉鸡属金，卯兔属木，金可以胜木，鸡为什么不啄兔子？第三，丑牛和未羊都属土，亥猪属水，土胜水，为什么牛羊不咬猪？第四，巳蛇属火，申猴属金，火该胜金，蛇为什么却不吞食猕猴？第五，申猴属金，子鼠属水，胜金者是火而不是水，为什么属金的猕猴却怕属水的老鼠？第六，戌狗属土，土并不胜金，为什么属金之猴却怕狗？

《论衡·物势篇》还举天空四象的例子。王充说，五方与五行相配属，二十八星宿东方苍龙七宿属木，西方白虎七宿属金，金克木，可是"龙虎交不相贼"——哪里有虎胜龙的奇闻呢？同样，二十八宿南方朱雀七宿属火，北方玄武七宿属水，水当胜火，可是"鸟龟会不相害"——龟也并不伤害鸟类。这就从四象、十二生肖两方面论证，动物因所谓五行归属的不同，而有胜服、啮噬和啖食之论，是站不住脚的。

王充不愧论战的高手，驳误批谬痛快淋漓。然而，这批驳并未能限制那些东西的流传。在漫长的封建时代，迷信观念自有扎根蔓延的土壤。

古人对于生肖的阴阳五行解释，多有相互矛盾之处。同一生肖，有言其为阴，有言其为阳，或指其属金，或指其属土，统一口径已非易事，漏洞破绽在所难免。十二生肖是借动物形象为符号。动物呈现于人视觉的，是形体、颜色和习性，阴阳五行本不是它们的固有属性。硬要赋予它们这些属性，使得生肖不仅做序数符号，还要充当阴阳符号、五行符号，这编排实在可称无中生有的臆造。因为生于无中，也就无从做到一就是一、二就是二，必然会出现互相抵触的说法。

明代王逵《蠡海集》有关生肖阴阳的文字：

十二肖属子为阴极，幽潜隐晦，以鼠配之，鼠藏迹。午为阳极，显易刚健，以马配之，马快行。丑为阴，俯而慈爱，以牛配之，牛舐犊。未为阳，仰而秉

礼，以羊配之，羊跪乳。寅为三阳，阳胜则暴，以虎
配之，虎性暴。申为三阴，阴胜则黠，以猴配之，猴
性黠。卯、酉为日、月二门，二肖皆一窍；兔舐雄毛
而孕，感而不交也，鸡合踏而无形，交而不感也。辰、
巳，阳起而变化，龙为盛，蛇次之，故龙蛇配辰、巳。
龙蛇者，变化之物也。戌、亥，阴敛而持守，狗为盛，
猪次之，故狗猪配戌、亥。猪狗者，镇静之物也。或
云皆取不全之物配肖属者，非也。庶物万类岂特十二
哉，况无义理，不足信也，明矣。

这一类的讲法，还出现在明代郎瑛的《七修类稿》中。

这一段文字从阴阳角度说明生肖的编组顺序，所论阴阳不同于
十二支单数位者为阳、双数位者为阴的简单划分。例如，子和午本都
属阳，这里却讲"子为阴极，幽潜隐晦，以鼠配之"和"午为阳极，
显易刚健，以马配之"。鼠藏迹，马行快，牛舐犊，羊跪乳，虎性暴，
猴性黠，动物的习性特点用于解释阴阳。牛舐犊而为阴，羊跪乳而为
阳，二者调换，何如？至于狗、猪为镇静之物，对这两种动物习性的
概括未必准确。凡此种种，借助人对动物的印象，说明生肖的阴阳，
总有牵强之感。

用五行之说解释生肖，也存在这种问题。比如，明代郎瑛《七修
类稿》卷十七说：

凡草木经牛啖之必茂，经羊啖之多枯，故谚曰

"牛食如浇，羊食如烧"，意以二物皆畜类而食草者，何相反之如是？静思，牛，土畜，土能养物也，故牛色苍而庞厚，有春生之象焉。闻死而觳觫，亦好生之意也。羊，金畜，金主杀伐，故羊色白而气腥膻，有秋杀之象焉。见死而无惧，亦喜杀之性也。二物禀性既异，必其口中涎沫亦具是性，故草木之茂枯者，生杀之气致然耳。

一句"牛食如浇，羊食如烧"的谚语，引出牛为土畜、羊为金畜的议论来。古人真是够能想：牛属土，皮毛色苍象征春之生，闻死而觳觫，好生之性已融入涎沫，所以经牛吃过的草地会长得茂盛；羊属金，皮毛色白象征秋之杀，见死而无惧，喜杀之性融入涎沫，所以经羊吃过的草地往往会枯干。这位明代人的讲法同东汉时一脉相承吗？不是的，《论衡》讲："丑，未亦土也，丑禽牛，未禽羊也。"

天干地支配花甲。六十甲子的干支结合，没有依据"同性相斥，异性相吸"的法则。甲子起首，阳干阳支；接着乙丑，为阴干阴支；随后丙寅，又为双阳……这样双阳、双阴间隔排定，至癸亥，以阴干阴支收尾，绝无阳干配阴支或阴干配阳支的可能。干支双双成对，其五行属性如何呢？苏联科学院东方研究所收藏的一批中国文物中，有一件《六十甲子歌》，其又称"六十甲子纳音"：

　　甲子乙丑海中金，丙子丁丑洞下水，戊子己丑霹雳火，庚子辛丑照壁土，壬子癸丑桑柘木，甲寅乙卯大溪水，丙寅丁卯炉中火，戊寅己卯城头土，庚寅辛卯松柏木，壬寅癸卯金箔金，甲辰乙巳覆灯火，丙辰丁巳沙中土，戊辰己巳大林木，庚辰辛巳白蜡金，壬辰癸巳长流水，甲午乙未沙中金，丙午丁未天河水，戊午己未天上火，庚午辛未路旁土，壬午癸未杨柳木，甲申乙酉泉中水，丙申丁酉山下火，戊申己酉大驿土，庚申辛酉石榴木，壬申癸酉剑锋金，甲戌乙亥山头火，丙戌丁亥屋上土，戊戌己亥平地木，庚戌辛亥钗钏金，壬戌癸亥大海水。

以上可见，同为五行属金，尚有"海中金""金箔金""白蜡金""沙中金""剑锋金""钗钏金"之别。这种《六十甲子歌》很是花哨，旧时的算命先生背此歌诀而作念念有词之状，是颇能唬人的。

甲子、乙丑既为"海中金"，那么，甲子鼠年、乙丑牛年与此如何衔接呢？旧时的迷信说法对此自然也编出一套道道儿来。例如，讲甲子年出生的人，五行属金，属相鼠，为"屋上之鼠"；乙丑年出生的人，五行也属金，属相牛，为"海内之牛"。这样六十甲子排下来，五个子鼠之年，便有了属金的"屋上之鼠"（甲子）、属水的"田内之鼠"（丙子）、属火的"仓内之鼠"（戊子）、属土的"梁上之鼠"（庚子）和属木的"山上之鼠"（壬子）。自然，丑牛也被分成五种"牛"：乙丑属金海内之牛，丁丑属水五湖之牛，己丑属火栏内之牛，辛丑属土途中之牛，癸丑属木田野之牛。

寅虎五种：甲寅属水立定之虎，丙寅属火山林之虎，戊寅属土上山之虎，庚寅属水出山之虎，壬寅属金过林之虎。

卯兔五种：乙卯属水得道之兔，丁卯属火明月之兔，己卯属土丛林之兔，辛卯属木蟾宫之兔，癸卯属金出林之兔。

辰龙五种：甲辰属火伏潭之龙，丙辰属土天上之龙，戊辰属木清溪之龙，庚辰属金行云之龙，壬辰属水行雨之龙。

巳蛇五种：乙巳属火出洞之蛇，丁巳属土塘内之蛇，己巳属木福气之蛇，辛巳属金冬眠之蛇，癸巳属水草中之蛇。

午马五种：甲午属金行空之马，丙午属水行程之马，戊午属火厩内之马，庚午属土华堂之马，壬午属木军旅之马。

未羊五种：乙未属金敬重之羊，丁未属水失群之羊，己未属火草原之羊，辛未属土得禄之羊，癸未属木群中之羊。

申猴五种：甲申属水树间之猴，丙申属火高山之猴，戊申属土独立之猴，庚申属木食果之猴，壬申属金精灵之猴。

酉鸡五种：乙酉属水唱午之鸡，丁酉属火独立金鸡，己酉属土早春之鸡，辛酉属木笼上之鸡，癸酉属金报晓之鸡。

戌狗五种：甲戌属火守舍之狗，丙戌属土日眠之狗，戊戌属木入山之狗，庚戌属金寺观之狗，壬戌属水顾家之狗。

亥猪五种：乙亥属火过往之猪，丁亥属土过山之猪，乙亥属木道院之猪，辛亥属金圈中之猪，癸亥属水林下之猪。

不难看出，"林下之猪""顾家之狗""屋上之鼠""海内之牛"等六十名目，其五行属性均搬自《六十甲子歌》，即所谓"纳音五行"的翻版。翻版的同时，又有添油加醋的敷衍和发挥，将生肖繁杂化，

215

在"林下猪""屋上鼠"之类说辞中，属相表示出生年份的作用已退居次要地位，它们的主要内容是关于属相与命运的谎言诳语。

对此，下面将略作剖析。

（二）属相论命是诳语

从甲子年的"屋上之鼠"到癸亥年的"林下之猪"，花甲六十年里每种生肖都被描述为五种不同的名堂。"属鼠好，还是属猪好？"这样设问似乎也显得欠"严谨"了。因为亥有五种"猪"，子有五种"鼠"，谁知你所言的是哪一种亥猪、哪一种子鼠？迷信的迷惑性靠故弄玄虚，此即一例。

比如，同为属虎，据讲五"虎"各不同，这就为以属相论命运增添了蒙人的神秘。新一轮甲子，第一个虎年为丙寅年，按照迷信的讲法这是"山林之虎"，并说这一年出生的人"口快舌硬，意志坚定，爽直好友，见义勇为，须防林中暗箭、口蜜腹剑的人，利官近贵。妇女贤良，晓事聪明"。只因生在丙寅年，就会有这一套人生命运和脾气秉性与生俱来吗？就说其中"爽直好友，见义勇为"句，如今儿童入学以7岁为学龄，小学、中学的教学班里学生年龄基本上是同年的（也有下半年生日而推迟半年入学者），如果有一个班多数学生为丙寅年出生，各个"爽直好友"，人人"见义勇为"，性格难分你我，那该是何种情况？实际上，尽管同是生于丙寅虎年，同学之间有爽直的，也会有不怎么爽直的，见义勇为的品德也须不断培养，有的孩子或许长至成年也未必就能见义勇为。

第二个虎年干支戊寅，据说这年出生的人命运如"上山之虎"：

"为人勇敢，无坚不摧，易冷易热，反目无情，易遇挫顿。志贵和平，以礼待人，众归相亲，晚年竟成。"与上一个"山林之虎"比，虽讲了几句不让人喜的话，早年不顺利，但到底有"晚年竟成"的好结局。"瞎子算命后来好"，正用了这一手段。

再下一个，庚寅年"出山之虎"："有口无心，心急口快，小事不藏，大事藏深，易喜易怒，喜怒无常，有财不聚，性能克制，晚景丰隆，女子则有内助旺相之格。""出山之虎"特标榜"内助"一条，自然是让一些人喜欢的美言。

接下来，将壬寅年属虎说成"过林之虎"："性格直爽，遇事不藏，为公义赴汤蹈火而为之，男女早婚不宜，夫妻易克，初时坎坷，晚年佳景，财帛丰足。"这不，"夫妻易克"的字眼出现了，与庚寅那"虎"相对照，冰炭一般。

最后为"立定之虎"，形容甲寅年属相："为人诚实，家道兴宁，衣食足用，财帛多招，不亢不卑，处事中庸，女人管夫，男人怕妻，命硬三分，子息长命。"讲夫妻关系，这是另一种模式。

同是寅年属虎，有"山林之虎"，有"上山""出山""过林""立定"各态势的"虎"，所代表的命运也是有差别的。这体现了复杂化、繁杂化的结果。它被多彩的形式膨化起来，也就增加了几分迷惑力。

封建迷信盛行的时代，以属相论命运，有时闹到滑稽的地步。明代小说《金瓶梅》第六十二回"潘道士法遣黄巾士西门庆大哭李瓶儿"，写西门庆之妾李瓶儿病亡，算命先生的一套把戏：

　　　　徐先生一面打开阴阳秘书观看，说道："今乃丙子

日，己丑时死者，上应宝瓶宫，下临齐地。前生曾在
滨州王家作男子，打死怀胎母羊，今世为女人属羊。
虽招贵夫，常有疾病……"

"阴阳秘书"又叫"黑书"，是当年算命先生用来唬人的。"上应
宝瓶宫"，国外传入的占星术的一种说法。"下临齐地"，中国古代占
星术有十二分野之说，天象对应地上的区域。李瓶儿生于辛未年正月
十五，属羊，算命先生便诌了一通：前生为男子，"打死怀胎母羊，
今世为女人属羊"。这就将生死轮回、因果报应都塞入对生肖的谈
论。而且，按照书中算命先生的说法，人的属相不仅决定今生今世的
命运，还连着前生，连着来世，《金瓶梅》中那位徐先生就讲李瓶儿
"死前九日魂去，托生河南汴梁开封府袁家为女，艰难不能度日"，云
云。李瓶儿丁酉年病卒，"托生"大概也要在鸡年出生吧，不知这位
属羊的李瓶儿生前可曾杀鸡？不然，来世何以得个鸡属相？

张竹坡评点《金瓶梅》，对"阴阳秘书"这一段有批语："妙绝。
俗规何处得此书来愚弄世人？"在"打死怀胎母羊，今世为女人属
羊"句后，张竹坡批道：

可笑之极，然则十二生中皆必前世打死一个也，
写尽愚人。

"写尽愚人"的评语，妙绝。虔信生肖命运的愚人，是封建迷信
所造就的。

关于生辰命运的迷信，还有不少花样。同一种属相除了在60年内分为五种之外，也还有别的分法。小说《告别》(载于1987年8月6日《文学报》)写耄耋老太去看望病卧的女儿：

> 这就是她的女儿。属鸡的，该是六十四岁。老人还记得，她是早上生的。邻家就说：早鸡劳碌命。她果然一辈子都像陀螺似的旋转着。

这是采自民间的一笔。"早鸡劳碌命"，因为鸡司晨，故有此说。过去，在民间类似的评论属相的说法是很多的。谈论生肖与命运的关系，"早鸡劳碌命"讲到了时辰；"腊月之蛇出头难"，则是对于蛇冬眠的联想，论属蛇的生辰命运，讲到了月份。出生年、月、日、时，即算命术所谓"四柱"。每一柱都为干支两个字，加起来共八个字，也叫生辰八字。旧时代，很有一批人是以"批八字"为生计的。在一般民众中，"何时鸡""几月蛇"之类因为出自联想，通俗易懂，得以流传。

各种属相的人，生于哪个月份为吉？因是出自对生肖动物习性的联想，靠着这个实际上站不住脚的前提，自圆其说也不难。生肖为草食动物者，看可是生于草肥水美之季，肖龙看可是生于云行水涌之时，加以发挥，便能诌出一通吉凶福禄来。

举子鼠为例，据讲：属鼠生于正月者，终生好吃懒做，晕头晕脑。因为新春正月，家家存荤腥，老鼠得荤必喜，一生口福不浅，但荤食多却往往糊涂等。正月人过年，鼠沾光。基于此，想象鼠年正月出生的人好吃懒做，尚且勉强；进而断定晕头晕脑，则费解，莫非依了《左传》所记曹刿的名言，"肉食者鄙"？属鼠人生于农历七月，据说是好月份。立秋之时，五谷丰登，卧粮而食——以上说老鼠，下边讲属鼠者的命运：足赐天禄，一生衣禄自余，决不求乞于他人。属鼠者生于农历十月命运不佳的说法，也是着眼于鼠类处境的：立冬之时，五谷归仓，四处寻吃，多有困难，依人为生，饱一餐饿一餐，很少盈余，不做不饱。"腊月鼠"好，说是时在岁末，储酒腌肉，足备熟食，以待除夕，安然享用，温饱终生。读者或许会问：这是说人，还是说鼠？话又说回来，这类说法的最大漏洞，正是属鼠者并非鼠，人生同鼠窃有何相干？

古代将一昼夜分为十二时辰，用地支称之。算命术"四柱"的第四柱取时辰的干支，称"时柱"。属相同十二时辰的关系，迷信者也有许多讲法。譬如说，按照"纳音五行"，"癸亥大海水"，属鼠的人生于子年。子，五行属水，五色属黑，故"子为墨池"。算命书上说，属鼠的人八字里时柱为癸亥，叫"双鱼游墨"，大吉。又譬如，说属马的人辰时出生，叫"马化龙驹"，大吉祥；说属蛇的人生于辰时为吉祥，叫"蛇化青龙"等。所采取的，也是联想会意方法，想当然，并无事实依据。

（三）迷信职业者的生肖把戏

原始信仰的种种因子竟被保留至晚世。它的传承过程，不断地积累了信仰经验，形成诸多的残留类型，这便导致了迷信类型的多样化。

　　社会曾经容许迷信成为一种职业，从业人员也多种多样。由殷商时代钻凿烧灼甲骨的卜官到《周礼·春官》所记"掌占龟"的占人，以及宫廷驱疫大傩仪式中的方相氏等，大都是为统治者服务的。民间则有巫婆、神汉、跳大神的，有扶乩、看相、测字、解梦（图44）、摆卦摊的，有堪舆的风水先生，有算命先生。

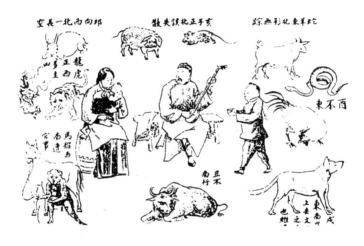

图44　中国台湾民间美术《解梦图》，借十二生肖说吉凶

　　在迷信活动的诸类型中，算命术是后起的。唐代时出了个李虚中，他与文学家韩愈同时代。韩愈撰李虚中墓志为他远播身后名声："殿中侍御史李君，名虚中……最深于五行书，以人之始生年月日所值日辰支干相生胜衰死相王斟酌，推人寿夭贵贱利不利，辄先起其年时，百不失一二。"李虚中留下《命书》一部，《四库全书总目》第一〇九卷说该书"首论六十甲子，不及生人时刻干支，其法颇与韩愈墓志所言始生年月日者相合"。五代宋初的徐子平发展了李虚中的算

命术,将推算年、月、日干支,增为推算年、月、日、时干支,是谓"四柱"。徐子平的"四柱"八字,李虚中的年、月、日六字,文章均做在干支上,生肖属相就难免要被扯入其中。

在敦煌莫高窟发现的数万卷遗书,为一千多年前唐、五代人的写本。敦煌写本中有一篇《推十二时人命相属法》,保留了研究古代算命术的珍贵材料:

子生鼠相人命属北方黑帝子,日料黍三石五斗一升。宜著黑衣,有病宜复(服)黑药。大厄子午之年,小厄五月十一月,不得吊死问病,不宜共午生人同财出入。

丑生牛相人命属北方黄帝子,日料粟三石七斗一升。宜著黄衣,有病宜服黄药。大厄丑未之年,小厄六月十二月,不得吊死问病。一生不宜共丑未年生人同财交通。

寅生虎相人命属东方青帝子,日料白米三石二斗一升。宜著青衣,有病宜服青药。大厄寅申之年,小厄正月七月,不得吊死问病。一生不宜共申生人同财。

卯生兔相人命属北方青帝子,日食小麦三石三斗一升。宜著青衣,有病宜服青药。大厄卯酉之年,小厄二月八月,不得吊死问病。一生不宜共酉生人同财交会。

辰生龙相人命属东方黄帝子,日料麻子三石九斗

一升。宜著黄衣，有病宜服黄药。一生不宜共戌生人
同财。

巳生蛇相人命属南方赤帝子，日料大豆三石二斗
一升。宜著赤衣，有病宜服赤药。大厄巳亥之年，小
厄四月十月，不得吊死问病。不宜共亥生人同财交加
出入。

午生马相人命属南方赤帝子，日料小豆三石五斗
一升。宜著赤衣，有病宜服赤药。大厄子午之年，小厄
五月十一月，不得吊死问病。一生不宜共子生人同财。

未生羊相人命属武曲星，西南方黄帝子，日食大
豆一石二斗一升。宜著黄衣，有病宜服黄药。大厄丑
未之年，小厄六月十二月，忌吊死问病。秋冬生富贵，
春夏生自如……

申生猴相人命属廉贞星，西南方白帝子，日食麻
子一石二斗一升。宜著白衣，有病宜服白药。大厄
寅申之年，小厄正月七月。夏秋生富贵，秋冬生自
如……

酉生鸡相人命属文曲星，西方白帝子，日食小麦
一石八斗一升。宜著白衣，有病宜服白药。大厄卯酉
之年，小厄二月八月，忌吊死问病。秋冬生富贵，春
夏生自如……

戌生狗相人命属禄存星，西北方白帝子，日食粳
米一石九斗一升，宜著白衣，有病宜服白药。大厄辰

戌之年，小厄三月九月，忌吊死问病。春夏生富贵，秋冬生自如……

　　亥生猪相人命属巨门星，北方黑帝子，日食粟米一石四斗一升。宜著黑衣，有病宜服黑药。春夏生富贵，秋冬生自如。大厄巳亥之年，小厄四月十月，忌吊死问病……宜修福，即得长命，一世之中衣食不少。一生不得向西北方大小便，慎之则吉也。

　　这篇《推十二时人命相属法》，标题绕嘴。文中十二生肖各有条文，算命先生熟记于心，便可应付前来算命的人了。条文中不仅地支生肖相对，还引用了五行之说的五帝、五方、五色概念。如，"子生鼠相人命属北方黑帝子"，还有"宜著黑衣，有病宜复（服）黑药"，连穿衣、用药也要遵循"命属"。同时，还包括对本命年等的禁忌。十二支中子为阴极、午为阳极，两相对立，方位分别为正北正南；以十二支纪月，十一月为子月，五月为午月。"大厄子午之年，小厄五月十一月"，由此而来。

　　从业于迷信活动的人，排生辰，弄"四柱"，这一行也有基本功要练，"方技家首重干支，有歌记之"。《清稗类钞》录这类歌诀：

　　困敦为子地支首，赤奋若兮厥维丑，摄提格则要推寅，单阏为卯义堪剖，执徐二字实辰龙，大荒落即巳蛇走……

这歌诀，说的是地支与太岁年名的对应关系。"执徐二字实辰龙，大荒落即巳蛇走"两句，连同辰年、巳年的生肖一并编入了。

算命术有星宿照命和神煞入命之说。推算星宿神煞，多以生辰八字中的日柱干支，与其他三柱或大运、流年等干支进行比照。如生日天干为庚金，遇上生年、生月、生时地支为亥，就说是"文昌入命"。吉神文昌，道教称为梓潼帝君，谓其掌管人间功名禄位，这是读书人的吉神。算作"文昌入命"的，不单单庚见亥，还有几种情况。干支比较抽象，记起来费劲，过去的算命先生有首歌诀，用生肖代替地支，便于背诵。歌诀是：

> 甲乙巳午报君知，丙戊申宫丁己鸡，庚猪辛鼠壬逢虎，癸人见卯入云梯。

歌诀读来上口，要记住并不难。"报君知"，报"文昌入命"之喜。"入云梯"则指一步登天、蟾宫折桂那读书人的美事。"报君知"以后，算命先生是有本事让自己的顾客多掏腰包的。

古典小说《镜花缘》第七十六回"讲六壬花前阐妙旨，观四课牖下窃真传"写占课，口诀含生肖：

> 再芳道："即如起贵人'甲戊庚牛羊，乙己鼠猴乡，丙丁猪鸡位，壬癸兔蛇藏，六辛逢马虎，此是贵人方'。这六句歌诀虽然记得，至如何起法，尚不明白。"芸芝道："所谓甲戊庚牛羊者，谓甲日或戊日或

庚日占课，贵人总在天盘丑未之上——盖丑属牛，未属羊也。"

《镜花缘》这段文字虽不是描写迷信职业者的，但却取材于迷信职业。

六壬占卜，早在汉代《吴越春秋》中就有记述，为历代算卦先生所袭用。从六十甲子中选用壬申、壬午、壬辰、壬寅、壬子、壬戌为六壬，推衍成课，用来测占吉凶。如《镜花缘》书中所写，这种占课方法，先要设"地盘""天盘"，然后掐着指头算干支，"地盘千载不移，天盘随时流转"，应用"甲戊庚牛羊，乙己鼠猴乡"之类歌诀，对应"天盘""地盘"干支，来定吉凶福祸。歌诀里，"牛羊""鼠猴乡""猪鸡位""兔蛇藏""马虎"均为生肖代地支。

徐珂《清稗类钞》记一种称为"水仙术"的占卜，也写到生肖：

淳安郑明暹占六壬，然时时失之，去其乡人方石卿远甚，而所为水仙术，则颇奇。水仙者，人来稽疑，条举件系，自书黄纸为笺，复自缄讫，明暹乃为押缄上，并书符，火之。洁明水一盂，幕以布，端坐，口中喃喃然。顷之，水上有字隐起，叩无不答者，多作韵语。明暹诵之，授其人，或旁人代录之。然水上字独明暹见之，余人不省也。过后多验。雍正癸卯，方药房锐意试三场，卜之水仙，水仙书十三字予之，云："兔且走，龙亦飞，七九之间数不违。"药房得之大喜，谓岁且卯兔也。时世宗初改元，故曰飞龙。辰亦龙祥也，而药房以丙辰生，脱兔不距，飞龙在天，千里当不留行矣。

然亡何而猝病，竟不起，以八月十六日奄逝。有解之者曰："走且飞，言不久居此也。介七九之间，为八，以卒之月告也。盍七九而计之，其数十六，则并以日告也，故曰数不违。"

这"水仙术"花样翻新，且将生肖塞入卜辞，真叫骗人有术。所谓"水上字独明暹见之，余人不省也"，花招之关键，水面上是否真的"有字隐起"，鬼才知道。那位去问卜的方某，听到"兔且走，龙亦飞，七九之间数不违"，以为科场吉兆：兔且走，正值癸卯兔年；龙亦飞，他生于丙辰属龙。兴高采烈，并没有人用什么解说来扫他的兴。可是，方某当年亡命，便有截然不同的解释。"走且飞，言不久居此也"，卜辞未错，是方某自己领会错了。这正是算命先生们的高明处，几句模棱两可的话，说东可通，说西也行，随人去想。其实，"兔且走，龙亦飞"，既有气氛的渲染，又具咋捏咋有的"可塑性"。对于兔、龙，可以释为生肖，推出使方某大喜的那种解释；也能释为考场不捷，兔与蟾宫折桂有关、龙同鲤鱼跳龙门有关，一走一飞，不是落空了吗？这一说里，且走亦飞的已非生肖意义上的卯兔和辰龙。方某短命，便又用另一解释来应付这结局。此解之中，兔和龙属卯属辰，是生肖。

生肖，成为迷信职业从业人员手中的把戏。这是生肖文化中噪声嘈杂的音响。

（四）属相生克的迷信

十二地支及其生肖的冲害之说由来已久。这是生肖迷信的一项重要内容。

先说相冲。旧时，迷信者相信子鼠午马相冲，丑牛未羊相冲，寅虎申猴相冲，卯兔酉鸡相冲，辰龙戌狗相冲，巳蛇亥猪相冲。此"六冲"之说，又叫"对冲"。十二支围成表示方位的圆，六组相冲者，都是在圆形图上可以为这个圆画直径的。子鼠午马为北南，卯兔酉鸡为东西等。

再说相害。迷信的人认为，子鼠未羊相害，丑牛午马相害，寅虎巳蛇相害，卯兔辰龙相害，申猴亥猪相害，酉鸡戌狗相害。

相冲、相害的迷信观念被用来评论臆想中的"人际关系"，或休或戚，或祸或福，便从周围人的属相方面找原因，说是相属不合，相冲相害，被别人"妨"的。

在那已被社会进步所跨越的旧时代，生肖冲害之说在婚姻方面使用很多，谬种流传，成了封建时代包办婚姻的组成部分，有人称为"包办婚姻的宗教插曲"。旧婚姻礼俗所谓"六礼"，包括纳采、问名、纳吉、纳征、请期、亲迎。其中问名，就是托请媒人，问女方姓名及出生年月日时，准备合婚的仪式。接下来，要合"八字"，看男女双方生辰八字合不合。属相不合被视为婚姻大忌，许多有情人未成眷属，只因通不过这一关（图45）。有段顺口溜：

白马犯青牛，羊鼠一旦休，

蛇虎如刀错，龙兔泪交流，

金鸡怕玉犬，猪猴不到头。

图45 中国台湾民间美术《算命先生灵》

内容与生肖相害的说法大致相同，但由于做了修辞加工，言"犯"言"怕"，言"一旦休""如刀错""泪交流""不到头"，形式上的口头文学色彩，帮助了荒诞内容的传播（图46）。相书上说"猴嫌猪而丑，衣食不到头"，则是"猪猴不到头"的另一种表述方式。又有民谣说：

自古白马怕青牛，虎兔相逢一代休，

金鸡不与犬相见，猪与猿猴不到头。

图46 山东平度传统木刻版画《亲事有成》

"龙兔泪交流"变成了寅虎与卯兔的不相合。

朝鲜族也有此婚俗，称穷合或宫合。婚姻由男方托请媒人，女方如有意，男方即将姓名生辰帖送去。女家将这与姑娘生辰一同推算，是为穷合。其俗最忌庚戌年出生男子与甲寅年出生女子相婚配，说是"女属虎，男属狗，虎为兽王定克夫"。理想的属相是属羊配属牛、属猪配属马，民间认为这些属相互不相克。

陕西等地俗语："龙跟虎，就不到老。"认为属龙与属虎也不是好婚配，所谓"龙虎斗"。江苏民俗，议婚时合算八字，同时要看属相合不合。"羊"配"虎"，就说是"羊入虎口"；"龙"配"虎"，又说"龙争虎斗"，这些都是议婚的大忌。

一些地方的婚姻旧俗，男家求亲不愿找属虎的姑娘，有俗语"虎进门，必伤人"。又忌未年出生的姑娘，说是属羊的女子"命硬克夫"。与此相呼应，还有顺口溜："男属羊，黄金堆屋梁，出门不必带口粮；女属羊，命根硬，克夫克爹又克娘。"对于女方属虎、属羊的挑剔，已经由男女双方属相的相冲、相害迷信，转为女子单方生肖的吉祥与否了。

对于这类迷信谬说，清代小说家李汝珍曾予嘲弄。李汝珍出生于18世纪60年代，是北方人。他对"女命北以属羊为劣，南以属虎为凶"的批驳，见于小说《镜花缘》第十二回。书中写唐敖和多九公游君子国，听君子国两位宰辅纵论天下俗弊：

> 尤可笑的，俗传女命北以属羊为劣，南以属虎为凶。其说不知何意？至今相沿，殊不可解。人值未年而生，何至比之于羊？寅年而生，又何至变为虎？——且世间惧内之人，未必皆系属虎之妇。况鼠好偷窃，蛇最阴毒，那属鼠、属蛇的，岂皆偷窃、阴毒之辈？龙为四灵之一，自然莫贵于此，岂辰年所生，都是贵命？此皆愚民无知，造此谬论，往往读书人亦染此风，殊为可笑。

李汝珍是接受浓厚儒家思想的知识分子。他对于生肖迷信的批判，分析说理，有理有据，在那个时代是难能可贵的。

通常所讲的生肖生克，一般多注意属相本身，即人的生年。旧时合婚，有的地方对生月也予以注意，自我的束缚也就益发多捆了一条绳索。据说，男女生月属犯月者，叫败相，不吉利。民间有歌诀："正蛇二鼠三月牛，四猴五兔六月狗，七猪八马九羊头，十月鸡儿架上愁，十一月猛虎满山游，十二月老龙不抬头。"讲的就是这种迷信。

生肖相克的迷信，在傈僳族风俗中也可见。来自云南碧江县的调查报告表明，傈僳族同胞过去也相信生肖相克之说。调查报告写道：

> 据说在十二生肖中，虎与猴、马与鼠、牛与羊、龙与狗、鸡与兔等都相克。遇有上述之属相，男女不能结婚，否则容易多病或死亡，必须祭屈腊尼。

屈腊尼，意为冲犯鬼。其同米诗尼（疯鬼）、窝别尼（夜鬼）等一样，为旧时傈僳人所祭的六种鬼怪之一。傈僳人想象有种冲犯鬼，掌管生肖冲害这类事情，祭拜之，大概是祈求"高抬贵手"，给条生路吧。有了祭屈腊尼这一招，也就有了一种回旋余地，对冲害之说来了一点"灵活性"。

梁实秋曾举一事例，说明迷信不可信：

> 有一对男女青年去算命，先生曰："这婚姻怕不成，乾造属虎，坤造属龙，虎掷龙拿不相存，当年会此赌乾坤……"那男子从容进言："先生，请捏合一下，命金加倍。"先生笑道："别忙，再细算一下……

'龙从火里出，虎向水中生'，龙骧虎跃，大吉大利。"

这是具有讽刺意味的一幕，由婚姻难成到大吉大利，金钱起了作用。随方就圆，全在算命先生念念有词地一通"捏合"。

古典小说《金瓶梅》第九十一回"孟玉楼爱嫁李衙内　李衙内怒打玉簪儿"，对合婚算命有一段绝妙的描写，只要能赚酬金，连生辰也可以帮助改换的：

　　只见路南远远的一个卦肆，青布帐幔，挂着两行大字："子平推贵贱，铁笔判荣枯；有人来算命，直言不容情。"帐底下安入一张桌子，里面坐着个能写快算的先生。这两个媒人向前道了万福，先生便让坐下。薛嫂道："有个女命累先生算一算。"向袖中拿出三分命金来说："不当轻视，先生权且收了，路过不曾多带钱来。"先生道："请说八字。"陶妈妈递与他婚帖。看上面有八字生日年纪，先生道："此是合婚。"一面掐指寻纹，把算子摇了一摇，开言说道："这位女命今年三十七岁了，十一月廿七日子时生。甲子月，辛卯日，庚子时，理取印绶之格。女命逆行……"取笔批下命词四句道："娇姿不失江梅态，三揭红罗两画眉。会看马首升腾日，脱却寅皮任意移。"薛嫂问道："先生，如何是'会看马首升腾日，脱却寅皮任意移'？这两句俺每不懂，起动先生讲说讲说。"先生道："马首者，这位娘子如今嫁个属马的夫主，才是贵星，享受荣华。寅皮是克过的夫主，是属虎的，虽故宠爱，只是偏房。往后一路功名，直到六十八岁，有一子，寿终，夫妻偕老。"两个媒人说道："如今嫁的倒果是个属马的，只怕大了好几岁，配不来，求先生改少两岁才好。"先生道："既要改，就改做丁卯三十四岁罢。"薛嫂道："三十四岁，与属马的也合的着么？"先生道："丁火庚金，火逢金炼，定成大器，正合得着。"当下改做三十四岁。

《金瓶梅》这段描写，写出了合婚算命的全过程。本书引录作了删节。在算命先生嘴里，相生、相克是煞有介事的，许多人也信这一套，甘愿买账。三十七岁改为三十四岁的情节，张竹坡批语"作者直欲不为数命所缚"。其实，这对认识迷信的欺骗性，也是有认识上的价值的。

"会看马首升腾日"，说的是生肖相生，"马首"即属马的男人。"脱却寅皮任意移"，讲生肖的相克，寅为虎，用"脱却寅皮"说明克死属虎男人，倒也形象。从《金瓶梅》中，可以了解明代的世风和迷信。

东汉《论衡·偶会篇》触及夫妻相克的迷信："世曰：'男女早死者，夫贼妻，妻害夫。'非相贼害，命自然也。"王充的态度鲜明，没有夫妻之命相贼害那么一回事。他写道："今男女之早夭，非水沃火之比，适自灭覆之类也。贼父之子，妨兄之弟，与此同召。"王充打了个比方：火在燃，用一盆水浇灭它，可以讲水克火；火自己灭掉，水自己倾翻，就与冲克没有关系。各人有各人的寿命，"男女早夭"的情况，不能拿水浇灭了火的例子去类比。情同此理，"贼父之子""妨兄之弟"的讲法也是站不住脚的。

遗憾的是，直至当代，这种迷信仍未能根除。1989年10月11日《人民日报》披露，四川省大竹县中和乡环山村，一位农民属兔，将属虎的儿子折磨致死，他的犯罪起因即是迷信生肖相克，以为儿子属虎会"妨"自己。

迷信的说法，讲到相克，也讲相生。过去，青海河湟地区通常将十二生肖划分为四组，婚姻男女生肖划为一组者称"大相合"，视为理想的择配。四组分为：猴、鼠、龙；蛇、鸡、牛；虎、马、狗；猪、兔、羊。在一些地方，则说"鼠配牛，虎配猪，羊配兔，马配狗"是吉祥的婚配属相。也有一些顺口溜，"红蛇白猴满堂红，福寿双全双康宁"，说属蛇与属猴宜结亲；"青兔黄狗古来有，万贯家财足北斗"，说属兔者同属狗者宜结秦晋之好；"蛇盘兔，必定富"，讲属蛇和属兔者的婚姻。

陕北延安地区的民间剪纸，《蛇盘兔》为传统题材（图47）。当地传说，男属蛇，女属兔，男女配婚好姻缘。在贵州一些地方，伴随这类题材的剪纸在民间流传，有故事讲：上古时代，以蛇为图腾的部落首领娶了位以兔为图腾部落的女子，结果部落日益兴旺，故留下"蛇盘兔，必定富"的老话。诚然，这段故事是否具有久远性，尚需分析。

图 47 陕西民间剪纸《蛇盘兔》

"蛇盘兔"之吉，又不只限于婚姻。明代叶盛《水东日记》卷二"葬地蛇盘兔"条：

> 居庸以北，俗择葬地以验蛇盘兔为上，昌平侯杨洪赤城葬母处亦然。意者，地气温暖，二物皆穴焉。偶相值而相持，亦适然耳。昧者至争地盗葬，讦讼连年，惑哉！

相信"蛇盘兔，必定富"的古人，将"蛇盘兔"引用到寻找墓地方面，以致争地盗葬打官司，叶盛感叹发于笔端：惑哉，昧者！择墓地的"蛇盘兔"很可能是婚俗"蛇盘兔"的衍生物。

生肖生克迷信还有其他表现形式。新疆察布查尔锡伯自治县的锡伯族婚俗，由一位声望较高的男性长者主持迎亲事宜，称为"奥父"。这一人选的条件之一，是生辰属相与新娘不相克。

过去，在青海河湟地区流行"马前三煞，马后贵人"的婚俗，以属相选择婚礼人员。马前马后，"马"指值年生肖，即婚礼举行当年的生肖。值年生肖的下一个生肖为"马前"，值年生肖的前一个生肖为"马后"。以鼠年为例，其前为丑牛，与丑牛相合的又有巳蛇和酉鸡，这三种属相为"马前三煞"，是避相。按照那里的旧婚俗，男女双方亲属中属牛属蛇属鸡者，从新娘出闺到入洞房，不得与新娘接触。"马后贵人"，仍以鼠年为例，鼠年之后为猪年，亥猪与卯兔、未羊相合，故属猪、属兔、属羊者是用相，可以护送新娘，也称"押马贵人"。属相既非"马前"又非"马后"的人，叫"散相"。如果婚礼上"押马贵人"凑不齐，便请"散相"人凑数。"马前三煞"是唯恐避之不及的。这种婚俗，已将婚姻双方的属相生克迷信，扩及婚礼参加者了。

旧时葬俗也有类似说法。古典小说《金瓶梅》第五十九回：

　　徐先生将阴阳秘书瞧了一回，说道："哥儿生于政和丙申六月廿三日申时，卒于政和丁酉八月廿三日申时，月令丁酉，日干壬子，犯天地重丧，本家要忌：忌哭声，亲人不忌。入殓之时，蛇、龙、鼠、兔生人避之则吉……"

西门庆和李瓶儿的儿子哥儿夭折，办丧事时，算命的徐先生翻翻

"阴阳秘书"，说了办丧事的种种忌讳，包括入殓时属蛇属龙属鼠属兔的不是亲属的人"避之则吉。"《金瓶梅》第六十二回，李瓶儿病逝，那位手持"阴阳秘书"的徐先生，批为"入殓之时，忌龙、虎、鸡、蛇四生人，亲人不避"。可见这反映了当时流行的葬俗。何种属相的人需回避，要从生肖生克方面考虑。这是生肖生克迷信的一项内容。

（五）谶纬玄虚用生肖

封建社会里的谶纬迷信，历朝屡禁不止。

谶是预言吉凶的隐语。《史记·赵世家》："公孙支书而藏之，秦谶于是出矣。"这说的是所谓天帝托梦秦穆公的一条预言。纬，《四库全书总目·易类六》："纬者经之支流，衍及旁义。"纬书以儒家经义附会人事吉凶，预言治乱兴废。在封建时代，谶、纬合流，成为颇有干预力的一种社会思潮，有书谶、图谶，有"推背图""烧饼歌"。谶纬既以"预言"的形态流布，制造者总要耍一些隐喻、暗示的小把戏，既可渲染神秘玄虚的气氛，又模棱两可，便于附会。

十二生肖，每一种生肖均可释为时间、方位，又可释其为寓意、指人，解说起来任随"灵活"，进退有路，因此常被谶纬所用。清代中期发现的一通谶纬石碑，碑文俱列十二生肖：

一工土木敢当先，黄金埋在土里边。坤地起首楚地乱，秦地人死万万千。天开一口罡先愁，引动八牛破幽州。燕起魏地人民死，二八春秋此日休。甲寅头上生一果，二人命挂柳树头。火龙飞下楚地乱，火蛇出世起根由。陆马到处遭离乱，土羊为首天地愁。只些离龙犹自可，最怕山西一猿猴。金鸡鸣叫天下乱，黑狗东方血水流。乌猪吃尽糟糠死，杀得人民填地沟。甲子年中见日月，八马悠悠运黄州。

此碑名曰《唐朝袁天罡李淳风石碑》。袁天罡、李淳风同为唐代这方面的名家，后人便托名伪造此碑。当代有研究者指出，碑文暗指明代事，"引动八牛破幽州"句，隐指朱元璋北上攻入大都，"燕起魏地人民死"则指朱棣起兵"靖难之役"。其余何指，不甚了了。细读之，可以揣摩其间有一条十二生肖线索，若明若暗，断断续续。"八牛破幽州。""八牛"合为朱字。如果将这一句视为含牛的句子，"甲寅头上生一果"，寅为虎；再将"二人命挂柳树头"的"柳"字减笔，视作"卯"字，为卯兔。这就有三种生肖：丑牛、寅虎和卯兔。往下四句依次出现"火龙""火蛇""陆马""土羊"，辰龙、巳蛇、午马、未羊也有了。含"土羊"句之后，隔着含有"离龙"的一句，是"最怕山西一猿猴"句，点出申猴来。紧接三句分别嵌有"金鸡""黑狗""乌猪"。至此，从"八牛"开头，十二种生肖中有十一种顺序排出，只差子鼠一项。碑文倒数第二句"甲子年中见日月"，甲子年正是鼠年，空缺的位子也填补上了。

徐珂《清稗类钞》第十册录：

唐司天监袁天罡、李淳风撰《推背图》，凡六十象，以卦分系之。其论本朝者为第三十三象，为丙申巽下兑上，大过。谶曰："黄河水清，气顺则治。主客不分，地支无子。"颂曰："天长白瀑来，胡人气不衰。藩篱多撤去，稚子半可哀。"此言世祖入关之征，中有"顺治"二字也。

《推背图》图谶、书谶齐备，其最末画两人推背而行图，并有"不如推背去归休"句，故而得名。从谶语"气顺则治"中择出"顺治"二字，自是附会者得意的一笔。可是，"地支无子"就不易说通。地支十二，"无子"该为十一。从清世祖算起，至末代皇帝宣统，清朝共十帝。若前延至金，又有努尔哈赤、皇太极两位，共计十二帝。于是，附会者讲清朝传主十一世。附会谶纬的欺骗性，由此可见一斑：清朝帝数是一定的，但经附会者鼓其如簧之舌，运用语言伎俩，竟能将十、十二、十一等三组数字硬说成符合谶语。又，另一附会说，十二地支子后为丑，顺治年号完结于辛丑牛年，这是子年之后的年份，就算"地支无子"。这种附会更显牵强。

这篇传为袁天罡、李淳风的《推背图》，其中一些谶语被附会为生肖。如"喔喔晨鸡孰是雄"句，释为唐代武则天称帝改元垂拱，时值乙酉鸡年。但是，此前尚有武则天的第一个年号光宅之年，附会者避而不谈。再如，"相克相生马不前"句，附会者说是明代"土木之变"，英宗被俘，英宗之弟朱祁钰即位，改元景泰，这一年为庚午年，"马不前"指马年。

与《推背图》齐名的《烧饼歌》，托名明代刘基所撰。据言，"明太祖在便殿，一日食烧饼，方啖一口，内监忽报刘基进见，太祖以碗覆之，始召基入。问之曰：'碗中何物？'基曰：'半似日兮半似月，曾被金龙咬一缺。此食物也。'开视，果然。太祖乃问以天下后世之事，基历历言之。"《烧饼歌》篇名就得于这个杜撰的故事。其大部分内容，被人以清史附会之。谶语之中写了一些生肖动物，像"金羊水猴饥荒岁，犬吠猪鸣泪两行""火烧鼠牛犹自可，虎入泥窝无处藏""黄龙早丧赤城中，猪羊鸡犬九家空"等。其中"黄牛山下有一洞"句，《清稗类钞》："此言黄为金色，金属辛，牛在干支则为丑，一为刘坤一，洞为张之洞也。"

观《烧饼歌》，附会者附会清朝史事，颇有详细入微者，倒像是"过来人"的往事回首，伪托为明代开国帝臣问答录。

伪托明代黄檗（niè）禅师的有关清史的"谶诗"，从顺治皇帝开始，逐朝数下来，则更是名谶而非谶了。这一谶诗里多处用生肖。"青猿相遇判兴亡……二九丹成金谷藏"，爱新觉罗·福临甲申年称帝，所以用"青猿"指代，顺治十八年，是为"二九"。接下来，"黑虎当头运际康……五五还兼六六长"，寅为虎，康熙年号由壬寅年至下一个壬寅年，虎年始虎年终，当了六十一年皇帝，五五二十五，再加六六三十六，正此数。随后是雍正在位，由癸卯年至乙卯年，诗中说"须知深刻非常法，白虎嗟逢岁一周"，由兔年至兔年，岁星一周天，因为雍正继位后"非常法"的作为，说他"白虎嗟逢"而不用卯兔。继承雍正者为乾隆。"一般六甲祖孙同"，其在位满六十甲子，"祖孙同"对康熙而言。谶诗又有"二十五弦弹易尽，龙来龙去又逢蛇"，这是说嘉庆皇帝金銮殿坐二十五年，他在丙辰龙年登基，经戊辰龙年，至庚辰龙年，所以说"龙来龙去"；"又逢蛇"，逢的是辛巳蛇年。这一年道光皇帝继承帝位。谶诗"白蛇当道漫腾光，宵旰勤劳一世忙。不幸英雄来海上，望洋从此叹茫茫"，道光元年为辛巳蛇年，辛巳纳音为白蜡金，故称"白蛇当道"。这位"白蛇"赶上了鸦片战争，望洋叹茫茫。接着，轮到了咸丰，谶诗"亥逐无讹二卦开"，咸丰登基在辛亥年。再下一个是同治，"一纪刚周阳一复"，壬戌年至甲戌年在位。再就是窝囊皇帝光绪，他死于戊申年，诗中说"黄猿运厄力难胜"，戊申纳音大驿土，土色黄，因此称为"黄猿"。谶诗说溥仪："豕后牛前耀德仪。"辛亥年爆发的武昌起义，使溥仪成了末代皇帝。豕为亥，牛为丑，"豕后牛前"讲的是猪年到鼠年的事。溥仪于1912年2月12日宣布退位。这一天为农历辛亥年腊月二十五。当时开始使用公历，已是新年2月份，似乎进了壬子鼠年了，故曰"豕后牛前"。

这一首伪托明代人的谶诗，简直如同清帝年号谱，明显地暴露出这是目睹了清朝灭亡的人所编，谎称谶诗。这篇东西追求诡秘色彩，重要的手法便是以生肖代年份，使用生肖时兼取纳音五行等内容，以求给本非谶诗的文字染上些许谶纬气味。

下面再引一则载入正史的材料，看一看生肖的妙用。

童谣用生肖，见《北史·齐文宣帝纪》：

> 初帝登祚，改年为天保，士有深识者曰："天保之字，为一大人只十，帝其不过十乎。"又，先是谣云："马子入石室，三千六百日。"帝以午年生，故曰"马子"；三台，石季龙旧居，故曰"石室"；三千六百日，十年也。

自北魏末年，汉人高欢开始拥兵柄国，立帝废帝，一人说了算。他执掌大权十六年，于公元550年病死。其子高洋废掉孝静帝，自立为帝，史称北齐。高洋称帝后，推行有利于贵族、官僚和地主的政策，再加上肆行淫暴，诛杀不已，大失民心。有文化的人就对他的年号"天保"作拆字游戏，诅咒他完蛋。民谣则蔑称其为"马子"，因为高洋生于丙午年，是个属马的人。他自立为帝的年份为庚午，也是马年。

这类谶诗式的民谣，预言政局，给人料事如神之感。其实，很可能并非"先见之明"，不过是"马后炮"，事情大局已定，人们编出这些，传民声，畅心口，以后被修史者收录了。

（六）生肖·星座·血型

十二生肖同种种迷信搅在一起，是封建时代使然。文化昌明，科学进步，如今生肖迷信还会有市场吗？占星术与宇航时代同在，这似乎在证明：迷信并不是"封建"的专利品。

生肖迷信的陈腐旧套并没有绝迹，同时，它又为迎合今人而"随机应变"。这应变，一是向西方的占星术求援，且称之为"中西结合"；一是向当今的科学技术窃宝，且称之为"古今结合"。前者产生了生肖加星座的迷信，后者产生了生肖加血型的迷信。

生肖加星座，可谓两"旧"合为一"新"的迷信。占星术的十二星座迷信或曰黄道十二宫迷信，也是陈芝麻烂谷子，其开始传入中国的时代早在隋唐。命宫之说的引入，增加了生肖迷信的诡秘色彩。近年，有种说法为一些人所津津乐道，说是世上每个人都有两种决定命运的属座，而非只有一个，二属座是西洋的十二星座为"月属"，以及东方的生肖属相为"年属"。

"属座"一词是硬造的。贴着所谓"新星相学"标签的这一套，实际上不过是一种叠印式的拼凑，一如用属相和星座两词拼合出"属座"这怪词来。鼓吹者说，"新星相学"中，如果某人生于白羊座（3月21日—4月19日），又生逢马年，那么他的"属座"便是白羊座/肖马。而白羊座/肖马，与白羊座/肖羊的生辰命运不同，与白羊座/肖虎也不一样。"新星相学"有144个"属座"，这个数目来自乘法：12个星座×12个属相。

"新星相学"并不新。占星术的星座之说，讲的大致是月份概念。当然，那不是整月，如白羊座为期30天，由3月末的11天连接4月初19天组成。旧时算命批八字，"八字"即包含生年和生月干支各两个字。在中国，自古有某个月份的某种属相命好或命苦的说法，还有"属牛逐月吉凶福禄解"之类。"生肖+星座=命运"的"新星相学"，甚至连"新瓶装旧酒"都称不上。它的内容是旧的，形式也并不怎么新鲜。

还来讲拼凑，看"新星相学"的手法。比如，说金牛肖猪者即出生于4月20日至5月20日的属猪的人，"综合了金牛的逻辑和秩序感，加上肖猪者小心翼翼的个性，是位相当可靠稳实的人"。这是手法之一：锦上添花。

又说室女肖马者，即出生于8月23日至9月22日的属马的人"有自负的倾向，他不但有肖马者自我形象膨胀的特点，又有室女座者虚张声势的毛病"。这是手法之二：雪上加霜。

说天蝎肖龙者，即出生于10月24日至11月21日的属龙的人"是龙中之龙，天蝎中的天蝎。这两种属和座的特点都在他们身上强化。他们……坚强、奋进，具有勇气和谋略"。这是手法之三：相得益彰。

说天秤肖兔者，即出生于9月23日至10月23日的属兔的人"很难信任别人。天秤座不愿草率下决定的习性，几乎已成了总是拒绝对任何人或事做判断的原因，天秤座肖兔者在做决定前总是犹疑不前"，天秤座的影响决定了性格。这是手法之四：一方独尊。

说狮子肖龙者，即出生于7月23日至8月22日的属龙的人，"狮者心好温暖而喜欢与他人分享财富，肖龙者可以很自私……两者结合恰好是施与受的均衡。狮者过分慷慨时，龙者会在旁提醒；而当肖龙者显得吝啬时，狮者的好心会往前劝言"。手法之五：相互制约。

星相学是反科学的迷信，但它却有自己的一套体系。"新星相学"没能自成体系，如同一堆散乱的白灰拌黄土，所用的拼凑手法，全靠对黄道十二宫神像的想象和对于十二生肖动物习性的想象。这种主观臆造，没有人群调查的统计学依据，未经过合乎逻辑的推理，因而有时显得很滑稽。就说狮子肖龙者，狮者被定性为慷慨乐施，龙者被变性为自私吝啬。慷慨的狮过头了，龙来劝；吝啬的龙过分了，狮来劝。仿佛人的头脑里真有两个势均力敌的精灵，各自拥有50%决定权似的。纵然你慷慨的"狮性"和吝啬的"龙性"可以左右人生，但是它们从何而来？这就像是一道不可逾越的长城，生辰迷信总要在这墙体前碰壁的，包括"新星相学"。

血型与十二生肖，借助现代科技知识，生肖迷信的一种新扩展。此说在港台地区流行已有时日。

血型是根据红细胞的抗原特性所做的血液分类。1900年，兰德斯泰纳发现了A、B、O血型。这一发现对医疗输血是重要的，它有助于杜绝由于血型不合而造成的输血事故。

血型分类有A型、B型、O型、AB型。同血型的人输血是安全的。血液O型的人，可以为A型血和B型血的人输血，却不能接受A型血和B型血的输入。这很有点只"奉献"不"索求"的精神，人们戏称O型血是"大公无私血"。而AB型血的人，可以接受所有血型的输入，除了为同血型的人输血外，不能为任何异血型的人输血，颇有点只可接受、不便付出的特点，故被戏称为"吝啬血型"。血型能否影响人的性格，这是见仁见智的问题。

血型生肖论命运，据言"是将'十二生肖占卜术'之奥秘，以及'血型性格判断'之精华，做一空前的大结合"，"在性格、缘分、爱、婚姻、人生等方面均有详细解说"。显而易见，这仍是"混合型"的拼凑。持论者首先设想好两套"元素"系列，一是生肖命运说，共十二种；一是血型性格说，共四种。然后，将它们分别配合个遍，据此谈论命理、预言祸福，对问津者讲一句：信不信由你。

以"A型属龙人"为例。先讲"属龙的人不仅拥有天生超强的运势，并且有丰富的才能，与其天生的运势相得益彰"，"极可能获得令人羡慕的成就"。说了属相之后，"然而，A型属龙的人不愿意锋芒毕露，往往达到一定的境界后，就不再向前猛冲了"。何以下此判断？血型的作用："A型特有的细心保守的性格，可以抑制他们盲目地勇往直前所可能造成的不良后果。但是，过分地小心翼翼，反而无法充分地发挥出本能，因而错失良机。"一句话，血型A修正了属相龙。

不要拿这当真。星座生肖论命运，讲狮子肖龙者，说狮子座制约了龙属相的特点，那指的是吝啬自私；龙属相的特点，在同A型血并论之时，却变成了天生超强，而这也要被A型血抑制一番。真所谓星座之"龙"，血型之"龙"，此龙彼龙不相同。辰年出生的同胞们，真不知自己属的是哪种"龙"了。

请将命运把握在自己手里。生肖迷信不可信，不管它与"星座"为伍，还是同血型纠缠。

三、生肖与宗教

（一）十二生肖集一身的道观铜羊

我国本土的宗教道教，成型于东汉。东汉顺帝时张陵所创五斗米道为最初的道教组织。道教的产生，同秦汉时期的神仙方术有关联，而其渊源则是远古时代的巫术和鬼神崇拜。道教奉老子为教主。

四川成都有座道观——青羊宫，据传为老子遗迹。道教传说，老子看到周朝衰微，便西行布道，至函谷关，关令尹喜说："子将隐矣，强为我著书。"老子留下《道德经》两篇，并说日后可到成都青羊宫找他。后来前去，果见老子骑青羊而至。青羊宫内青羊最著名，其置于三清殿内，铜铸（图48）。这尊独角铜羊名虽为羊，却取十二生肖形象集于一身：鼠耳、牛鼻、虎爪、兔背、龙角、蛇尾、马嘴、羊胡、猴颈、鸡眼、狗腹、猪臀。铜像基座铭文：清："雍正元年（公元1723年）九月十五日，自京移至成都青羊宫，以补老子遗迹。"铜羊像被说成"神羊"，民间传闻，患头痛病者摸摸铜羊头、肚疼者摸摸铜羊肚便可免除病痛。

图48　成都青羊宫十二生肖铜羊

青羊铜像作为道教宫观的神物，体现了道教强于包容的特色。道教创立过程中，不仅将《道德经》一书神化，将"道"的概念引申为宗教神学思想，还把内修炼丹之类的仙术、冥通符咒之类的神术，与阴阳五行和谶纬之学相结合，并从佛教吸收了一些可借鉴的东西。青羊铜像集十二属相于一身，这十二生肖既可代表方位——并且是全方位，又可代表岁月时辰——不止全天候，而且千秋万代一并囊括之。这是对时间和空间的包容。青羊铜像的构思，堪称奇妙。

道教因是中华地域土生土长的宗教，对天干地支、十二生肖等有着天然的亲近关系。

东晋时的道教理论家葛洪将十二生肖写入自己的著作。他的《抱朴子·内篇·登涉》讲道士登山涉水，包括入山吉日、背镜防魅、持符辟邪以及识别和降伏变化为人形的精灵等内容。其中讲到十二支纪日和生肖：

山中寅日，有自称虞吏者，虎也；称当路君者，狼也；称令长者，老狸也。卯日称丈人者，兔也；称东王父者，麋也；称西王母者，鹿也。辰日称雨师者，龙也；称河伯者，鱼也；称无肠公子者，蟹也。巳日称寡人者，社中蛇也；称时君者，龟也。午日称三公者，马也；称仙人者，老树也。未日称主人者，羊也；称吏者，獐也。申日称人君者，猴也；称九卿者，猿也。酉日称将军者，老鸡也；称捕贼者，雉也。戌日称人姓者，犬也；称成阳公者，狐也。亥日称神君者，猪也；称妇人者，金玉也。子日称社君者，鼠也；称神人者，伏翼也。丑日称书生者，牛也。但知其物名，则不能为害也。

葛洪以十二支对应二十六兽禽（其中金玉占一种），是以十二生肖为骨架，又夹杂一些相类或相似的动物。最典型的，如申日之猴和猿，酉日的老鸡和雉。另外，像辰日的龙、鱼、蟹，巳日的蛇、龟，也有特殊关系，被划入一个单元。为什么会在寅日见到自称虞吏的虎怪，在卯日见到自称丈人的兔精？葛洪没有讲明。大概是因为古人相信，纪日用十二支，十二属相会在自己值日的那一天变化出没，特别活跃。

有趣的是，葛洪所记十二生肖化身的自称，包含着古代文化的信息。比如，寅日虎，自称虞吏。虞，神话传说中的神兽，白虎黑纹；虞，又是古代掌管山泽苑囿、鸟兽田猎的官，汉代贾谊《新书》："虞者，囿之司兽者也。"虎为山君兽王，称虞吏恰到好处。再如，"卯日称丈人者，兔也"。丈人又是星名，见于《晋书·天文志》："军市西南二星曰丈人。"丈人星两颗，在天鸽座，与子星、孙星列为一行，"三代人"同居一天区。这里须注明，天鸽座的紧邻是天兔座。卯为兔，与天兔座有无关系，待考。

道教宫观有"戊不朝真"的规矩，有关的歌诀用到生肖。所谓"戊不朝真"即逢戊日不举行宗教活动，道家认为这是绝不可冒犯的禁忌，犯忌就会遭天谴。据《九天神霄戊日禁忌》讲，西王母曾告知汉武帝："下民无知，四季之内，六戊之日，犁锄田地，冒犯阴阳之禁忌，致使水泽不降，百谷不收，民遭饥饿。"按照《九天神霄戊日禁忌》的讲法，"春犯六戊，则令人促寿绝嗣"，"夏犯六戊，则令人眼目失明，飞灾横祸相侵"，"秋犯六戊，则令人遭瘟时病"，"冬犯六戊，则令人官非口舌，耗散财物"，犯了禁忌，无法禳解。因此，道士"戊不朝真"，逢戊日，烧香诵经、建斋设醮之事全免。戊，又有"明戊"和"暗戊"之说。明戊也称六戊，即戊辰、戊寅、戊子、戊戌、戊申、戊午日。暗戊为哪些日子？有歌诀：

正羊二犬三在辰，四月期间不犯寅，

五午六子七鸡位，八月周流又到申，

九蛇十猪十一兔，十二牛头重千斤。

歌诀中羊、犬、鸡、蛇、猪、兔、牛，都是代表纪日地支的生肖。

道教奉六丁六甲神，其神像取形于十二生肖。《后汉书·梁节王畅传》："从官卞忌自言能使六丁，善占梦。"注曰："六丁，谓六甲中丁神也。若甲子旬中，丁卯为神；甲寅旬中，则丁巳为神之类也。"元曲《昊天塔》："烧的来无处居……也不索祭风台，也不索狼烟举，抵多少六丁神发怒。"将"烧的来无处居"同"六丁神发怒"联系起来，是因六丁为火神。道教宫观塑神像，六甲分别取六种生肖的形象：鼠、虎、龙、马、猴、狗；六丁分别取六种生肖的形象：牛、兔、蛇、羊、鸡、猪。

我们知道，干支配甲子，阳干配阳支，阴干配阴支。甲为阳，丁为阴，它们各有各的组合对象，六甲是甲子、甲戌、甲申、甲午、甲辰和甲寅；六丁则为丁卯、丁丑、丁亥、丁酉、丁未、丁巳，六丁六甲正好占全了十二生肖。

（二）本命元辰星宿神

天干地支配成六十甲子。道教信奉六十甲子神，这是六十位星宿神。六十甲子神也有太岁之称，如甲子太岁金辨、乙丑太岁陈材等。民间又有本命元辰之称，本命元辰即本人出生年的星宿神。

北京的著名道观白云观，观内有座元辰殿，这是礼拜本命元辰星宿神的地方，殿内现存六十甲子神像。按照道教教义，修真炼性须致力于本命之辰，除去杂念私心，方能长寿永生。

礼拜本命之辰，旧时曾经成为一种具有民俗特点的活动。每年农历正月初七、初八，北京人到白云观元辰殿"祭星"，向各自的本命星辰烧香礼拜，祈求一年平安。这又叫"顺星"，意思是即便不顺利的流年，通过祈祷得到星辰保护，也可转为顺利。当时，白云观正月初八晚举行祭星仪式，诵北斗经、顺星诰。清代《燕京岁时记》记正月顺星："初八日，黄昏之后，以纸蘸油，燃灯一百零八盏，焚香而祀之，谓之顺星。"

北京白云观原名天长观，始建于唐开元年间。据说，金代时，章宗完颜景的母亲瑞圣皇后久病不愈，正月初八祈祷丁卯元辰，得解病痛，遂建丁卯瑞圣殿，供奉丁卯元辰神像。拜元辰星宿神的习俗，由此大兴。白云观现存的六十甲子神像为重彩泥塑，是"文化大革命"后重塑的。重塑时，以清代宫廷如意馆所绘六十甲子神像为蓝本。神像均为坐像，吸收了各自相关的生肖动物形象。其依次是：

甲子太岁金辨大将军，持桃

乙丑太岁陈材大将军，执枪

丙寅太岁耿章大将军，执如意

丁卯太岁沈兴大将军，执枪

戊辰太岁赵达大将军，执龙

己巳太岁郭灿大将军，执铁棍

庚午太岁王济大将军，持棒

辛未太岁李素大将军，执钢鞭

壬申太岁刘旺大将军，执纸轴

癸酉太岁康志大将军，持旗

甲戌太岁施广大将军，持笏

乙亥太岁任保大将军，执钢鞭

丙子太岁郭嘉大将军，持葫芦

丁丑太岁汪文大将军，执锤

戊寅太岁鲁先大将军，端坐

己卯太岁龙仲大将军，持鞭

庚辰太岁董德大将军，持盅

辛巳太岁郑但大将军，持纸轴

壬午太岁陆明大将军，持幡

癸未太岁魏仁大将军，持如意

甲申太岁方查大将军，持器物

乙酉太岁蒋崇大将军，持双钩

丙戌太岁白敏大将军，持扇

丁亥太岁封济大将军，持钢鞭

戊子太岁邹铛大将军，端坐

己丑太岁傅佑大将军，执枪

庚寅太岁邬桓大将军，端坐

辛卯太岁范宁大将军，持剑

壬辰太岁彭泰大将军，托龙

癸巳太岁徐单大将军，持蛇

甲午太岁章词大将军，抚琴

乙未太岁杨仙大将军，持剑

丙申太岁管仲大将军，持如意

丁酉太岁唐查大将军，执枪

戊戌太岁姜武大将军，持笏

己亥太岁谢太大将军，端坐

庚子太岁卢秘大将军，持刀

辛丑太岁杨信大将军，持小棒

壬寅太岁贺谔大将军，持剑

癸卯太岁皮时大将军，端坐

甲辰太岁李诚大将军，左持剑右持巾

乙巳太岁吴遂大将军，执枪

丙午太岁文哲大将军，持刀

丁未太岁缪丙大将军，持桃

戊申太岁徐浩大将军，持锤

己酉太岁程宝大将军，端坐

庚戌太岁倪秘大将军，持牌

辛亥太岁叶坚大将军，端坐

壬子太岁丘德大将军，持碗

癸丑太岁朱得大将军，持锤

甲寅太岁张朝大将军，端坐

乙卯太岁万清大将军，端坐

丙辰太岁辛亚大将军，端坐

丁巳太岁杨彦大将军，端坐

戊午太岁黎卿大将军，持莲花

己未太岁傅赏大将军，执棒

庚申太岁毛梓大将军，执枪

辛酉太岁石政大将军，持剑

壬戌太岁洪充大将军，端坐

癸亥太岁虞程大将军，端坐

这六十神像的姓名，有历史上实有其人者，如丙申太岁管仲。六十尊彩塑像，有带有明显的生肖标志者，如丁卯太岁头顶白兔，戊辰太岁双手握龙，乙未太岁头顶白羊等。

道教尤重"本命"，有许多说法。道教《太真玉帝四极明科经》（简称《四极明科》）说："立春、春分燃灯于庭……本命日十二灯。"《金瓶梅》第六十二回：

因见西门庆礼貌虔切，便问："娘子年命若干？"西门庆道："属羊的，二十七岁。"潘道士道："也罢，等我与他祭祭本命星坛，看他命灯如何。"

这是小说中李瓶儿病危之际，西门庆请来道士为病人禳解的一段描写。书中对潘道士设灯坛做了详细叙述，这里不赘述。

（三）菩萨排生肖

如何挑选十二种生肖动物，这是颇能激发人们想象力的话题。有关传说中，有一段故事同佛教大势至菩萨相关。大势至为阿弥陀佛的右胁侍者。阿弥陀佛、右胁侍者大势至、左胁侍者观音，佛教合称"弥陀三圣"。故事说，佛祖如来要选定十二种动物，作为通往天国之路的十二个守卫，按年轮流当值。大势至菩萨将十二种动物召集一起，给它们排定座次。猫为百兽的武学师傅，居了首席。大势至菩萨迎请如来佛来作训诫。猫在等候之时，因憋不住屎尿，便去寻僻静处出恭。正巧这时，如来佛驾到，十二种动物唯独缺猫。鼠本是随猫来看热闹的，趁机谎称猫不愿充任天国之路的守卫。如来佛便让老鼠取代猫的位置。一言既出，遂成定局。那猫呢，自然对鼠怀恨在心，永远记仇，世代逮鼠为食。

这是一段含有佛教人物的传说故事。

印度的十二生肖，有材料说，有狮而无虎，有金翅鸟而无鸡。从一些佛教经典看，生肖中有鸡，仅是以狮代替了虎。印度古代传说中的十二位神将，每位驾驭一种动物为坐骑（图49），十二种动物正好组成十二生肖，这是又一种解释。十二种动物的归属是：鼠，招杜罗神将；牛，毗羯罗神将；狮，宫毗罗神将；兔，伐折罗神将；龙，迷企罗神将；蛇，安底罗神将；马，安弥罗神将（图50）；羊，珊底罗神将；猴，因达罗神将；金翅鸟，波夷罗神将；狗，摩虎罗神将；猪，真达罗神将。

图49　佛经中的子鼠神将

图50　佛经中的巳蛇神将

　　佛教经典《十二缘生祥瑞经》和《大集经》都保存着有关十二生肖的记载。其内容已同宗教说教融为一体。《大集经》卷二十三记：

　　善男子，阎浮提外，南方海中，有琉璃山，名之为潮，高二十由旬，具种种宝。其山有窟，名种种色，是昔菩萨所居之处。纵广一由旬、高六由旬，有一毒蛇，在中而住，修声闻慈；复有一窟，名曰无死，纵广高下，亦复如是，亦是菩萨昔所住处，中有一马，修声闻慈；复有一窟，名曰善住，纵广高下，亦复如是，亦是菩萨昔所住处，中有一羊，修声闻慈；其山树神，名曰无胜，有罗刹女，名曰善行，各有五百眷属围绕，是二女人常共供养如是三兽。

　　《大集经》里描绘了一幅壮观而瑰丽的十二生肖图画。浮提即南赡部洲，佛经所说四大洲之一。在浮提洲之外，四方的大海之中，各有海中的神山宝地，南海为琉璃之山，名叫潮。山上的"种种色"窟，有一条毒蛇住在里面；"无死"窟中，住着一匹马；"善住"窟中，住着一只羊。这三种动物，住在各自的洞窟之中修声闻慈。这座琉璃山上，名叫"无胜"的树神和名叫"善行"的罗刹女，每人各有五百名眷属围绕左右，供养着南方三神兽：毒蛇、马、羊。《大集经》接着以同样的叙述方式，依次讲西方、北方、东方海中的神山和另外九种神兽，均讲到海中山名、山上窟名等。对于纵广高下的描述，以"由旬"为单位，这是古代印度的一种长度单位，军行一日的行程为一由旬。四方海中四座山均高二十由旬，四山上的十二窟则"纵广高下，亦复如是"——均为纵广一由旬、高六由旬，被想象为相当宽敞的空间。并且，特别对这十二窟一一注明"是昔菩萨所居之处"。为求简便明了，现将《大集经》十二种生肖的方位、栖所归纳如下：

南海琉璃山，山名潮，其上：种种色窟——毒蛇，无死窟——马，善住窟——羊；

西海玻璃山，其上：上色窟——猕猴，誓愿窟——鸡，法床窟——犬；

北海银山，山名菩萨提月，其上：金刚窟——猪，香功德窟——鼠，高功德窟——牛；

东海金山，山名功德相，其上：明星窟——狮子，净道窟——兔，喜乐窟——龙。

不难看出，《大集经》中十二生肖的方位分布，同中国十二生辰是一致的。这一组生肖，也是以鼠为起首。它们被说成是轮流值日的神兽，昼夜巡行于浮提洲。鼠当值之日，"以声闻乘教化一切鼠身众生，令离恶业劝修善事"。转到牛、狮等，也都各自做各自的工作。《大集经》以此宣扬佛教的理想境界，写道："此土多有功德，乃至畜生亦能教化，演说无上菩提之道。是故，他方诸菩萨等常应恭敬此佛世界。"

清代梁章钜《浪迹续谈》谈及佛经中的十二生肖，也注意到"菩萨化导"的宗教内容。

古时，还有三十六兽之说，在十二生肖的基础上扩展而组成。其在民间有应用。如《清稗类钞》所说："术家以三十六禽分配十二时，即生肖也。占卜有演禽之法。"三十六禽即三十六兽。佛教经典上有关于三十六兽的记述，这已载入《佛学大辞典》。

三十六兽的组合，是以十二生肖为框架，扩充而成的作品。寅为狸、豹、虎，午为鹿、马、獐，以及申三兽、戌三兽等，均是取相类的动物充任之。龙、蛟、鱼都是水中灵物，同属辰。酉者三，同是飞禽。猫、鼠、伏翼即蝙蝠同归于子，也是颇有意思的。至于三十六兽与"东方木""南方火""西方金""北方水"的对应关系，也是取自十二地支和十二生肖。

（四）红羊劫·红阳教

明清之际，我国民间宗教名目繁多。混元红阳教简称红阳教，流传于大江南北，北方尤盛。

红阳教以三阳劫变说号召信徒。从汉至明末，一千多年关于劫变观念的宗教信仰，演化成一种比较系统的青阳期、红阳期、白阳期三劫应世说。研究者注意到《续资治通鉴长编》的一条记载：北宋庆历七年（公元1047年），王则在贝州起义，以弥勒佛下生为号召，宣称"释迦衰谢，弥勒佛持世"。并认为，这种宗教宣传，正是后来红阳劫尽，白阳当兴，释迦退位、弥勒下生观念的最初形态。

三阳劫变，即过去之世是青阳，燃灯古佛掌教；现在之世是红阳，释迦文佛掌教；未年之世是白阳，弥勒佛掌教。红阳教宣扬，红阳末劫是人间最大劫灾，躲过这场劫难，就可以到白阳之世，那是美好极乐的未来。三阳之期，红阳是人们所面对的，是重心所在，青阳、白阳次之。所谓红阳劫，则来自红羊劫之说，与生肖有关（图51）。

图51　河北玉田净觉寺大殿外檐构件以十二生肖造型为装饰，此为未羊

南宋淳祐年间，柴望《丙丁龟鉴》提出一组数字，认为丙午、丁未是国家发生灾祸的年份，以证红羊劫。如明代笔记《戒庵老人漫笔》说："柴望撰《丙丁龟鉴》，言丙午丁未自古多变，厄者凡二十有一，为十卷，其言多验。洪容斋《五笔》亦载丙午丁未之变，而谓丁未之灾又惨于丙午。"丙与丁五行属火，色赤，此谓"红"。午属马，丙午称赤马；未属羊，丁未称红羊。元代袁桷《张虚靖圆庵匾曰归鹤次韵》诗"红羊赤马悲沧海"，红羊赤马并称。省去赤马，简称红羊劫。其实，唐代殷尧藩《李节度平虏》诗，即有"太平从此销兵甲，记取红羊换劫年"句，可见柴望是鼓吹者，而非始作俑者。

《清稗类钞》"红羊劫谶"条：

粤西某邑令贾某，在粤寇洪秀全家，搜获邪教二本，入教人名册十九本，命书一张。洪生于嘉庆辛未八月十六日未时，未属羊，正应红羊劫之谶。

"正应"吗？第一，按现今通行的说法，太平天国农民运动领袖洪秀全生于公元1814年，此年非羊年，而是狗年。第二，"红羊劫"之羊，本是指丁未羊年的，这里却讲辛未年。辛，五行属金，色白而非红。这条材料似乎说明，红羊劫之说在民间流传之中，已被滥用，不仅限于丁未"红羊"了。

四、生肖与语言文学

（一）十二属相诗：诗歌及联语

生肖文化广泛地融汇于古代社会生活的大河小溪。生活的源头使它如活水汩汩，而当它流入韵文艺术的园地时，便弹奏出叮咚叮咚的音响。这，就是生肖诗。

十二属相体诗，系一种游戏性质的诗体，通常全诗为十二句，每句咏一个生肖。《陔余丛考》卷二十四记：

《北史》：魏太和中，崔光依宫商角徵羽本音而为五韵诗，以赠李彪。彪为十二次诗以报光。光又为百三郡国诗答之。其体今不传。后人仍有以十二生肖及八音入诗者。

这讲的是公元5世纪末我国北方的事。稍后，南朝人沈炯写了一首《十二属诗》，流传下来，成为今天能见到的最早一首生肖体诗：

> 鼠迹生尘案，牛羊暮下来。
> 虎啸坐空谷，兔月向窗开。
> 龙隰远青翠，蛇柳近徘徊。
> 马兰方远摘，羊负始春栽。
> 猴栗羞芳果，鸡跖引清杯。
> 狗其怀物外，猪蠡窅悠哉。

沈炯的五言诗，每句首字生肖，十二句依次列十二属相，这也可以说是一首藏头诗。

唐代为我国古典诗歌的鼎盛时期。唐诗写生肖，白居易《得微之到官后书，备知通州无事，怅然有感因成四章》：

> 寅年篱下多逢虎，亥日沙头始卖鱼。

寅为虎，不必饶舌。亥肖猪，十二支里属水；属水，方有"始卖鱼"之说。唐代李商隐《行次西郊作一百韵》诗，写蛇年：

> 蛇年建午月，我自梁还秦。

十二生肖又可称为十二虫，这虫的取义，同老虎称大虫相类似。
宋代苏辙《守岁》诗：

於菟绝绳去，顾兔追龙蛇。
奔走十二虫，罗网不及遮。

於菟即虎的别称。诗人自注："是岁壬寅。"星移斗转，岁月流
逝，虎年成旧岁，绳拴也拴不住。十二种生肖的循环流转，不可阻
挡，"罗网不及遮"。苏辙诗中写了虎、兔、龙、蛇四生肖，曰"绝绳
去"，曰"顾兔追龙蛇"，都是极富动态的。

宋代葛胜仲撰《丹阳集》，讲十二属相入诗始于沈炯，黄庭坚
也有这类诗作。《陔余丛考》引述之，并录南宋葛立方生肖体诗一首
十六行，而不是通常的十二行：

抱犬高眠已云足，更得牛衣有余燠。
起来败絮拥悬鹑，谁美龙须织冰縠。
踏翻菜园底用羊，从他春雷吼枯肠。
击钟烹鼎莫渠爱，小苣自许猴葵香。
半世饥寒孔移带，鼠米占来身渐大。
吉云神马日匝三，樗蒲肯作猪奴态。
虎头食肉何足夸，阴德由来报必奢。
丹灶成功无跃兔，玉函方秘缘青蛇。

十二种生肖动物齐备，其中鹑与鸡同类。在取用十二种生肖时，未按子鼠丑牛的顺序。

南宋虽然烽火时举，文人们写出的生肖戏作却不少，大学问家朱熹《读十二辰诗卷掇其余作此聊奉一笑》：

> 夜闻空箪啮饥鼠，晓驾羸牛耕废圃。
> 时才虎圈听豪夸，旧业兔园嗟莽卤。
> 君看蛰龙卧三冬，头角不与蛇争雄。
> 毁车杀马罢驰逐，烹羊酤酒聊从容。
> 手种猴桃垂架绿，养得鹍鸡鸣角角。
> 客来犬吠催煮茶，不用东家买猪肉。

这首诗诙谐幽默，十二生肖顺序写下来，颇有涉笔成趣之妙。朱熹此诗，《古今图书集成》一百三卷有载。南宋诗人方岳写过一首《次韵十二神体》：

> 鼠技易穷谁比数，牛衣政可眠春雨。
> 虎窥九关高莫扪，兔秃千毫老无补。
> 龙婴鳞逆事可惊，蛇画足添心独苦。
> 马宁坂下困盐车，羊勿梦中翻菜圃。
> 沐猴从尔楚人冠，荒鸡宁起刘郎舞。
> 狗监无烦诵子虚，豕亥纵分吾不取。

南宋许月卿，淳祐年间进士，他的一首生肖诗，诗题《十二辰》：

> 饥鼠檐行骄捷疾，蜗牛角立争奇崛。
>
> 似闻猛虎今陆游，从以卧兔未飘忽。
>
> 先生龙卧未风云，春蚓秋蛇供醉笔。
>
> 萧萧马鸣旆悠悠，牧民如羊良率易。
>
> 人言唐土愧二猴，汉使碧鸡真浪出。
>
> 屠狗师还戒勿用，驱猪试问问王弼。

这些诗不用藏头，仍每句含一生肖，并用了许多典故，读起来饶有趣味。据《陔余丛考》载，元代刘因写过一首生肖诗，题为《十二辰诗》：

> 饥鹰吓鼠惊不起，牛背高眠有如此。
>
> 江山虎踞千里来，才辨荆州兔穴尔。
>
> 鱼龙入水浩无涯，幻境等是杯中蛇。
>
> 马耳秋风去无迹，羊肠蜀道早还家。
>
> 何必高门沐猴舞，豚栅鸡栖皆乐土。
>
> 柴门狗吠报邻翁，约买神猪谢春雨。

明代人胡俨也有生肖诗作，抄录如下：

> 鼷鼠饮河河不干，牛女长年相见难。

　　赤手南山缚猛虎，月中取兔天漫漫。

　　骊龙有珠常不睡，画蛇添足实为累。

　　老马何曾有角生，羝羊触藩徒忿懥。

　　莫笑楚人冠沐猴，祝鸡空自老林丘。

　　舞阳屠狗沛中市，平津牧豕海东头。

　　十二生肖一一嵌入句中，要顺畅自然，又要句句用典，虽是文字游戏，做到巧趣天成，也是见功力的事。就来品味胡俨这首生肖诗。首句"鼷鼠饮河"，《庄子·逍遥游》有"偃鼠饮河，不过满腹"句，后来比喻度量不大。这偃鼠据说形大如牛，不过如此，而胡俨诗用鼷鼠饮，这是一种体形很小的鼠，自然是"饮河河不干"了。次句，用牛郎织女天河配的故事。周处自幼父母双亡，他恃勇力，横行乡里，乡人把他和南山虎、长桥蛟并称"三害"。周处后来上山杀虎，下水斩蛟，洗心革面，改恶从善。第四句，嫦娥奔月，白兔随入广寒宫，成了月魂。接下一句"骊龙有珠常不睡"，《庄子·列御寇》："夫千金之珠，必在九重之渊，而骊龙颔下。"龙有黑色者，称骊龙。《抱朴子内篇·祛惑》："凡探明珠，不于合浦之渊，不得骊龙之夜光也。"第六句，"画蛇添足实为累"，典出《战国策》。第七句"老马何曾有角生"，《史记·刺客传》："世言荆轲，其称太子丹之命，'天雨粟，马生角'也。"第八句咏羊，"羝羊触藩"是说公羊的角钩在篱笆上，进退两难，语出《易·大壮》："羝羊触藩，不能退，不能遂。"下一句"莫笑楚人冠沐猴"，《史记·项羽本纪》："人言楚人沐猴而冠耳。"楚地称猕猴为沐猴。再下句"祝鸡空自老林丘"，祝鸡即呼

267

鸡。接下来，"舞阳屠狗沛中市"，说的是鸿门宴上出尽风头的樊哙。樊哙，沛县人，少以屠狗为业，随刘邦起义，以军功封舞阳侯。末句"平津牧豕海东头"，平津是指西汉人公孙弘，他以熟习文法吏治，被武帝任为丞相，封平津侯。公孙弘当年曾放猪。

十二生肖诗成为一种独特的诗体。民国初年，画家王梦白曾画十二生肖图，黄浚为此作《十二生肖题句》：

> 世情偃鼠已满腹，诗稿牛腰却成束。
> 平生不帝虎狼秦，晚守兔园真碌碌。
> 龙汉心知劫未终，贾生痛哭原蛇足。
> 梨园烟散舞马尽，独剩羊车人似玉。
> 子如猱猴传神通，画课鸡窗伴幽独。
> 板桥狗肉何可美，当美东坡花猪肉。

十二生肖形象聚于一幅，再加上这首题画诗，图文并茂，画题富有民俗文化味儿，画面也是挺热闹的。

古老的生肖文化为中华诗廊写就谐趣篇章，也在楹柱亮出迎春的联语。传统春联中，有一副丁丑年春联生肖文化色彩最浓，对得很妙：

> 白丁有志须求学
> 黑丑逢春尚着花

"白""黑"色彩相对,"丁""丑"天干对地支。黑丑又是牵牛花的别称,如《本草纲目》释"盖以丑属牛也"。

对联艺术是中华文化的一枝奇葩,永不凋零。它同传统节日春节的结合,形成春联,成为雅俗共赏的岁时文化样式。十二种生肖都可入春联,为岁首新春增添喜庆气氛。适于不同年份贴用的联语,各录一副于下:

子时岁交替
鼠节春更新

丑时春到户
牛岁福临门

寅时春日晓
虎岁国运昌

卯门生喜气
兔岁报新春

辰居其所众星拱
龙腾于天万国欢

巳日春光弥海宇

蛇珠宝气漫山川

午岁初临创大业
马年正酣著先鞭

未时骄阳艳
羊岁淑景新

申年梅献瑞
猴岁雪兆丰

酉生丰稔岁
鸡报艳阳春

戌岁祝福万事顺
狗年兆丰五谷香

亥时春入户
猪岁喜盈门

以上十二副春联，包含着十二地支和十二生肖。这类对联，既渲染节日气氛，又点明今岁何年。另有一类春联巧嵌生肖，表现岁序更迭、辞旧迎新的意思。下面从鼠年开始，将一巡十二年用春联句子连续说一遍："豕去鼠来新换旧，星移斗转岁更年"，鼠年送走猪年；"鼠去牛来辞旧岁，龙飞凤舞庆新春"，牛年送走鼠年；"丑去寅来人益健，牛奔虎跃春愈新"，虎代牛；"虎去犹存猛劲，兔来更显奇才"，虎年去兔年来；"玉兔升腾蟾宫去，金龙飞舞春日来"，龙年到；"龙腾丰稔岁，蛇舞吉庆年"，蛇年到；"金蛇舞腊尽，骏马驰春日"，马年来临；"马尾扫白雪，羊头触红梅"，马年岁末、羊年岁首两相连；"羊辞霜雪地，猴攀桃李枝"，猴年来到；"凤纪书元人间改岁，鸡声告旦天下皆春"，说的是鸡年新春；"金鸡司晨日月照华夏，义犬守夜升平固乾坤"，狗年送走鸡年；"狗年已赢十分锦，猪岁更上一层楼"，猪年到，这之后该是下一个子鼠之年了。

有些春联用谐音字，如鼠年春联"鸟语花香风光好，风调雨顺稻菽丰"，"菽""鼠"谐音；羊年春联"阳春回大地，瑞雪兆丰年"，"阳""羊"谐音；猪年春联"花开春富贵，竹报岁平安"，"竹"与"猪"谐音。这是以特殊方式嵌入生肖的春联。

（二）典午即司马：指代和双关

午为马，典午即司马，请读《三国志·蜀·谯周传》一段材料：

周语次，因书版示立曰："典午忽兮，月酉没兮。"典午者，谓司马也；月酉者，谓八月也。至八月而文王果崩。

"典"与"司"同义，十二生肖午属马，典午成为司马的隐语、晋朝的代称。

这样的例子，还见元代陶宗仪《南村辍耕录》，该书"箕仙咏史"条载诗咏三国史：

> 一朝曹氏帝称魏，铜驼荆棘生荒烟。
> 关张早死后主弱，典午自帝开坤埏。

司马是姓氏，也是古代官职。"典午"便也被用来代指官职，北周庾信《哀江南赋》就是这后一种用法："居笠毂而掌兵，出兰池而典午。"

明末清初的学问家顾炎武取名，也借助午与马的关系。据马来西亚当代学者萧遥天《中国人名的研究》一书考证，原名绛、字忠清的顾炎武，明朝灭亡后改名。"炎武"取义何在？南宋人王应梅曾倾家荡产资助文天祥军饷。文天祥被俘，王应梅撰文生祭之，祈其殉国，并改名炎午。顾氏敬佩其人的气节，取其名"炎午"，稍作韬晦，自名"炎武"。"午"与"武"之间的纽带，是生肖：十二支午为马，《说文解字》："马，武也。"

十二地支配以十二属相，鼠对子、牛对丑、虎对寅、兔对卯……因其间固有的对应关系，言此即彼，以此代彼，语含双关，丰富了语言修辞。古代歌谣用此法，往往能增添神秘色彩。《新唐书·五行志二》：

> 咸通七年（公元866年），童谣曰："草青青，被严霜，鹊始后，看颠狂。"十四年，成都童谣曰："咸通癸巳，出无所之，蛇去马来，道路稍开，头无片瓦，地无残灰。"是岁，岁阴在巳，明年在午。巳，蛇也；午，马也。

咸通为唐懿宗李漼的年号。第一首童谣以青草经霜暗喻李漼年纪轻轻就受到疾病的摧残。第二首童谣讲李漼病逝，"蛇去马来"借用生肖指明两个年份：癸巳年和甲午年。

对于无道昏君，民谣以"野猪"指代，骂得个痛快淋漓，也是巧借生肖暗点名。《南齐书·五行志》记：

> 永元中，童谣云："野猪虽嚆嚆，马子空间渠。不知龙与虎，饮食江南墟。七九六十三，广莫人无余。乌集传舍头，今汝得宽休。但看三八后，摧折景阳楼。"识者解曰："陈显达属猪，崔慧景属马。"非也。东昏侯属猪，马子未详，梁王属龙，萧颖胄属虎。崔慧景攻台，顿广莫门死，时年六十三。乌集传舍，即所谓"瞻乌爰止，于谁之屋"。三八二十四，起建元元年至中兴二年，二十四年也。摧折景阳楼，亦高台倾之意也。言天下将去，乃得休息。

《南齐书》这一段，不仅记录下当时的童谣，而且有较为详尽的解释，童谣中的四种生肖，被指明其人的有三：坐了三年南齐龙椅的东昏侯萧宝卷属猪，雍州刺史梁王萧衍属龙，荆州长史萧颖胄属虎。南齐萧家天下二十余载，大都是暗无天日的岁月。萧宝卷更是残酷多疑，屡诛大臣，骄奢淫逸，掠夺百姓，童谣形容他"野猪虽嚆嚆"，画了幅惟妙惟肖的漫画像。童谣中那属龙、属虎二人，在萧宝卷即位第二年，先后起兵，转年萧宝卷便被杀了头。《南齐书》的童谣用属相猪和龙、虎，分别指代昏庸的统治者和起兵反叛者，既有指代作用，又有形容之效。

《宋史·五行志四》有则童谣，将辛未年初称为羊头，以暗示事变：

开宝初，广南刘鋹命民家置贮水桶，号"防火大桶"。又鋹末年，童谣曰："羊头二四，白天雨至。"后王师以辛未年二月四日擒鋹。识者以为国家以火德王，房为宋分；羊，未神也；雨者，王师如时雨之义也；"防"与"房"、"桶"与"宋"同音。

北宋王朝平广南，时在辛未年二月四日，即童谣"羊头二四"。这童谣与其说是事前预示，不如说是事后唱出。"羊头"既恰当地指示出羊年之初，又为歌谣增添了神秘的色彩。倘若直言干支年份，或言羊年，都会使这则歌谣黯然失色。

出于忌妒，要行暗算，造谣言时也将生肖派用场。《旧五代史·后梁·刘知俊传》：

先是，王建虽加宠待，然亦忌之，尝谓近侍曰："吾渐衰耗，恒思身后。刘知俊非尔辈能驾驭，不如早为之所。"又嫉其名者于里巷间作谣言云："黑牛出圈棕绳断。"知俊色黔而丑生，棕绳者，王氏子孙皆以"宗""承"为名，故以此构之。伪蜀天汉元年冬十二月，建遣人捕知俊，斩于成都府之炭市。

谣言说：黑牛一旦冲出牛圈，棕绳将被扯断。棕绳隐指王建诸子，他们以"宗"（与"棕"谐音）、"承"（与"绳"谐音）等为名字。"黑牛"则是影射刘知俊，造此谣言者将二元合一：刘知俊肤色较黑，他出生于丑年，属牛。制造谣言，并使其流布里巷、满城风雨以后，王建就以谋反的罪名杀了刘知俊。

这里再讲臭名昭著的秦桧与申猴的故事。据说，秦桧早年家境贫寒，曾做塾师混日子。学童尽是些顽皮孩子，秦桧管束无方，心生烦躁，便写牢骚诗："若得水田三百亩，者（这）番不做猢狲王。"后来，秦桧得中进士，几番经营，当上了南宋丞相。他居朝廷高官，反对武装抗金，一心屈辱议和，正中宋高宗赵构的下怀。赵构封秦桧为申王。消息传开，人们记起秦桧当年的那两句诗，讥笑这个"投降派"奸臣："秦桧这回真的做了猢狲王。"申属猴，申王正可谓猢狲王。

宋代庄绰《鸡肋编》，记载北宋元祐年间的事情：

> 元祐末，已有"绍述"之论。时来之邵为御史，议事率多首鼠，世目之为"两来子"。

首鼠，踌躇不决的意思。来之邵身为御史，议事之时常常犹豫不定，首鼠两端，因而得了一个外号，人们叫他"两来子"。来，这位御史的姓氏；子，十二支中子为鼠。"两来子"隐含着首鼠两端的批评，又因有"子"字后缀，听起来仿佛夫子之类的美称。这是巧妙天成的双关修辞，造成如此语言效果的重要因素，是借用了子与鼠的互代关系。

生肖既是用来表示年份的符号，又具有动物的形象。它兼具符号和形象两个特点，而成为双关修辞的常用材料。譬如，某人狗年出生，在一般的语言环境中，这属相只表示年龄方面的意义。倘若他干出无情无义以致疯狂的事情，别人说一句"他属狗"，或者他本人恶狠狠地说一声"我可是属狗的"，这"属狗"便言在此而意在彼了。这便是因为特殊的语言环境，使生肖的符号意义和形象意义一齐显露出来。利用生肖达到语涉双关的语言效果，是生活中司空见惯的事。这从一个侧面反映了生肖文化的生命力。

（三）《毛颖传》中写卯兔：寓言笑话

古时有种俳谐文体，是一种隐喻、讥嘲、调谑或噱笑的杂文。宋代叶梦得《避暑录话》说："韩退之作《毛颖传》，此本南朝俳谐文《驴九锡》《鸡九锡》之类而小变之耳。俳谐文虽出于戏，实以讥切当也封爵之滥。"嬉笑讥嘲，虽形同游戏却深有含义，唐代韩愈《毛颖传》在文学史上是颇有名气的。"毛颖""管城子"成为笔的别称，均赖此篇之功。《毛颖传》写到卯兔：

> 毛颖者，中山人也。其先明䏿，佐禹治东方土，养万物有功，因封于卯地，死为十二神。尝曰："吾子孙神明之后，不可与物同，当吐而生。"已而果然。明䏿八世孙䨲，世传当殷时居中山，得神仙之术，能匿光使物，窃姮娥、骑蟾蜍入月，其后代遂隐不

仕云……

秦始皇时，蒙将军恬南伐楚，次中山，将大猎以惧楚。召左右庶长与军尉，以《连山》筮之，得天与人文之兆。筮者贺曰："今日之获，不角不牙，衣褐之徒，缺口而长须，八窍而趺居。独取其髦，简牍是资，天下其同书，秦其遂兼诸侯乎！"遂猎，围毛氏之族，拔其豪，载颖而归。献俘于章台宫，聚其族而加以束缚焉。秦始皇使恬赐之汤沐，而封诸管城，号曰管城子，日见亲宠任事。

毛笔品种有兔毫一种，用兔毛制成。秦朝时北拒匈奴的蒙恬，虽为武将，传说他曾经对毛笔进行改良。《毛颖传》借题发挥，写蒙恬猎兔取毫制笔，敷衍出一段趣味盎然的故事。韩愈不直言兔，而讲奔月嫦娥，描写"不角不牙，衣褐之徒，缺口而长须，八窍而趺居"等兔类的形貌特点。这其中，"因封卯地，死为十二神"句，自是精彩的一笔。卯在何处？十二地支标方位，子午为北南，卯酉定东西。卯地该在东方，正应了文中"佐禹治东方土"的话。

宋代王应麟谈论十二生肖，言及这条材料。《毛颖传》所谓"为十二神"，是指跻身子鼠、丑牛、寅虎等十二生肖之列。十二神的讲法，唐代比较普遍。文学家柳宗元《三戒·永某氏之鼠》称鼠为子神，写道：

永有某氏者，畏日，拘忌异甚。以为己生岁直子；

鼠，子神也，因爱鼠，不畜猫犬，禁僮勿击鼠。仓廪庖厨，悉以恣鼠不问。由是鼠相告，皆来某氏，饱食而无祸。某氏室无完器，椸无完衣，饮食大率鼠之余也。昼累累与人兼行，夜则窃啮斗暴，其声万状，不可以寝。终不厌。

数岁，某氏徙居他州。后人来居，鼠为态如故。其人曰："是阴类恶物也，盗暴尤甚。且何以至是乎哉？"假五六猫，阖门，撤瓦，灌穴，购僮罗捕之。杀鼠如丘，弃之隐处，臭数月乃已。

这是一篇有影响的寓言，为唐代此类文学样式的代表作之一。柳宗元的寓言《三戒》，三篇分别写临江之麋、黔之驴、永某氏之鼠，自言写作动机诸条，包括讽刺"窃时以肆暴"的无耻之徒，永某氏之鼠正是这么一种典型。

《永某氏之鼠》无意中记录了唐代生肖文化的一个小侧面。寓言虽非纪实文字，但柳宗元写此作品，用墨却是取自民间生活。永州那户人家，视鼠为子神，敬之若神。成群的老鼠便"窃时以肆暴"，将那里变成鼠的乐园。好景不长，某氏徙居，室归新主，老鼠搅扰如故，末日也就到了。寓言最后写道："呜呼！彼以其饱食无祸为可恒也哉！"嘲讽得意忘形的丑类，永州鼠就是他们的下场。这篇寓言，读起来入情入理，故事的可信性正在于"鼠，子神也，因爱鼠"的情节是有生活依据的。

下面说两段同生肖相关的古代笑话，两段笑话均见《笑府》，该书据传为明代通俗文学大师冯梦龙编纂。一则题叫《属犬》：

> 一酒客讶同席的饮啖太猛，问其年，以属犬对。
>
> 客曰："幸是犬，若属虎的，连我也都吃下肚子。"

请看另一则，题为《官府生日》：

> 一官府生辰，吏曹闻其属鼠，醵黄金铸一鼠为寿。
>
> 官喜，曰："汝知奶奶生辰亦在日下乎？奶奶是属牛的。"

笑话令人解颐。前一段故事勾勒了生活一场景，属狗属虎的谑语，是批评同席者食欲太盛、吃相欠雅的，应了狼（狗）吞虎咽的话。后一段故事讽刺贪官太贪，得"鼠"望"牛"，而那鼠是黄金铸造的。由属鼠而属牛，一者牛体比鼠身大，贪官贪在黄金的分量上；"生辰亦在日下"，很快就是官奶奶的生日了，贪官索礼还提示时间要尽早。

上述笑话的成功，生肖的妙用为重要原因。取材于属相的笑话，今有新篇，比如同《属犬》类似的新段子即讲，公款宴客，主家举杯劝盏，客人欣然承受。酒过三巡，一位陪吃者吮鸡翅"嗞嗞"有声，众食客一片讪（shàn）笑。吮翅者连连自嘲："本人属狗，爱啃骨头，赴宴频繁，弃骨如山。"客者中一胖汉，听了大笑，动手扯下腰间红裤带，说道："今为虎年，是我本命，日日坐席，尽吞满栏。"一言既出，盘中整只胎羊入口。这笑话中，属狗者吮声嗞嗞，属虎者尽吞胎羊，都以自己的属相打哈哈，吃客和帮吃们久经"沙场"，已练得"围歼"有术了。

（四）《十五贯》里娄阿鼠：舞台戏剧

挖掘整理排演昆曲《十五贯》，是戏剧史的精彩一页。该剧第七场台词："鼠乃十二生肖之首，岂不是造祸之端么？"

《十五贯》的故事最初见于宋人话本《错斩崔宁》，明代《醒世恒言》以"十五贯戏言成巧祸"为题收录。清初戏曲家朱素臣改编成昆曲，剧本题作《双熊梦》。1956年浙江省整理排演昆曲《十五贯》，上演后轰动一时。

剧中第七场，况钟与娄阿鼠（图52）的一场交锋富于戏剧性。苏州知府况钟发现娄阿鼠形迹可疑，便在淮安东岳庙里装作"测字先生"。娄阿鼠前来，况钟借测字探其诡秘。请读这场戏的台词摘抄：

图52 《十五贯》中娄阿鼠

娄阿鼠：先生，小弟贱名叫娄阿鼠，这个老鼠的鼠字，你可测得出？

况钟：鼠乃十二生肖之首，岂不是造祸之端么？依字理而断，一定是偷了人家的东西，造成这桩祸事来的。

娄阿鼠：你看我往后可有是非口舌连累得着？

况钟：怎说连累不着，目下就要败露了。

娄阿鼠：怎么说？

况钟：喏，你问的鼠字，目下正交子月，乃当令之时，只怕这官司就要明白了。

娄阿鼠：先生！可能审得出？

况钟：若是走，今日就要动身。到了明日，就走不掉了。

娄阿鼠：为什么？

况钟：鼠字头是个臼字，原是两个半日，合为一日之意。若到明日，就算两日，就走不了了。

娄阿鼠：啊呀！现在天色已晚，叫我怎么走呢？

况钟：哎，鼠乃昼伏夜行之物，连夜逃走，那是最妙的了。

娄阿鼠：先生费心看看，往哪一方走，才得平安无事？

况钟：待我算算看，鼠属巽，巽属东，东南方去的好。

娄阿鼠：东南方？先生再费心看看，是水路太平，还是陆路无事？

况钟：待我再算算看，鼠属子，子属水，水路去的好。

就这样，娄阿鼠原形毕露，并且当晚搭乘况钟的船，启程到苏州，自投罗网去了。在这段故事里，娄阿鼠做贼心虚，况钟察觉蛛丝马迹，借拆字旁敲侧击，在子鼠上大做文章，牵着娄阿鼠的鼻子，令其不打自招。如此情节描写，颇具特色。台词中三次讲到子鼠，其一"鼠乃十二生肖之首"，其二"代问的鼠字，目下正交子月，乃当令之时"，其三"鼠属子，子属水"。

生肖文化的内容，元代杂剧有所表现。四折剧目《桃花女破法嫁周公》又名《桃花女》（图53），剧中写到星日马、鬼金羊、昴日鸡，这些均为古代二十八星宿神里的十二生肖形象。

《桃花女》的戏剧冲突起自算卦。石家的石留住外出经商，石母请周公算卦，问儿子几时返回。周公摆了三十年卦摊，挂牌子上写"一卦不着，甘罚白银十两"。周公算得石留住当夜殒命。任二公的女儿名叫桃花。桃花设法禳解，救了石留住。周公得知后，记恨在心，设计娶桃花为儿媳妇，并设下圈套，要在婚礼之日置桃花于死地。这就挑起了与桃花之间的"斗法"。周公将成婚之日选在所谓"黑道的凶辰"，桃花让人用两领净席，一领倒一领在前为其铺路，"与他换过了黄道的吉日"。周公一计不成又生一计害人。请读以下摘录：

图 53　桃花女

〔周公云〕等我再算一卦。乾坎艮震巽离坤兑。如今他该入门了，正是星日马当直，新人犯了他，跑也跑杀，踢也踢杀，怕他不板僵身死。彭祖，你去请新人入门咱。

〔正旦（扮桃花）云〕且慢者。今日是星日马当直，我过这门限去，正汤着他脊背，可不被这马跑也跑杀，踢也踢杀，那里取我的性命来。石小大哥，与我取马鞍一副，搭在门限上波。

〔周公云〕等我再算一卦。乾坎艮震巽离坤兑。我

如今请他入这墙院子来，却是鬼金羊、昴日鸡当直，
这两个神祇巡绰。若见了新人呵，鸡儿啄也啄杀他，
羊角儿触也触杀他。

〔正旦云〕且慢者。这早晚正值鬼金羊、昴日鸡两
个神祇巡绰。我入这墙院子去，必受其祸。石小大哥，
取一面镜子来，与我照面。再取那碎草、米谷和这染
成的五色铜钱，等我行一步，与我撒一步。

〔正旦云〕伯伯，你可那里知道。我着这草喂了
羊，谷喂了鸡。这铜钱呵，着小孩儿每，吵吵闹闹，
斗争相戏。趁闹里，向堂前，将身平立。

这出戏的结局，桃花不仅"斗法"胜利，还救了周公一命，周公
也就良心发现，为儿子、儿媳完婚。

剧情里，周公要借助星日马，桃花识破这"正汤着他脊背"，用
一副马鞍破了法。汤，碰撞、冲冒的意思，这是讲周公故意让桃花冲
犯星日马神祇。"这早晚正值鬼金羊、昴日鸡两个神祇巡绰"，巡绰即
巡察警戒。桃花看穿了周公计谋，采取镜照面、撒彩钱对付之，并且
还撒碎草米谷。"这草喂了羊"，当指鬼金羊神祇；"谷喂了鸡"，当
指昴日鸡神祇。

《桃花女》的主题是贬恶扬善的，其内容却有着封建迷信的色彩。
剧本对于星日马、鬼金羊、昴日鸡的描写，保留了元代民间风俗的资
料，说明当时不仅十二生肖流传民间，以十二生肖为框架增繁而成的
二十八星宿神也流传颇广。这一剧目中，星日马、鬼金羊、昴日鸡虽

未直接登台，但却充当了剧情发展的重要构件。

明代的祭祀演剧，二十八宿神被列入仪式中。其形象出现在舞台之上，各有不同的扮相。1985年，在山西省潞城县发现了明代万历二年（公元1574年）抄本《迎神赛社礼节传簿四十曲宫调》。这一珍贵的戏曲文物，记录了明代中后期祭神演剧时，在浓厚的宗教气氛里，轮流演出剧目的仪式。整个祭祀过程中，二十八宿神将角色引人注目。仪式主持人念诗："王莽欲将刘氏倾，皇天降下紫微星。七四星君扶圣主，炎刘从此后中兴。"七四星君即二十八星宿。《迎神赛社礼节传簿四十曲宫调》所记二十八星宿神将姓名出于《后汉书》功臣谱，小有异别，如角木蛟邓禹、亢金龙吴汉、氐土貉贾复等。这一套名单同戚继光《纪效新书》对比，大不一样。

从《迎神赛社礼节传簿四十曲宫调》看，明代的迎神赛社活动，要按二十八星宿顺序展开。祭祀仪式上星宿神将的角色扮饰、食性、上居黄道十二宫何宫、下临分野何地，均有一套说法，例如：

> 角木蛟值日：……虎头女面披发，白袖朱履，右手执曲尺子，向东而立……好素食。上居天秤宫，下临郑地。

为了节省篇幅，《迎神赛社礼节传簿四十曲宫调》对二十八星宿神将角色的描述，这里舍弃大半，只介绍同十二生肖动物形象直接有关的十二种星宿神将：

亢金龙：其宿豹头女面披发，黄衣白履绿裙……好食腥咸物……上居天秤宫，下临郑地。

房日兔：其宿牛头人形，青衣白袖赤裙，朱履……好食煮米、素物……上居天蝎宫，下临宋地。

尾火虎：其宿长角抹额，青衣大袖赤裙，盘坐。好食腥野物……上居人马宫，下临燕地。

牛金牛：喜酉卯，恕（怒）寅时。其宿女面人形，长角披发，赤衣绿袖白裙，白履，右手执莲花而立。好食咸硬物。置下大鼓……上居磨蝎（摩羯）宫，下临吴地。

虚日鼠：其宿女面垂发，青衣白裙，朱履……上居宝瓶宫，下临齐地。

室火猪：其宿女面人形，着赤衫大袖白裙，朱履，乘赤云而立。好食酸咸温物……上居双鱼宫，下临魏地，亥。

娄金狗：其宿男面人形，头带（戴）毡冠帽，赤衣白袖青裙，朱履，右手执秤而立。好食腥物……上居白羊宫，下临鲁地，戌。

昴日鸡：其宿男人形被发，青衣白袖，乌履……上居金牛宫，下临赵地，酉。

觜火猴：其宿人形男面，头带（戴）青冠，赤衣黄袖，朱履……好食杂果物……上居阴阳宫，下临晋地，申。

鬼金羊：其宿面披羊头，身着青衣白带、绿袖赤裙，朱履……上居巨蟹宫，下临秦地，未。

星日马：其宿狮子头，赤衣白裙，朱履，右手执刀剑而立……上居狮子宫，下临周地。

翼火蛇：其宿鹿头，人形女面，手执宝剑而立。好食素淡之物。上居双鱼宫，下临秦地。

明代祭神赛社活动，二十八宿角色逐一登台，《迎神赛社礼节传簿四十曲宫调》对其形象做了描述。倘若这些角色同时登台，那真是五颜六色、奇形怪状大荟萃。那是比十二生肖形象共一台更热闹的场面，十二生肖的角色也在其中。

（五）"车中猴者，申也"：破案故事

《十五贯》中盗窃杀人犯名叫娄阿鼠，办案官员况钟乔装为"测字先生"，围绕"鼠属子"借题发挥，同娄阿鼠进行了一番周旋。生肖文化的引入，为这个破案故事增添了许多趣味。

这类故事，唐代传奇作品中即可见到，到清代，仍有文人将其当作猎奇的话题。

《唐人传奇》中有篇《谢小娥传》，讲寻找凶手的破案故事，释梦、拆字，如同猜谜，其中借用了申与猴。故事讲，谢小娥的丈夫和公公在外经商，被害。公公托梦说："杀我者，车中猴，门东草。"丈夫托梦说："杀我者，禾中走，一日夫。"谢小娥到处打听，不解其意，后来，李公佐为她解释说：

> 车中猴者，申也；门东草者，兰也。禾中走者，
> 穿田过，亦申也；一日夫者，春也。是杀汝父者，申
> 兰；杀汝夫者，申春也。

车字的繁体字中间是一个"申"；十二生肖猴为申。因此说"车中猴者，申也"。李公佐是个文学家，托梦、释梦云云，大约出自他的创作。他设计了"车中猴""禾中走"之类谜面，编织成梦，从而点染了传奇故事的传奇色彩。

被害人托梦，指点迷津，却并不明言直说；得梦者难晓其意，费尽思忖，终于心有灵犀，这是古代一类小说的俗套。俗套之中，偶见加入地支属相作为"调味品"，增雅、添趣效力大都不弱。袁枚《子不语》是清代志怪笔记小说中有名气的一部，其卷二十四《梦马言》正可一读：

> 乾隆十八年（公元1753年），山东高蔚辰宰河南延津县。昼寝书室，梦一马冲其庭，立而人言，高射之，正中其心，马吼而奔，高惊醒。适外报某村妇卢罗氏夜被杀，以杙椓其阴，并杀二孩。高往验尸，伤如所报，而凶犯无以根究。因忆所梦，乃顺庄册点名，冀有马姓者。点毕无有，问："外庄有姓马者乎？"曰："无。"
>
> 高将庄册翻阅，沉思良久，见有姓许名忠者，忽心计曰："马属午，马立而言，则言午也；正中其心，

当是许忠矣！"呼许曰："杀此妇者，汝也！"许惊
愕，叩首曰："实是也。以奸不从，故杀之。两指被
妇咬伤，故怒而桥其阴，并杀其子。但未识公何以知
之？"高笑不答，视其手，血犹涔涔也。置于法，合
郡以为神。

县官高某，白日做梦，梦见马立而人言，高某弯弓射马，正中其
心，马嘶鸣而跑掉。高某从梦中惊醒。适值此时，有人报案。高某认
定自己的梦与这桩杀人案有关联。遍翻发案之村的户籍，寻找姓马的
人，未得。沉思良久，见有姓许名忠者，心中一亮：马属午，马立而
言，言午为"许"；梦中射箭正中其心，中心为"忠"。接下去，是
凶手招供，大功告成。如此办案神通，当地人怎么能不"以为神"？
县官一梦，使这段志怪故事神乎其神了。

这是小说家言，情节出于虚构，自古至今不会有这样以梦破案的
实例。作为志怪小说，袁枚以生肖午马结构谋篇，情节的编织却也匠
心独运。

将生肖同侦凶拿贼相联系，此种说法有着久远的历史。这还得说
到湖北云梦睡虎地秦简所记载的十二生肖。这是迄今发现年代最早的
比较完整的生肖史料。这条珍贵的史料，正是写在秦简《日书》背面
《盗者》一节之中。那是一段讲述用生肖占卜盗贼相貌特征的文字。

（六）西门庆属虎潘金莲属龙：明清小说

《庄子》言"饰小说以干县令"，当时"小说"还不是指文学样

式。《汉书·艺文志》"小说家者流，盖出于稗官"，那不过街谈巷语而已。在中国，文学意义上的小说，到底由琐屑的"小"说，经过先秦神话寓言，经过六朝志怪、唐代传奇、宋元话本，沿着漫长的发展过程，逐步长"大"，至明代出现了章回体长篇小说。

生肖文化作为一种社会存在，理所当然地在古典小说中得到了反映，这反映又是五光十色的。

话从《西游记》说起。明代吴承恩创作的这部神话小说，是中国古代文学的瑰宝。小说成书之前，有关唐僧师徒取经的故事已流传多年。宋代刘克庄《释老六言十首》写道："取经烦猴行者，吟诗输鹤阿师。"

《大唐三藏取经诗话》共十七回，唐僧的大徒弟也称猴行者。猴行者即是小说《西游记》中的孙悟空，亦称为孙行者。

《西游记》的主要人物之一猪八戒，其形象盖着生肖文化的印记：亥为猪。书中几次写到"八戒本是天蓬元帅下凡，他当年掌管天河八万水兵之众"，如小说第八回里观音和猪八戒一问一答：

观音按下云头，前来问道："你是那里成精的野豕，何方作怪的老彘，敢在此间挡我？"那怪道："我不是野豕，亦不是老彘，我本是天河里天蓬元帅。只因带酒戏弄嫦娥，玉帝把我打了二千锤，贬下尘凡。一灵真性，竟来夺舍投胎，不期错了道路，投在母猪胎里，变得这般模样……"

十二支亥，五行属水。所以，将猪八戒描述为原本是掌管天河水兵的天蓬元帅，这其间连接天河水与八戒猪的中介，即是一个"亥"字。

对于这一点，明代杨景贤《西游记杂剧》写得直接明了，请看剧中猪八戒的自我介绍：

> 自离天门到下方，只身惟恨少糟糠。神通若使些儿个，三界神祇恼得忙。某乃摩利支天部下御车将军。生于亥地，长自乾宫……生得喙长项阔，蹄硬鬃刚……

这位"生得喙长项阔，蹄硬鬃刚"的猪八戒，自报"生于亥地"。老猪本亥猪。

小说《西游记》第十三回"陷虎穴金星解厄"写到寅虎：

> 老叟道："处士者是个野牛精。山君者是个熊罴精。寅将军者是个老虎精……"

称虎为"寅将军"，或"斑寅将军"，首见于唐代故事，吴承恩将其引入自己的作品。

明代成书的章回体小说《三国演义》写到生肖。书中第六十八回，有"土鼠随金虎，奸雄一旦休"句，言曹操将死于子年正月。正月建寅，寅为虎。

古代第一部称得上由文人独创的长篇小说，当推刊行于明代万历年间的百回《金瓶梅》。《金瓶梅》细致入微地描写了一个家庭的日常生活，并且以小见大地展现了广阔的社会图景，描绘了古代民俗画卷。书中写元宵花灯、喜庆寿诞，写说媒、写丧礼，厌胜、占卦、卜龟，师尼僧道、乳母牙婆，生辰八字，今岁流年等也都写到了。《金瓶梅》作者兰陵笑笑生大约是个熟晓"子平术"的读书人，书里有关批八字、说流年、看相论命的描写，尽是门内行话，为研究当年的社会风情，提供了绝佳的材料。

《金瓶梅》主要人物，都有生辰属相的描写。西门庆属虎，潘金莲属龙，李瓶儿属羊，等等。属相十二种，小说里几乎全都写到了。现撷若干条于下：

> 徐先生将阴阳秘书瞧了一回，说道："哥儿生于政和丙申六月廿三日申时，卒于政和丁酉八月廿三日申时，月令丁酉，日干壬子，犯天地重丧，本家要忌哭声，亲人不忌。入殓之时，蛇、龙、鼠、兔四生人避之则吉……"
>
> （第五十九回）
>
> 伯爵问申二姐："青春多少？"申二姐回道："属牛的，二十一岁了。"
>
> （第六十一回）
>
> 神仙道："请先观贵造，然后观相尊容。"西门庆便说与八字："属虎的，二十九岁了，七月二十八日午时生。"
>
> （第二十九回）

西门庆遂问："你年纪多少？"老婆道："我今年属兔的，三十一岁了。"

（第六十七回）

西门庆道："小人不敢动问，娘子青春多少？"妇人低头应道："二十五岁。"西门庆道："娘子到与家下贱内同庚，也是庚辰，属龙的，他是八月十五日子时。"

（第三回）

那婆子掩口冷笑道："……你还不知这妇人，他是咱后街宰牲口王屠的妹子，排行叫六姐，属蛇的，二十九岁了……"

（第三十七回）

婆子说道："……眼看前一个人家女儿，就想不起来。十分人材，属马的，交新年十五岁……"

（第三十七回）

李瓶儿笑道："我是属羊的。"婆子道："若属小羊的，今年廿七岁，辛未年生的……"

（第四十六回）

西门庆道："你只添上个李氏，辛未年正月十五日卯时建生，同男官哥儿，丙申年七月廿三日申时建生罢。"

（第三十九回）

又迟了几日，薛嫂儿送花儿来，袖中取出个婚帖

儿，大红缎子上写着：开缎铺葛员外家大女儿，年
二十岁，属鸡的，十一月十五日子时生，小字翠屏。

（第九十七回）

月娘因问老冯多大年纪……李瓶儿道："他今年
五十六岁，属狗儿。"

（《金瓶梅词话》第十四回）

文嫂道："若说起我这太太来，今年属猪，三十五
岁。端的上等好人，百伶百俐，只好像三十岁的……"

（第六十九回）

以上所引十二条，依子鼠丑牛顺序排列。其中"丙申年七月廿三
日申时建生"当属猴，书中只言生年干支；"今年属猪"，则讲年份。

粗略统计，《金瓶梅》全书21处写到生肖，出现的情节环境可
分为几类：单纯用以表示年岁者6次，用于葬礼者3次，用于禳解病
疾者1次，用于算命者5次，用于媒妁换帖者6次，葬礼、禳解、算
命、换帖用生肖，均是与迷信有涉的人生礼俗。这样说来，单纯表示
年岁者与用于礼俗者的比例，为6:15，后者超过三分之二多数。《金
瓶梅》艺术地反映了明代社会习俗，其对于生肖的描写，记录当年风
习，是弥足珍贵的生肖文化材料。其不仅具有认识上的价值，也可以
从文学作品反映社会生活方面释之。同时，还可从小说作品本身的结
构谋篇方面加以讨论。书里的这一类描写已成为塑造人物的重要手段
之一，成为情节发展的链环。

《金瓶梅》主要人物的属相，在人物关系网中，是否兼有象征性

意义，也是一个值得讨论的话题。西门庆属虎，西门庆妻月娘属龙、潘金莲属龙、李瓶儿属羊，在这生肖关系网中，似乎隐含着人物关系方面的暗示。比如说，生肖生克，西门庆同潘金莲之间的"龙虎斗"。此外，作者或许还出于这样的构思：西门庆的性格如狼似虎，因此让他属虎；李瓶儿比较柔弱，因此让她属羊。

《金瓶梅》之后，清代著名文学家曹雪芹的长篇小说《红楼梦》成为中国古典小说的巅峰之作。《红楼梦》博大精深，又因曹雪芹书未尽而身先亡，由高鹗补续后四十回，所以，含蕴之富、谜团种种，派生出一门热热闹闹的"红学"来。

因全面而深刻地反映当时的社会现实，《红楼梦》被称为中国封建社会的百科全书。在这部"百科全书"中，写着生肖文化的"条目"。

先说有关十二生肖整体性"条目"。书里名列"金陵十二钗"的十二个女子，秦可卿是最早归天的一位。这位秦可卿，辈分低——贾母重孙媳，虽有天香楼的风言风语，但作者描写她"生得袅娜纤巧，行事又温柔和平"，并且写她托梦王熙凤，最早（除了局外人，如冷子兴）道出"树倒猢狲散"的家族危机。秦可卿丧事的规模，超过小说中其他人物，"一时只见宁府大殡浩浩荡荡、压地银山一般从北而至"，何等大场面！这关口，曹雪芹用笔诡秘地写下一段文字，将十二生肖尽寓其间。现引原文如下，为方便阅读，在原文中间加括号说明所隐喻的生肖：

那时官客送殡的，有镇国公牛（丑牛）清（清属水，十二支子为水，隐喻子鼠）之孙现袭一等伯牛继宗，理国公柳（柳拆卯字，卯为兔）彪（彪拆虎字，为寅虎）之孙现袭一等子柳芳，齐国公陈（陈谐音辰，辰为龙）翼（翼火为蛇，隐喻巳蛇）之孙世袭三品威镇将军陈瑞文，治国公马（午马）魁（魁拆鬼字，鬼金羊，隐喻未羊）之孙世袭三品威远将军马尚德，修国公侯（侯与猴同音，为申猴）晓明（即晓鸣，隐鸡，酉为鸡）之孙世袭一等子侯孝康——缮国公（缮国公，"脂批"说其名石守业。守业即镇守，善于镇守的动物是犬，隐喻戌狗）诰命亡故，其孙石（石谐音豕，隐喻亥猪）光珠守孝不得来——这六家与荣宁二家，当日所称"八公"的便是。

以上引文，括号中文字依据原书中脂砚斋批语。送葬的富贵王孙隐着十二生肖，脂砚斋的批语称这段原文为"十二支寓"。脂批文字如下：

牛，丑也。清属水，子也。柳拆卯字。彪拆虎字，寅字寓焉，陈即辰。翼火为蛇，巳字寓焉。马，午也。魁拆鬼字，鬼金羊，未字寓焉。侯猴同音，申也。晓鸣，鸡也，酉字寓焉。石即豕，亥字寓焉。其祖曰守业，即守镇守也，犬字寓焉。所谓十二支寓焉。

这位写批注的脂砚斋，研究者认为他是同曹雪芹关系极密切的人。在曹雪芹潜心写作，"披阅十载，增删五次"的过程中，脂砚斋已读到原稿。对于"十二支寓"及批语，有研究者认为，这是曹雪芹与脂砚斋的"合作项目"，一个写文，一个批注，提醒读者莫忽略十二生肖的寓意。

再说寅虎卯兔的"条目"。《红楼梦》第五回"贾宝玉神游太虚境"，宝玉看"金陵十二钗正册"：

> 只见画着一张弓，弓上挂着一个香橼。也有一首
> 歌词云：
> 二十年来辨是非，榴花开处照宫闱。
> 三春争及初春景，虎兔相逢大梦归。

画上弓取"宫"的谐音，与歌词中"照宫闱"图文相映；弓上挂香橼，"缘"与"元"谐音，指元春。"三春争及初春景"，初春指元春，她是贾母长孙女，三春则指贾家迎春、探春和惜春三姐妹。"虎兔相逢"用生肖。从书中第八十六回宝钗的话可知，作者给元春安排的生辰八字是甲申年丙寅月乙卯日辛巳时。贾母曾让人将元春八字夹在丫头的八字里头，请人算命。算命先生说元春："可惜荣华不久；只怕遇着寅年卯月……"小说第九十五回"因讹成实元妃薨逝"，书中写"是年甲寅年十二月十八日立春，元妃薨日，是十二月十九日，已交卯年寅月"。这即所谓"虎兔相逢大梦归"。这一段有关生肖的内容，同卜卦算命内容一并写来，反映了清代民俗。

清代百回长篇小说《镜花缘》写到生肖，作者借小说人物之口，痛快淋漓地鞭笞了婚姻习俗中的生肖生克迷信。前已引述，这里不赘言。

清末章回小说《老残游记》共二十回，其中两回写到生肖。第十一回"疫鼠传殃成害马，瘌犬流灾化毒龙"，回目含鼠、马、狗、龙四种生肖。

该书作者为清代刘鹗。庚子年间，八国联军侵入北京，刘鹗向联军购得太仓储粮，设平粜局，赈民饥，结果落得个私售仓粟罪，于1908年被流放新疆，次年病逝在流放地，卒年52岁。《老残游记》成书于1906年，即义和团运动之后第六年。在该书中，刘鹗对所谓"北拳南革"表明了自己的态度。

为增加作品的传奇趣味，刘鹗在义和团事件平息多年之后，用预言的方式评述义和团，书中第十回设计了所谓"不能为外人道"的"银鼠摇"。"银鼠"隐指庚子。按照古代五行说，庚辛金，白色。银，白色之金，此处隐十天干之庚。十二生肖子属鼠。由此可见，"银鼠"影射庚子年间的义和团事件。

小说第十一回的回目，上句"疫鼠传殃成害马"，鼠指子年，马指午年，这是讲爆发于庚子年的义和团运动。书中描写一个隐姓埋名居深山的人，号称"黄龙子"，并让他大发议论："北拳之乱，起于戊子，成于甲午，至庚子，子午一冲而爆发，其兴也勃然，其灭也忽然，北方之强也……"这是回目上句的含义。下句"瘌犬流灾化毒龙"，犬为狗年，龙为辰岁。这句的含义，也由"黄龙子"说出："南革之乱，起于戊戌，成于甲辰，至庚戌，辰戌一冲而爆发，然而兴也渐进，其灭也潜消，南方之强也。"这说的是南方革命党人的活动。

第十一回的回目，用"疫鼠""害马"，用"瘋犬""毒龙"，四种生肖前各置一修饰词，表明作者对"北拳南革"的评价，这里且不论。从修辞学角度说，如此造句是巧妙的。"疫鼠"是鼠又非鼠。是鼠，指鼠年；非鼠，它是用来比喻"北拳"的。一个"疫"字，可视为对那子鼠之年的评论，也可看作对"北拳"的评语。可谓双关修辞的妙用。如此遣词造句，有助于增添小说情节的传奇、诡秘色彩，这正是作者刻意追求的艺术效果。

（七）马为午老、羊为未流：隐语和谜语

明代时有位黄周星，官至户部主事，诗词歌赋自然有水平，又好制谜。他的《廋辞四十笺》记载这样一件事：一次，与文朋诗友宴饮，黄周星提议猜谜代替酒令。他出一谜让大家猜，并说："哪位猜中，当以落汤鸡酬答。"席中有人猜出谜底，随后举杯一饮而尽。原来，"落汤鸡"也是一个谜面，鸡是酉的属相，汤为水，"落汤鸡"正是"酒"字。

借助十二支与十二生肖的对应关系，明言此，隐指彼，为谜语创作提供了广阔的想象空间和曲径通幽的构思余地，放"虎"射"虎"，其乐无穷。相传，清代小说家吴敬梓在潜心写作《儒林外史》的日子里，一次与友人聚会，交谈之际仍想着书中故事，心不在焉，不停地用手指在桌上写"牛布衣"三字。友人见他沉思无语，便说："出个谜语吧。"吴敬梓听后，略思片刻，用手指蘸水在桌面写出"牛布衣"三字，笑道："这就是个字谜，出丑了，出丑了。"友人思忖良久，猜

出谜底："褐"字。原来，吴敬梓口口声声"出丑了"，并非仅仅是通常的客套话，那也是要入谜面的，牛布衣出丑，意思是丑出牛去剩布衣，布衣古代又称褐。这条谜语，借助于丑、牛的对应关系。

巧用生肖，趣味天成，这样的谜语不胜枚举。纸上写个"辰"字，再画个圆圈将它圈起来，打戏剧名词一，谜底：龙套。这也是利用生肖制谜。

谜语是我国民间文学的一个组成部分。谜语的早期形式是廋辞隐语，这在春秋战国时代即已相当流行，如《国语》上说："有秦客廋辞于朝，大夫莫之能对也。"这位秦国人所言廋辞，大概是很隐晦的，本书前面所述，晋代人以"典午"的隐语称谓司马氏，也可划归早期谜语之列。猜谜又称"射覆"，"覆"与"虎"音近，所以又叫"射虎"。谜语的别称，有不少带"虎"字者，如文虎、灯虎、诗虎、独脚虎都是。

谜语讲究谜格，诸种之中，有一种叫"亥豕格"。何谓亥豕格？倒不是取亥为猪的说法，而是借用"鲁鱼亥豕"之语，此种谜格可以猜相近的字。比如，谜面"贪多贝应去"，"贪"字去掉多余的"贝"字，应猜"今"字；在亥豕格谜格中，则可以猜为"令"字。"今"后"令"，一点之差，类似于亥豕之异。

再来说一说含有生肖的谜语。年尾岁首，辞旧迎新，节日的气氛之中，总少不了生肖谜语带来的缕缕喜气。谜面：牛年除夕之夜，打影片名三；谜底：《等明天》《虎将》《在人间》。谜面和谜底，用丑牛退位、寅虎值岁的意思来维系。又有这样一条谜，是仅限于龙年应景的——谜面：除夕晓钟庆新年，打我国当代名人一；谜底：贺龙。蛇年岁首，也该有谜。其实，"蛇年岁首"四字即可当作谜面，猜一个字，谜底：岂。"岁"之首，"山"；蛇为巳，"巳"和"己"相近，取的是上面所说的亥豕谜格。接下来，再说"步入羊年"，猜汉字一，谜底是"连"。迎新春要送走旧岁，午马之年走了，即是未羊新年的开始。所以，猜一个"连"字有道理，也有情趣。谜面：羊年好，打称谓一；谜底：妹子。这谜语也契合在未为羊的联系上。羊年岁末，有没有谜语呢？谜面：未完待续，打家畜部位一；谜底：羊尾巴。

这类谜语，巧妙地利用了地支与属相之间可以相互转换的特点。这转换，又有生肖动物形象活动其间，使谜语作品的趣味性增加了。

隐语，不是谜语的谜语，又有行话、黑话、切口诸称。对于有些事物，言者不愿照直讲出，用隐语，听者如是门内人，是行家，并不需破译就可知晓，听者若非同类人，听不懂，谜语一般。隐语是人群分野的内部语言，旧时民间许多行业里都有，一些秘密团体也将隐语作为维系团体的方式之一。

谜语要出奇制胜，总要创新。隐语则是约定俗成的，要相对稳定。曲彦斌《中国民间秘密语》一书载，清末民初民间弹三弦算命者有一套隐语，用来指代生肖：

属鼠——光嘴通，

属牛——摆子通，

属虎——爬山通，

属兔——钻坎通，

属龙——海条通，

属蛇——柳子通，

属马——横行通，

属羊——长髯通，

属猴——斤斗通，

属鸡——啼明通，

属狗——守笆通，

属猪——垂耳通。

不难看出，其中一些隐语的构成是有由头的。隐语里沉积着生肖文化元素，从中提取出来，也是颇有意思的事：

丑牛。明代《行院声嗽》记："牛，驮老、丑生。"《行院声嗽》是当时流行于烟花巷的隐语书。但是，称牛为丑生并不限于这个范围，有关农事的民间隐语也有这类叫法。清代，称牛为丑官、吞青、土官、春官。土官、春官之谓，让人想起土牛迎春的古老民俗。

寅虎。清末民初，拉胡琴算命者的隐语，称虎为寅川。寅为虎。猫与虎相类，称猫为将寅。将寅者，像虎但还不是虎。军衔有准将一级。将寅含有"准虎"的意思。

卯兔。明代隐语，兔为卯官。又《行院声嗽》称月亮为卯光，是因兔为月魂之故。《江湖切要》载明清数码隐语，一为刘，又为流寅；二为月，又为月卯。这是以正月建寅为起始点，十二支依次排列，二为月、为月卯，同卯为兔、兔为月魂有关。

辰龙。《江湖切要》：三为汪，又为汪辰。辰为龙，龙主水，所以名"汪"。

巳蛇。清末民初，拉胡琴算命者隐语，称死为川，称蛇伤致死为巳川，犬伤致死为戌川。

午马。《江湖切要》：隐语数码，四为则，又为执巳。五为中，又为中马。这仍是以寅为起点，数码至四为巳蛇，至五正是马。明代时，有隐语称马为鹊郎。至清代，称谓马的隐语有午流、午老。

未羊。《行院声嗽》称羊为膻郎，着眼于羊肉的味道特点。至清代趋向多样化，膻老、白衣、解草、未流都是称羊的隐语。未流，未为羊。

申猴。《江湖切要》所记隐语数码，七为辛申。这仍属于以寅虎为一的数码体系。又称七为心，"心"即心猿的略语，古代有一个广为流传的词，叫"心猿意马"。因此，称数码七为心，其实是以"心猿"之猿来同申相对应，猿为猴类。而"辛申"，也就是"心猿之申"。

酉鸡。清代隐语，鸡称酉官、鸣老、得晓等。酉官一说，出自生肖。

戌狗。《行院声嗽》：狗为戌儿。到清代时，又有州官、巡攘、戌老等隐语。

亥猪。明代称猪为亥儿，清代称猪为亥官、黑官。黑官之黑，是因亥五行属水色黑；猪属亥，所以叫它"黑官"。

隐语中借用生肖文化，主要是利用生肖与地支的对应关系。生肖与地支，一个为生动的形象符号，一个为抽象得没有什么意义（至少如今是这样）的符号，却能融合若一，互为表里，实在是一大文化奇观。作为一种奇特的文化现象，它不仅表现在谜语中、隐语里，

303

也不仅存在于语言文学中。

五、生肖与造型艺术

（一）生肖俑和墓壁画

《孟子·梁惠王上》："仲尼曰：'始作俑者，其无后乎！'为其象人而用之也。"孔夫子对于用木偶殉葬深恶痛绝，原因是那俑"为其象人而用之"。在孔子时代，人殉与俑殉并存。他大约不晓得历史上先有人殉，后来改用木俑、土俑代替活人殉葬是一种进步，而以为先有俑殉，弄假成真，发展为人殉。因此，仁义为怀的孔夫子要骂一句："其无后乎！"看来，孔孟时代人形俑殉葬相当普遍。可是，两位圣人却未讲到非人形俑。

陕西临潼秦始皇陵兵马俑，以撼人心魄的壮观阵容被誉为"世界第八奇迹"。发掘出的士兵俑、将军俑显示着当年"秦之锐士"的勇武，发掘出的马俑栩栩如生。兵马俑浩浩如林，但尚未发现后代墓葬中所常见的十二生肖俑。

十二生肖俑（图54），又称十二支神俑，随葬于墓中是作为厌胜辟邪的神物的。以十二生肖俑为冥器的葬俗，一般认为盛行于隋唐。

十二生肖俑的造型，常见三种形式。其一，塑为人抱生肖动物；另一，人身兽首；再一，生肖动物趴在人物头顶上。前两种形式比较多见。

图54　唐代十二生肖俑

　　中国历史博物馆陈列着1956年在湖北武昌周家大湾出土的十二
生肖陶俑，系隋代文物。这套俑为坐翁怀抱生肖动物的形式。如：丑
牛俑，坐翁双手托牛，牛头向左；寅虎俑，坐翁双手托虎；辰龙俑，
翁坐，龙搭翁肩，翁右手持龙尾，左手托龙腹，龙一足显于其胸前，
另一足露在其胸侧，龙头在其胸前曲颈张望；巳蛇俑，坐翁搭蛇在
颈，翁双手持蛇头、蛇尾在胸前；申猴俑为坐翁右手抱猴；亥猪俑，
坐翁双手抱猪，猪头向右等。该馆还陈列十二生肖青瓷俑，隋代文
物，1955年出土于湖北武昌桂子山。这套生肖俑为人身兽首式造型，
均作持笏之状。例如，子鼠俑人身鼠头，双手持笏胸前；丑牛俑人身
牛首，双手持笏于胸前。

　　1971年，湖南湘阴唐代墓葬中出土了一套生肖陶俑。这套生肖
俑整十二件，均为兽首人身造型，通高为20厘米至22厘米。其形象
为身着宽袖袍，两手向胸前作拱状，中间留有一个可以插物的长形小

孔。俑形状，两膝着地跪坐姿势，昂首而平视，形象生动。这十二件生肖俑，分别置放于墓壁四周的小型壁龛内，是用来表示方位的。

这一类生肖俑文物，显示着古代的殡葬习俗，也为研究昔时的服饰以及雕塑艺术提供了资料。

同生肖俑一样，具有葬俗意义的造型艺术品，还有古代墓葬壁画的生肖图案。

1980年，在山西太原南郊距晋祠五公里处北齐娄睿墓的发掘中，发现大量精彩壁画，画中有十二生肖动物图案。娄睿是鲜卑人，以北齐皇室的外戚而显贵，官至太师、太傅，并省尚书令。其死于武平元年（**公元570年**），墓葬规模大，墓内的墓道、天井和墓室饰满壁画。在墓室的穹隆顶部，绘天象图，表现日、月、银河、星辰，为壁画的上层，墓室壁画的下层，绘墓主人生活情景。十二生肖则绘于壁画的中层位置（**图55**）。负责娄睿壁画临摹工作的龚森浩在《美术耕耘》杂志1985年第1期上撰文，介绍壁画情况：

图55　太原南郊北齐墓壁画的寅虎和卯兔

中层画四神、十二辰动物和雷公、羽人等，环列天象图下缘一周。可惜壁画大部脱落，残留东北两面。十二辰动物按子午方位顺序排列，动物奔走大都作顺时针方向，有"随天左旋"的运动感。残存子鼠、丑牛、寅虎、卯兔、辰龙、巳蛇六种，其间穿插其他神兽八只，或奔驰、或跳跃、或蹲坐、或站立，形态生动有致。如正北子鼠，虽仅存一嘴一爪，只寥寥几笔，就形态毕现，似欲破壁而出，跃然于上。辰龙形体特大，横贯东壁南北，龙背上负一人，仅存下身，足穿齐头履，手中有带勒于龙嘴，是谓仙人乘龙，或谓御龙升天。其前有羽人，仅存一腿，亦穿齐头履，是谓羽人前导。四种中的东方青龙，也和辰龙图象相共用。一龙三用，可说是三位一体，颇得以一当十的妙趣，足见作者高妙的匠心。

文章说，天象、四神、仙人、羽人、雷公等，都早见于汉魏、南北朝的墓室壁画，而十二辰以动物形象绘于墓室，娄睿墓目前是最早的例子。十二辰或称十二支，我国古代用以计算时间和标志方位，后来术数家把它与十二种动物相配，染上迷信色彩，用以厌胜驱邪。

这座北齐古墓中的生肖图案，应视为天象图的一部分。湖北随县战国早期曾侯乙墓出土的二十八星宿图，两边青龙、白虎图案相对应。汉代的画像石，或画太阳金乌，或画月亮蟾蜍，或画青龙白虎，画牛郎织女，所有这些是神话图，也是艺术化的天象图。略早于北齐的北魏时代，有墓壁画天象的例子。1974年发掘洛阳北魏元乂墓时，发现墓四壁画四象图，穹窿墓顶画天象图。太原北齐娄睿墓壁画中，四象、十二生肖同时出现，这就比仅以四象标示天空方位更细致了。四象表示四方，也可以表示四季概念。十二辰即十二生肖所能涵括的时间概念，远比四象丰富。它可以表示岁星十二年一周天，也可表示一年十二月、一日十二时辰等。十二生肖兼具空间和时间的意义。十二生肖形象出现在墓葬中，正是生者从这双重意义上对死者的祝愿。

唐代墓志也以生肖作为装饰图案。在云纹繁复的线条中，刻着丑牛与未羊的形象。

（二）生肖铜镜及其他

北京圆明园的十二生肖钟，隋唐时代的铜镜和金银器，生肖文化印在这些器物上的烙印，虽经漫漫时光却依旧不减当年的风采。

唐太宗李世民说："以铜为镜，可以正衣冠。"此话不假。在神奇的幻想世界中，这还不是古人赋予铜镜的全部功用。隋代王度《古镜记》讲，"汾阳侯生，天下奇士"，王度常以尊师之礼事之。这位侯奇士临终赠王度一古镜，并说："持此，可避百邪。"王度"受而宝之"。请看其笔下的古镜：

> 镜横径八寸，鼻作麒麟蹲伏之象。绕鼻列四方，龟龙凤虎，依方陈布。四方外又设八卦，卦外置十二辰位而具畜焉。辰畜之外又置二十四字，周绕轮廓。文体似隶，点画无缺，而非字书所有也。侯生

云："二十四气之象形，承日照之，则背上文画墨入影内，纤毫无失。举而扣之，清音徐引，竟日方绝。昔者黄帝铸十五镜，其第一镜横径一尺五寸，法满月之数。以其相差，各小一寸，此第八镜也。"乃列举征验异迹，凡遇精魅，照之无不变形立毙，魔怪称为"天镜"。每夜光彩如月。或日月薄蚀，镜亦昏昧。又能除人病。至大业十三年（公元617年）七月十五日，镜忽于匣中作声，若龙咆虎吼。良久，失镜所在。

对铜镜的这一番描写，令人神往。铸工已见神奇，叩之，清音经久不息；持其举向太阳，背面文字图画显于影中。又能感应日月薄蚀而昏昧，这奇；还能为人医病，又奇；装在镜匣里能够龙咆虎吼，更奇。诚然，这不必全当真。称其为黄帝铸造，也未必可信。可是，古人确以为铜镜不凡。李商隐诗："我闻照妖镜，及与神剑锋。"铜镜是道教辟邪的法器之一。《古镜记》说，铜镜铸纹"十二辰位而具畜焉"。就是说，镜背图案，八卦符号围成一周。这一圈之外，子丑寅卯十二辰以生肖的形式围成一圈。古人赋予神奇意味的铜镜，似乎总要铸以十二生肖图饰的。

英国学者李约瑟《中国科学技术史》第四卷"天学"载有中国唐代铜镜。这一珍贵文物现藏于美国自然史博物馆。该镜圆形，直径27厘米，兽形纽，边缘饰有如意云头连珠纹。图案分为五圈。中间为青龙、朱雀、白虎、玄武四象图。第二圈排列着鼠、牛、虎、兔、龙、蛇、马、羊、猴、鸡、狗、猪十二种生肖动物，即十二辰。第三圈是八卦符号。第四圈由二十八星宿围成。第五圈铸字："长庚之英，白虎之精。阴阳相资，山川效灵。宪天之则，法地之宁。分别八卦，顺考五行。百灵无比逃其状，万物不能遁其形。得而宝之，福禄来成。"由此可知，十二生肖形象列于铜镜，取义即在"宪天之则，法地之宁"，它同认为铜镜"百灵无以逃其状，万物不能遁其形"神力是有关联的。美国汉家爱伯哈德《中国符号词典——隐藏在中国人生活与思想中的象征》也介绍了铸有十二生肖饰纹的唐代铜镜。

国家图书馆所藏古籍珍本《雅尚斋遵生八笺》卷十四"论古铜器具取用"，谈到鼎、编钟等古代珍贵铜器，其中言及十二生肖铜镜：

> 镜为人所必用……海兽、蒲桃、荔枝、五岳图形，十二生肖、宝花、云龙、十二符、四灵……蟠螭龙凤雉马等背俱妙。

《雅尚斋遵生八笺》作者为明代高濂。他列举铜镜图纹，不言十二辰，而直言十二生肖。

古时有种十二时盘，盘周边围以十二生肖。宋代陶谷《清异录·器具》记：

> 唐库有一盘，色正黄，圆三尺，四周有物象。元和中，偶用之，觉逐时物象变更。且如辰时，花草间皆戏龙，转巳则为蛇，转午则成马矣，因号"十二时盘"。

所记十二时盘，十二种生肖的图形，随时辰变化而变化，辰时龙形显示出来，巳时则变为蛇图案。不知古时可有工艺能够完成如此奇妙的器物？

唐代金银器皿也以生肖为纹饰。在花纹延展的边饰图案上，可见奔跑状的牛、虎、兔、马、羊、狗，可见一波三折的蛇、飞动的龙，可见两眼圆睁的猿猴，以及展开尾羽的公鸡等。

采用生肖造型的文物，还应介绍当年圆明园中喷水十二生肖钟。其设计者是一位法国人。

被誉为"万园之园"的清代大型皇家御苑圆明园，东侧长春园内，在乾隆时期建造了西洋楼建筑群。这片园林建筑之中，海晏堂景区设有水池，当年水池两侧立着十二种生肖像（图56）。生肖像均为

图56 清代北京圆明园十二生肖喷水钟

兽首人身，身躯为石雕，头部则为铜雕。十二种生肖像依次排列，每一时辰，都有表示这一时辰的生肖像从口中喷水。至正午之时，十二尊生肖像同时喷水。这一组生肖像，实际上是大型水钟。龙像喷水，表示时在辰时；蛇像喷水，表示时在巳时等。因此，这组生肖兽首既有装饰、观赏价值，又具记时价值。其建成于乾隆二十五年（公元1760年），设计者蒋友仁虽为法国人，但对中国文化有所了解。这组十二生肖钟堪称中西文化交流的杰作。后来，英法联军焚掠圆明园，十二生肖像被毁，铜兽头流落海外。综合近年报道，十二兽首中已有鼠首、牛首、虎首、兔首、马首、猴首、猪首由海外回归。

（三）描绘属相的民间工艺品

民间工艺美术是民间风俗习惯在民间生活中的艺术化和作品化。在民间美术领域，生肖文化占有一席之地。

十二生肖为民间剪纸的传统题材。剪纸以透与隔、虚与实的对比，在平面上造型，自古广泛流传于民间。许多剪纸图案代代因袭，辈辈传承，千百年里很少变化。这使得民间剪纸中积淀着珍贵的古代民俗信息，研究者甚至称其为"活文物"。民间剪纸作品中常见生肖图案。其构图形式，有集体入图的"全家福式"，如前些年搜集到延安地区民间剪纸高手白凤莲的作品，十二属相挂帘，十二种生肖聚集于一幅；有逐一入图的"单人照式"，如日本出版的中国剪纸图册收有"未羊"一幅，图案为侧立之羊，羊身装饰性花纹中剪出"未"字；也有两种生肖双双入图的，最常见者是《蛇盘兔》，蛇首兔头相对，蛇躯环绕兔身。旧时民间流传"蛇盘兔，必定富"的说法，这种剪纸是用以祝福婚姻的。另外，还有生肖与人物共同构图的，例如陕北的十二属相剪纸，图案上部为持莲娃娃，下部为龙，表示龙属相。各种构图方式，民间剪纸总能利用艺术语言，巧妙地点明这是生肖图，以区别于一般的动物图案。

生肖剪纸也在创新。1989年首届全国职工美术作品大奖赛上，获三等奖的剪纸《十二生肖》，图案为圆形，十二种生肖和人物一并入图：一娃骑虎举鼠灯，一娃骑牛持猪灯，一娃擎龙灯，一娃打兔灯，一娃骑马拎着盏狗灯，一娃提着鸡灯牵着羊，一猴耍蛇灯。整幅剪纸，六娃十二生肖，洋溢着节日的喜庆气氛。

在山东荣成一带乡间，至今流传着正月十五捏生肖的风俗，当地人称之为捏属。每年农历正月十五，乡镇居民家家和面，户户捏属。捏制之时，欢声笑语，一派节日气氛。荣成捏属，做工考究。面料要用大豆磨成的细面，豆面油性大，再经过精心调和，可塑性强，可以任随捏制，并且这种豆面色泽鲜亮，容易晾干定型。所捏生肖动物，或立或卧，或奔或飞，小巧玲珑，形象生动。捏属作品的眼睛要选择各色种子粒充当，以此象征五谷。生肖动物背上还要捏出一个小碗，制成后，盛油装灯捻儿，便可点燃。至于小碗的形状，马和猪要捏成元宝形状的碗，叫作"金驹银猪驮宝来"。其他生肖则捏成十二花瓣式的碗，十二花瓣象征一年十二个月。荣成捏属，年代已久，流传又广，造就了许多面塑能手，那里王连乡方家村林桂莲大娘的捏属作品，被中国美术馆收藏。

彩蛋描生肖。先秦古籍《管子》记有"雕卵然后瀹之"，说的是用颜料涂画鸡蛋。到了清代中叶，彩蛋成为北京庙会上的特色商品，常见的图案为十二生肖和戏剧脸谱。后来，彩蛋绘制水平不断提高，出现了专门从业人员，七十二行占一行，称为"蛋花师"。彩蛋有单有双，或成套出售，十二生肖始终是彩蛋的主要画题。

十二生肖彩塑也是富有民俗特色的工艺美术品。1990年第1期《民间文学论坛》杂志刊载图片，介绍北京泥塑十二生肖。十二种动物泥塑，均为宽袖开襟着装，呈双手持笏状，有点像古代的生肖俑。其造型活泼可爱，色彩艳丽，十二种动物摆在一起，五颜六色，形成鲜明对比。鼠，黑色头；牛，黄色头；虎头，虎皮色，上描"王"字；兔，白头红眼红唇；龙，蓝色头；蛇，绿头红眼；马，浅蓝色头；羊，灰色头；猴，红色；鸡，绛紫色头，红冠子；狗，红色头；猪，黑色头，紫色唇和吻。颜色的点染，有些是合于生肖的五行五色之说的。鲜艳的着色，使作品具有北方民间的乡土气息。

民间艺人以木雕刻生肖，制成品不足指甲盖大，染为黄色，或为木料本色，钻孔穿绳出售。小孩子买一个自己属相的木雕挂在胸前，是一件高兴的事。操此业者，持一简易木架走街串巷，木架上陈列着木雕成品。停下来时，将木架放置在高台处，边候卖边刻制。京、津城里，如今仍能见做此生意的手艺人。

在福建等地，旧时有一种家庭摆设，用寿山石雕成十二生肖，一块石上属相俱全。而在喜欢佩玉的人们里边，佩戴自己生肖的玉雕是一种风习。这类玉雕很小，雕工精细。

北京民间工艺品"兔儿爷"，清代富察敦崇《燕京岁时记》载："每届中秋，市人之巧者用黄土抟成蟾兔之像以出售，谓之兔儿爷。有衣冠而张盖者，有甲胄而带纛旗者，有骑虎者，有默坐者。大者三尺，小者尺余。"对于骑虎兔儿爷（图57），人们赋予妙想，说那是卯兔驭寅虎。成语"寅吃卯粮"形容入不敷出的窘境。而骑虎兔儿爷，反"寅吃卯粮"之意而用之，让卯兔驭寅虎为坐骑，寓含卯吃寅粮、生活绰绰有余的意思，可谓曲尽持莲抱鱼的杨柳青娃娃画之妙。

图57　卯兔驭寅虎的兔儿爷

说到年画，十二生肖也是传统题材（图58）。古代年画，多以雕刻木版单色或套色印刷。年画中有以表现年月节令为内容者，类似于现今的挂历，称为"历画"。生肖文化的题材上年画，以历画中最常见。

315

图58　清代杨柳青年画以诗文典故表现十二生肖

　　河北武强清代年画《连生贵子》（图59），红、黄、绿、紫四色套印。画面两个大圆占了画幅大部。一圆内用两个儿童头脸、四个儿童身躯环绕拼成四孩；另一圆内以三个儿童头脸、五个儿童身躯环绕拼成六孩；圆圈内儿童俯仰卧立，连绵相接，故名"连生贵子"。此画双圆之上为十二生肖，构图布局是：龙、虎、兔吃仙桃而居中央，鼠、羊、牛、马依次排于右侧，蛇、鸡、狗、猴、猪依次列在左边。十二属相与连生贵子同处一图，倒也不难理解。古人相信多子多福。讲"连生"，十二种属相齐备，以祈多儿多女。

　　旧时还有所谓十二生肖人物画，十二个人物各表示一种生肖，人物相貌要取生肖动物的特征。画家溥心畬所作生肖人物图，猪形人嘴巴突出，马形人长面孔，鼠形人尖嘴，并且还注以"鼠形人盗窃""牛形人刚直"一类文字，均缘于对生肖动物形象的照应。

图59　河北武强传统年画《连生贵子》

（四）石头生肖

绘画在平面上推敲，雕塑在立体上取舍。这里所说的石头生肖，其中包括未经雕琢的奇物。说它奇，说的是生肖文化无奇不有的含蕴。《宋稗类钞》卷八"古玩"类载：

宣和间，蔡州一士人，书屋中忽见小蛇，文章陆离，蜿蜒几格间。每巳时辄至，午乃隐去。士人导之，捕置铁丝篮中。迨午则坚冷化为石矣。质巧天成，鬼工不能加。明巳复蠕动，既而复为石，而屈伸蟠结之状，日日不同。士人宝之，携至京见中人梁师成。师成叹曰："此神物造化之所寓。禁中有玉鼠、玉兔，或以时见，即其类也。"士人遂献之。

且将其名为生肖石。根据在："每巳时辄至，午乃隐去。"这不是"巳蛇"吗？如所述，这石每天时辰在巳的时候，便化为一条花纹斑驳的小蛇，蜿蜒爬上桌几。时间一到午时，它就不见了。后来，这小蛇被抓到铁丝编成的篮子中，跑不掉了，在午时凝为一块凉丝丝的石头。转天巳时，又开始蠕动爬行，至午时再凝固。如此奇妙，被视为"神物造化之所寓"。并且，据讲皇宫中还有"玉鼠、玉兔，或以时见"，可惜无稽，录之于此，聊备生肖石之一格。

杭州有处生肖石，那是老百姓看出来、叫出来的。原来，杭州吴山旧城隍庙址之西，有一组石头，形状各异，高者一丈，低者尺余，用石造景，名为"巫山十二峰"。清代雍正年间，浙江总督李卫在石旁建亭，题曰"巫峡峰青"。这名字虽能为景观增色，市民们却偏偏不买账。人们横观竖看，东瞅西瞧，硬看得十二块石头像十二种属相，那块似卧虎，那块如飞龙，指指点点，传来传去，那堆石头就被叫成"十二生肖石"，旧名反而湮没不闻。其实，那端详、那指认，不妨说是一种创作，富于艺术联想的创作。这创作的前提，则是生肖文化深入人心。

无独有偶。苏州四大古代名园之一狮子林，那座以大量太湖石取胜的花园也流传着生肖石的趣话。狮子林原是寺院后花园。园内有石状似狮子，故名。狮子林历经重修，以叠石堆峰而著名，还起了"含晖""吐月""玄玉""昂霄"等名目，为石景点睛。可是，人们并没有让这些景名框住审美想象力，在狮子林中看出了十二种生肖动物的形象。至今，前去游园的人，在峰石林立之间，寻似鼠的石、似牛的石，找如虎如兔的石，凑齐十二种属相，将这作为其乐陶陶的事。在北京颐和园、南京煦园，都可以看到这样的石头景观。

美学理论家王朝闻曾谈及将黄山山石想象为人兽故事的创造性思维，讲到命名黄山石景时的审美心态。将杭州和苏州的未经雕琢的石头想象为生肖，同黄山石景的命名相似。这不仅要归功于视点选取的巧妙，更要归功于生肖文化给人们审美活动带来的灵感。那些石是天然品，未经斧凿，但人们的审视眼光能够"雕塑"，能够创造出辰龙巳蛇午马未羊的形象来。个中奥妙，可套用俗语"情人眼里出西施"解释之。

评述过那些被"看"出来的生肖石头之后，该道一道真正的生肖造像。在山东威海，街心花园中的十二生肖雕塑，活灵活现地集体亮相，以造型艺术的语言，与兴致勃勃的游人相交流：我属申，他属酉……

（五）生肖图案绘军旗

明代名人中，军事家戚继光大名鼎鼎。他17岁开始戎马生涯，南平倭寇，北拒鞑靼，身为将帅，战功赫赫。明代万里长城、山东蓬莱水城都与他的名字连在一起。戚继光不仅是一名跃马横刀的骁将，他还结合征战实践，研究治军，研究布阵，探寻攻守谋略，成为古代杰出的军事家。戚继光的兵书著述颇丰，《纪效新书》是代表作。数百年来《纪效新书》一直为兵家必读。

《纪效新书》卷十六"旌旗金鼓图说篇"，使我们看到古代军事活动中生肖图形的运用。

古时两军阵前没有电话、步话机之类通信传令手段，旌旗、金鼓的作用非同小可。言说兵力对比而讲"旗鼓相当"，即为证。戚继光写道："名将所先，旗鼓而已。近见东南，人不知兵，旗无法制，率如儿戏……以胜负付之自然，以进退付之无可奈何，吁，可胜叹哉！予故不得已而绘此繁文……"战场上，将帅不能有效地指挥队伍、掌握进退，不能实现令行禁止，这样的军队怎么能克敌制胜？戚继光指斥"旗无法制，率如儿戏"为"不知兵"，为此设计旌旗种种。

《纪效新书》图绘"六丁六甲旗十二面"，十二种人身兽首的神将披坚执锐，十二生肖各占一。这十二面旗"旗色照方向，边同大旗之色，杆长一丈三尺，旗方五尺，顶用缨头雉尾珠络"。

六丁旗帜六面，图案分别是：丁卯神将，兔首，身穿铠甲；丁巳神将，蛇首，双手执狼牙棒（图60）；丁未神将，羊首，扛长枪；丁酉神将，鸡首，持枪；丁亥神将，猪首，持戟；丁丑神将，牛首，持锐钯。

图60　明代《纪效新书》丁巳神将旗

　　六甲旗帜六面，图案为：甲子神将，鼠首，持钺；甲戌神将，犬首，持锤；甲申神将，猴首，持枪；甲午神将，马首，持偃月刀；甲辰神将，龙首，持狼牙棒；甲寅神将，虎首，持枪。

　　古人相信天地间有六丁六甲神，六丁属阴，六甲属阳，六丁六甲能呼风唤雨，降妖驱邪。军旅置备六丁六甲旗，有借助神力以增军威的意思。安营扎寨时，分别立旗于营门寨口，兵马出动时，根据日期用相应之旗领军。古代有种迷信的说法，符篆可役使六丁六甲。《纪效新书》的六丁六甲旗上，均设计有符篆。戚继光提倡旌旗严整，以壮军威，以齐军纪，统帅号令，令行禁止，这是严于治军的主张。然而，他却将迷信鬼神的观念引用其中，这也是时代的局限性吧。

　　六丁六甲神像，将十二生肖人格化。它们同兵家战阵发生联系，被描绘为身着铠甲、手持兵器的形象，这不同于生肖俑的造型，是生肖动物人格化造型的另一形式。

　　戚继光《纪效新书·旌旗金鼓图说篇》，除了讲六丁六甲神将旗帜，还讲二十八星宿旗两类。一类为"二十八宿号带"，将二十八宿分为四方，每方七宿归于一旗，如其一叫"东方角、亢、氐、房、心、尾、箕演禽真形"。旗杆高高悬起，二十八宿中东方七宿的动物图形陈于一旗。这是置于营寨东门的。这类旗共四种，将二十八宿分为东西南北，分别图而悬之。

　　另一类共28面旗。戚继光言："二十八宿形旗，凡出军，立方向八门，使兵由之而出则用。又，凡遇出兵之日所轮胜宿，即以此旗领军。"这是说，用于军事行为的二十八宿旗有空间方位和时间日期两种含义。这类旗帜的绘图内容，一是星宿图，二是代表该星宿的动物，三是符箓。《纪效新书》的二十八宿神将均标有姓名：

角木蛟李真　　亢金龙王常

氐土貉兵武　　房日兔封军

心月狐赵隆　　尾火虎周云

箕水豹文相　　斗木獬郭海

牛金牛胡英　　女土蝠何佑

虚日鼠危车　　危月燕田立

室火猪荷元　　壁水貐龙王

奎木狼谢月　　娄金狗唐文

胃土雉伍交　　昴日鸡郑昌

毕月乌陈旺　　觜火猴薛太

参水猿宋真　　井木犴徐贯

鬼金羊槐童　　柳土獐张本

星日马周贵　　张月鹿董午

翼火蛇吉善　　轸水蚓吕凤

代表二十八宿的动物，是因循十二生肖的思路，并且以十二生肖为骨架选定的。本书第一章已经言及，不再重复。

为二十八宿神将标上姓名，这同东汉朝廷表彰功臣一事有关。据《后汉书》卷五十二载："永平中，显宗追感前世功臣，乃图画二十八将于南宫云台，其外又有王常、李通、窦融、卓茂，合三十二人。"二十八将，即辅佐光武中兴的二十八位功臣。东汉光武帝刘秀之子刘庄继承帝位，不忘建立东汉王朝的功臣，画功臣像置于云台之上。云台在洛阳南宫，台高入云。画像"合三十二人"，用了"二十八将"外加四人的表述形式。二十八，对东汉朝廷说来，是个"圣数"。刘秀称帝前，其在长安读太学时的同学强华向刘秀献《赤伏符》："刘秀发兵捕不道，四夷云集龙斗野，四七之际火为主。"四七二十八，乘法。意思是说，自刘邦即位至刘秀起兵为二百八十年。东汉云台二十八功臣，被比附为二十八星宿临凡。

明代汪三益的《参筹秘书》讲"军营旗帜"，也包含六丁、六甲神将和二十八星宿神的内容。例如丁酉神将臧文卿，鸡首人身，白服，骑金凤，手执枪（图61）。

图61　明代《参筹秘书》丁酉神将旗

古人将天上日月星辰与世间征伐战事搅在一起，由来已久。战国中期军事家孙膑的《兵法》专有"月战"一篇，谈战争胜败同日、月、星的关系："十战而六胜，以星也。十战而七胜，以日者也。十战而八胜，以月者也。"月主阴，象征刑杀，所以用兵宜在月盛之时。近年在长沙马王堆三号汉墓出土的帛书《五星占》讲木、金、水、火、土五星对战事影响的内容，占了较大篇幅。"太白与荧惑遇，金、火也，命曰乐（烁），不可用兵"，讲到金星和火星。"荧惑与辰星遇，水、火……举事大败"，讲到火星和水星。到唐、宋时，模仿周天十二辰各有属相的形式，二十八星宿也配以动物，成为旗帜图案，《元史·舆服志二·仪仗》有载，如"昴宿旗，青质，赤火焰脚……外仗绘七星，下绘鸡"，"娄宿旗，青质，赤火焰脚……外仗绘三星，下绘狗"。

在古时的一些传说故事中，二十八星宿俨然成了天兵天将，一有战事便蜂拥而上，煞是热闹。这些见于明代的神魔小说和戏曲，可以充当背景材料。戚继光的军事论著为何郑重其事地以二十八宿神将绘制战旗？面对这一提问，背景材料就有了价值。

明代小说《西游记》第五回，玉帝点二十八宿、十二元辰、五岳四渎、普天星相等共十万天兵围剿花果山，书中写道：

元辰星子午卯酉，一个个都是大力天丁。五瘟五岳东西摆，六丁六甲左右行。四渎龙神分上下，二十八宿密层层。角、亢、氐、房为总领，奎、娄、胃、昴惯翻腾。斗、牛、女、虚、危、室、壁、心、

尾、箕星个个能，井、鬼、柳、星、张、翼、轸，抢
枪舞剑显威灵。停云降雾临凡世，花果山前扎下营。

十二元辰、二十八星宿都被兵卒化即人格化了。

二十八星宿参战的场面，明代杨景贤《西游记杂剧》第九出"神
佛降孙"的描写有声有色。李天王奉玉皇之令，追捕孙猴，率天兵天
将，布阵五方，用二十八星宿神：

> 点八百万天兵，领数千员神将。往紫云洞里，直
> 临花果山中。角木蛟、斗木獬、奎木狼、井木犴，遮
> 断东方；轸水蚓、箕水豹、参水猿、壁水，拦合北塞；
> 室火猪、翼火蛇、觜火猴、尾火虎，截住南方；鬼金
> 羊、牛金牛、亢金龙、娄金狗，隔绝西域；柳土獐、
> 女土蝠、氐土貉、胃土雉，扎寨中央；毕月乌、危月
> 燕、张月鹿、心月狐，上下堤防；昴日鸡、房日兔，
> 高低点照；星日马、虚日鼠，远近追奔。

李天王用兵，真可谓"立体战争"，东西南北中都有排布，上下
高低也有关照。因呈立体战阵，金木水火土日月，二十八宿的七个
"兵种"也就各得其所了。

本书曾引述明代戏剧史料《迎神赛社礼节传簿四十曲宫调》，其
记录了当时民间祭祀演剧，二十八星宿神将形象上舞台的情景。可以
这样说，戚继光笔下的二十八宿神属于兵书；而《迎神赛社礼节传簿
四十曲宫调》的二十八宿神，则属于民俗。兵用之，民亦用之，包含

着十二生肖形象的二十八星宿神将，明代时已广为流传。所以，戏曲、小说和兵书都录下它的影子。

六、生肖今貌

（一）生肖文化的生存优势

生肖文化的源头距我们已相当遥远，它隔着岁月的烟云，若隐若现，撩拨着寻觅者的激情。

生肖文化就在当代生活里流淌，潺潺音响汇入日趋现代化的生活的乐章。翻开祖国传统中医学的经典文献《黄帝内经·素问》，可以读到关于五脏病理的论述：肝脏，"东方青色，入通于肝，开窍于目，藏精于肝。其病发惊骇，其味酸，其类草木，其畜鸡"；心脏，"南方赤色，入通于心，开窍于耳，藏精于心。故病在五脏，其味苦，其类火，其畜羊"；脾脏，"中央黄色，入通于脾，开窍于口，藏精于脾。故病在舌本，其味甘，其类土，其畜牛"；肺脏，"西方白色，入通于肺，开窍于鼻，藏精于肺。故病在背，其味辛，其类金，其畜马"；肾脏，"北方黑色，入通于肾，开窍于二阴，藏精于肾。故病在谿，其味咸，其类水，其畜彘"。这段话讲五脏，涉及五行、五方、五色，并列举生肖动物五种。明代顾从德翻刻宋本《黄帝内经·素问》，注曰：

以鸡为畜，取巽言之。《易》曰：巽为鸡。

以羊为畜，言其未也。

土王四季，故畜取丑牛。

畜马者，取乾也。《易》曰：乾为马。

彘为猪。

这是中医经典里的生肖。生肖文化广泛地融入古代文明的各领域，而文明需要承袭，就像历史不能被割断一样。

生肖文化之流会干涸吗？生肖，历史老人的遗物，这是文化的积淀物。文化的积淀是可以不断地接受、包容新的赋予的。它接受，它包容，也就在这同时获得了活力和青春。生肖文化并不仅仅存活于古籍或旧俗之中，生肖文化自有自己的生存优势（图62）。

图62 中国农历十二生肖邮票

生肖纪年具有独到的长处。它将本来枯燥的年份数码，化为闻而不忘、视而易记的形象。往往有这种情况，公元年份记不清了，但生肖年份却记忆犹新，并且不会记混、记差。1980年1月我国邮电部发行《齐白石作品选》邮票一套十六枚，外加小型张。邮票发行后，有人对齐白石生卒年代提出质疑，因为邮票小型张上印着"一八六三年——一九五七年"字样。质疑者指出，小型张所选齐白石1955年画的《祖国万岁》写着"九十五岁白石"，照此计算，其出生年该在1860年；苏联发行的齐白石邮票，也注其生于1860年。为此，邮票设计者邵柏林撰文，说明有《齐白石年谱》为据："清同治二年（公元1863年）癸亥十一月廿二日，齐白石生于湖南湘潭县南百里之杏子坞。"那么，齐白石的画作上为何多写年岁呢？原来，白石老人听信了旁人给他算的命：75岁时将有大灾难，可用"瞒天过海法"解脱，75岁时自称77岁，瞒两岁就可跳过这个"门槛"。这样，他画上题款的年龄，实际上是实足周岁加上虚一岁，再加瞒两岁。1955年他92岁时的作品，落款为95岁便容易理解了。邵柏林特别援引齐良已的话："父亲是属猪的，我也是属猪的，父亲生于清同治二年，1863年是不会错的。"《集邮》杂志1981年3月载文补充：按历法推算，干支纪年癸亥年十一月二十二日应为公元1864年1月1日。据此，齐白石的诞生年应是1864年。

"父亲是属猪的，我也是属猪的"，生活中司空见惯的表述方式，人们是不陌生的。言者讲"属猪的"，似乎比讲公元年份更有把握。因为，生肖纪年具有形象性特点，容易记得清。

西方人以黄道十二宫为命宫，我们有时称其为"洋生肖"。但是，那十二宫以年为周期，年年有"白羊""金牛""双子"等，不具备表示年份的功能。问："哪年生？"答："属羊的。"告诉对方生于未年，所答对所问。假设有这种情况，问："哪年生？"答："命宫白羊。"便是所答非所问了。白羊宫表示每年的3月21日至4月19日。年龄年龄，以年计龄。黄道十二宫没有这种功能，也就只能像一根拐杖，伴着占星术才能站立。

同黄道十二宫相比，十二生肖用来纪年，是它的一大生存优势。十二生肖，它在发生和发展的过程中接受了许多"给予"，使它的负重超负荷。可是，当时代的进步淡化了许多东西，为它卸下陈旧的载荷以后，它仍能够随时代一道前行。

使每个人拥有一个属相，生肖文化这最本分的职能可以给人生诸多话题、许多方便。这里再举一例。1991年1月5日，台湾女作家三毛自杀身亡，激起港台地区"三毛热"。对于三毛的年龄，许多文章说法不一。漫画集《三毛流浪记》的作者张乐平曾与三毛有过交往，他在香港《大公报》上撰文《痛别三毛》，写道："三毛是我一生中最感不凡的女性，她早年为留学达标，把自己的年龄多填了两岁（其实她生于1945年，属鸡，才46岁）。""属鸡"，此言无疑增加了文章的可靠性。因为，属相易记。

以属相论证名人出生年的例子，再举秋瑾研究中的材料。辛亥革命时期的伟人行列，秋瑾是享有盛名的女英雄。关于秋瑾的出生年，史学界有1879年、1877年、1875年三种说法，各说均持论有据。唯1875年之说援引属相，最富说服力。秋瑾胞妹秋珵之女王慰慈《关于秋瑾的确切生年》（载于《解放日报》1981年5月14日）说，秋瑾曾谈到，秋瑾童年时，其父秋寿南请一位算命先生给她们姊妹俩算命，秋瑾比妹妹大三岁，属猪。这之后一个月，《解放日报》又刊载文章，秋瑾胞兄秋誉章次孙秋仲英说，他家原有家谱，其祖父（秋誉章）比大姑婆（秋瑾）大两岁，一属酉（鸡），一属亥（猪）。由此可见，秋瑾的出生年为农历乙亥猪年。这一年是清光绪元年，公元1875年。流逝的岁月使记忆模糊，使史料含混。可是，当秋氏后人毫不含糊地说出"秋瑾属猪"的话来，疑难也就迎刃而解了。

生肖，一种符号系统，今人在使用它。生肖的文化之花，植根于现今的生活，点缀着生活。《中国百家乡土诗选》选了一百位诗人的作品，并附有作者的自我介绍，诗选中有诗人写道："谷未黄，属猪，和属龙的妻子婚配后有一女儿谷秧子，属虎。"话说得风趣，三口之家，三种属相，一一报出。

相声表演艺术家侯宝林的一篇文章写道：

> 猪年那年，公共汽车上发生过这么件事：车里很挤，有个人挤的时候用力大了点儿，边上那位就不太高兴，"哎哟，今年是猪年啊，所以拱得就厉害。"挤的那位回答得也好："狗年已经过去了，怎么还叫啊！"

侯宝林文章题目《源于生活雅俗共赏》。他的文章讲相声演员从生活中发现创作素材，举了这么个例子。

当代口语中，"属猪的""属狗的"之类，在一定场合下不必实指。批评某人欠整洁，说他"属猪的"，也许被批评者是兔年出生的呢。小孩子调皮，好玩、好逗，闲不住，或者患多动症，成年人说一句"这孩子属猴的，好动"，善意的话，未必有孩子的生年为依据。一些地方，称暴躁易耍性子"驴脾气"。说那人"属驴的"，也含这层意思，尽管十二生肖中并无驴，也还可以有"属驴"者。上海《新民晚报》曾发表王小鹰《程先生让我属"鹿"》一文，文中写到画家程十发画生肖的事。请看鹿如何"属"：

> 有一日，程先生来我家，父亲捉住他画上几笔，正好我们五姐妹中有三人在家，父亲说，替我几个女儿画生肖吧。程先生欣然挥笔，四妹属马，程先生画了一匹小马；五妹属鸡，程先生又画了一只母鸡；轮到我，我说属猪的。程先生摇摇头：这猪又懒又笨，画出来不好看，我替你画张小鹿吧。我连忙说好的好的。不一会儿就画了头美丽的鹿，睁着温柔而善良的眼睛，我十分喜爱。父亲呵呵笑着说：这一来属鹿了。程先生说：属鹿蛮好嘛，永远快乐。我想，如果生肖能选择的话，我真会选鹿的。

这是一幅情趣盎然的当代风俗画。生肖文化为生活平添几多快活。当代文学中，有不少涉及生肖文化的篇什。小说《十二生肖变奏曲》（载于文学双月刊《芙蓉》1991年第1期），作者将小说故事安排在一个叫生肖坳的僻远山村。在生肖坳的典型环境里，十二个典型人物的悲欢命运，构成小说情节发展的线索。小说提到，生肖坳与别处最大的不同是生肖坳人的名字没有姓氏，没有名号，只有生肖。小说介绍这十二个人物说，斑茅鼠——一个赌老婆、杀老婆的无赖；银环蛇——一个八字极毒的漂亮女人，她一连毒死了三个健壮如牛的男人；窜山猴——穿山过坳的货郎；瞎眼鸡——属鸡，青光眼瞎子；包谷猪——一个喝水也长膘的懒虫。从以上可以看出，人物称谓所嵌入的生肖，是用来暗示性格或经历的。小说里另几位人物是阉牯牛、坐山虎、紫花兔、沙滩龙、小洋马、雪山羊、赶山狗。十二种生肖，各占一个。

这部作品篇名别致，人物名字也有趣。别出心裁的构思，使刚刚接触这一作品的读者感到民俗文化气息的吹拂。小说开头说："这一年，这一方天底下发生了盘古开天地以来都没有发生过的特大干旱。于是，便在这里上演了这部悲壮的《十二生肖奏鸣曲》。这里叫生肖坳。"作品的虚拟，着眼于生肖、生肖地名、生肖人名。仅从结构谋篇的艺术法方面讲，这就巧取了"小舞台，大天地"的捷径。同时，嵌入人物称谓里的生肖，又起到了性格符号的作用，作者寄褒贬于其内，读者得提示自其中。

十二个生肖年中，龙年的话题最多。文艺作品中写龙年的也较多。影片《龙年警官》上映，在众多警匪片中，这是一部比较成功的作品。有评论文章谈到"龙年"片名：龙是中国的象征，片名以龙年和警官相联，标明要塑造中国式的刑警，而不是西方电影中警探的翻版，立意可嘉。

应该说到的是，生肖文化的传递，不是仅仅依靠文艺作品的媒介。在这方面，文学艺术作品只是反映生活，为生肖文化做了锦上添花的工作。

生肖文化主要的"传播媒介"，是生活民俗。新生儿呱呱坠地，当成年人将他（她）的出生年月日铭在"宝宝生肖纪念币"上的时候，当为马年出生的孩子取名"千里"、为兔年出生的娃娃取名"月秀"的时候，他们已经在向"人之初"的下一代传播生肖文化。几岁的娃，常见双手比画着，说一句："我属虎……大老虎……"或者，在地上画条长长的曲线，说一声："大龙……我属龙，是大龙……"此情此景表明，孩子们已接受了生肖文化的传递。对儿童说来，知道自己的属相，是了解生肖文化的第一课。很难找到那么一个智力发展正常的小家伙，他拒绝这一课。

同时，也应看到，生肖文化的消极方面并未因为时代的进步而自行消失。这消极面就是生肖迷信。1988年，岁次戊辰，龙年。计算了预产期，要在这一年生孩子的孕妇很不少。据说，龙年生龙子。自然，为此目标而突击办喜事的新婚者也不少。可是，刚进龙年才几个月，龙年仿佛又不让人喜而使人生畏，令人恼了。某地传出邪说，荒郊野外之境，电闪雷鸣之际，两蛇当道，以天意见示，龙年有灾，云云。于是，一些地方，鞭炮齐鸣，名曰"送龙年"。城镇乡村均有"宁可信其有"的人，可谓荒唐一时。

（二）春节·生肖邮票·时代风格

"一夜连双岁，五更分二年"，春节是农历年份的一元复始之日。因此，每到春节前后，人们对生肖文化所给予的关注，总要比平日多得多。

新一个农历年不管是申猴名岁，还是酉鸡值年，总会引出许多话题来。牛年说勤劳，马年讲争先，虎年虎虎有生气，龙年巨龙可腾飞等。这是借题发挥，对生肖形象的引申。同时，各种生肖动物的动物学知识也在介绍之列。龙为人造，就讲它的远古来源。报刊以这类文章应景，总有读者。对于这类文章，有人不以为然，认为总翻老一套，没什么意思。这倒点到问题的一个方面，即生肖的题目，出新难。也有人写了这笑话，意在批评人云亦云的行为方式：

> 甲：瞧了吗？咱中国人也讲究异向思维了。
>
> 乙：你指什么？
>
> 甲：过去的报纸，龙年都说龙，虎年都说虎，而今年都不说蛇了。
>
> 乙：可不，已经有三十多家报纸登了这样的文章——《蛇年不说蛇》。

其实，以"蛇年不说蛇"的题目而论，表示"不说蛇"，还是未能回避"蛇年"。既然在使用公历纪年的同时，还保留农历干支纪年，既然十二生肖还存在着民俗基础，在蛇年来临的时候，为什么不能说一说巳蛇，再说一说蛇呢？当然，所言所论要适度，内容要健康、科学，不能拿封建迷信的旧货充新品。内容倾向需有禁区，题材不该有禁区，对待生肖文化正应如此。每逢新春之际，报纸总有贺年广告，一些厂家、商家愿意掏大笔广告费，用大号字体，向社会道一句"马到成功"或"羊年吉祥"。这应是符合传统文化心理的宣传方式。

春节，我国人民的传统节日。这是一年一度的民族传统文化大展示。近年来，每年除夕夜，中央电视台都要举办春节联欢会。这收视率很高的电视节目，编导者总要安排点题之作，虎年演虎，龙年耍龙。1989年农历己巳蛇年，《人民日报》（海外版）征联，出上联"已是己巳龙飞蛇舞"，是生肖联。海内外对句高手纷纷应对，佳作纷呈，生肖文化的影响远及域外。

迎新春，写春联，写一副生肖嵌字对联；贴窗花，选一幅当年属相图案；悬彩灯，映照"龙年吉祥"之类字样，佳节因而增添许多欢乐。逢丑年，故宫藏画《五牛图》上挂历；逢寅年，挂历上印虎啸谷应；值午年，徐悲鸿的作品做了挂历图画。真可以说，春节是生肖文化的宣传周。

这些年来，生肖邮票作为后起之秀，成为春节造型艺术品中的"明星"。

世界第一枚生肖邮票，是日本于1950年发行的虎年贺年邮票。日本生肖邮票大都采用民间玩具工艺品为图案。这以后，东方一些国家和地区相继发行生肖邮票。1969年农历己酉鸡年，台湾地区发行第一套生肖邮票。两枚己酉年生肖票，选用雄鸡报晓图案，上市后，各界反应冷淡，认为所绘雄鸡"了无生色，犹似阉鸡"。设计鼠年邮票时，又有人提出现在推行灭鼠运动，将老鼠印在邮票上，岂不等于"放鼠横行"？结果，这一年生肖邮票画了只松鼠充数。隔一年，虎年生肖邮票图案是"猛虎展威"。邮票发行后，有人提出画老虎展威冲下山冈是不祥之兆，因为民间有"老虎下山必闹饥荒"之说。幸而当年并未有灾荒发生。围绕生肖邮票的种种情况，反映了台湾地区的思想观念。

我国邮电部发行生肖票，始自1980年的《庚申年》特种邮票。第一组生肖系列邮票底色的总体构思，白色者与着色者相间，十二枚邮票依次排列于邮册，给人以明快的节奏感。邮票图案大都采用装饰画构图，颇有特点。到1991年的《辛未年》生肖票，十二年间十二属相逐一在寸方邮票上亮相。邮票上那形象惹人爱的申猴、酉鸡、戌狗、亥猪等，成为每岁里辞旧迎新的"吉祥物"。

生肖邮票出满了一轮，世人对此的总体评价如何，满意吗？答案是肯定的。因为，古老的生肖题材搬上"国家名片"，既注意了题材的民族性和传统特色，又特别着意于出新，体现时代特点，这大概是生肖邮票赢得好评的重要原因。

子鼠丑牛，寅虎卯兔，十二生肖是包含华夏文化信息的序号系统，它包蕴着民族的、民俗的文化积淀。对此，今人应该有自己的取舍。现代作家王汶石，以小说《新结识的伙伴》名世。他属鸡，农历辛酉年时，王汶石在一幅《雏鸡图》上题诗："岁逢辛酉满花甲，半世风云何须夸；天白未了雏年志，犹争一唱醒万家。"值鸡年，咏鸡抒怀。1985年为乙丑牛年，文艺理论家王朝闻撰文《牛年想牛》，文章写道："按农历，今年是牛年。我希望自己今后能像牛那么荷重，不愿意像牛那么粗笨……关于自觉的责任感，鲁迅曾用'俯首甘为孺子牛'的名言加以概括。我想，'甘为'不等于逆来顺受，而是说应在人民的事业中乐于荷重。"两位文学家对生肖形象的借用，做了印有今人思维辙迹的发挥，这体现了生肖文化的时代风格。

至此，该向读者说几句道别的话。

　　生肖文化萌自亘古时光，原始人翘首观天的奇思妙想，初民们动物崇拜、图腾崇拜的虔诚和狂热，一齐将生肖文化的种子播入华夏文明的沃土。日精月华，风风雨雨，植株生长着。在中华文化的万春园里，生肖文化或许永远长不成参天的密林，但它如丛丛簇簇的小花，为春光呈献着色彩。往昔岁月，曾有莠草混迹其中。莠草不美，且丑，终究会失掉生命力。生肖文化之花也就更加美丽，长春不凋（图63）。

　　本书将生肖文化的点点花絮奉献给读者。生肖文化的最初的花朵，还有待于新的发现。那发现的意义，将在上古历史研究的领域里踏响空谷足音。

图63　清代漳州游艺画"葫芦笨"，画中有八仙、生肖等图案

337

再版后记

　　文化将生肖组成时光的巡视团。这些祥瑞的小精灵按部就班，轮流迎春，接替值岁，十二年一循环，周而复始，生生不息。

　　十二生肖是农耕时代的文化遗产。这概括显得笼统粗线条，却得自具体事物带来的感触。那是在山西。2014年底，中国民俗学会一行由荣誉会长乌丙安、副会长兼秘书长叶涛领衔，应邀去稷山，商讨创建生肖文化研究中心事宜。稷山地处黄河、汾河交汇的晋南，相传后稷教稼，先民粒食，这里为后稷故里。这里的民俗，十二生肖花鼓、十二生肖花馍、婴儿过满月的被褥要绣十二生肖图案，不大的耳帽也绣十二属相。这些被当地人称为农耕文化之花。花开堪长久，至今仍娇艳。

　　世界已进入数字化时代。生活越是现代化，人们越重传统，希望从中得到文化的滋养，享受慰藉心灵的温馨，同时承担起守望与传承的义务。由此，"乡愁"传为时尚热词，文化遗产保护——物质的、非物质的，成为社会的普遍共识与共同遵循。

　　至于生肖民俗，正以新时代的新方式活跃在生活里。就说被称为"国家名片"的邮票，每年第一套新邮，即是贺岁生肖票。一年一度，生肖来做新春的吉祥物，融入新年新期盼。寅年讲虎虎有生气，卯岁讲玉兔寓意静好，龙年说腾飞，蛇年祝吉顺……属相如同岁月的符码，拥着普天下的祝福，为大众所喜闻乐见。普及开来还有景观，旅游景点、休闲公园，乃至熙熙攘攘的步行街，常见有关生肖的雕塑或文化创意作品，古风今俗，表现亮眼。

耳目一新，又有这样的场景：在北京中华世纪坛，青铜甬道镌刻历史大事件、标记年份的刻字下，刻着相应的生肖图案。在天津大学新校区，纪念学校历程的组碑，分别铭刻着"1895农历乙未羊年／北洋大学始建于天津""1905／农历乙巳蛇年""1915／农历乙卯兔年"……干支生肖报年份，彰显中国特色。

如今，十二生肖正加速完成"全球化"的文化传播过程。联合国连续多年发行生肖邮票，十二种属相逐一亮相之后，现已开启系列邮票第二轮。放眼国际，120多个国家和地区已有生肖邮票的发行，从而形成世界性的文化现象。

这是中国展现给世界的一项文化遗产。十二生肖，中国传统文化的一组时空符号，用来标记时间，也用作空间方位标识。这样一组符号，属于古典天文学，又属于古代哲学。阴阳五行学说为其染了色、敷了彩。由此，十二属相以强劲的参与活力，融入中国民俗、中华文化的方方面面，写就丰富多彩的篇章。以生肖文化为切入点，即可进入视野广阔、背景深邃的历史空间。时下，相关研究只是阶段性的。肯于探索的跋涉者，脚下有路伸展，其路漫漫。

这部书稿的选题，为笔者所偏爱。书稿初版于1991年，转年中国台湾印行繁体字版。其后还印过两个版本。2010年，中国国际广播出版社组织"中国读本"丛书，编选入列。这一次，出版社策划新系列，又得到再版机会。

壬寅季秋，看这部书稿校样之际，穿插完成了中国集邮总公司癸卯兔年生肖邮票文化册的撰稿。兔年迎新春的报纸约稿也拟了题目，如"属兔孟昶成了射天狗的张仙""永乐宫兔儿年碑归类"。谈论十二生肖，那真是话题多多。

谨以此后记，致意这部书稿的编者和读者。一卷在手，这是我们共同的生肖文化之旅。

吴裕成

2022年10月26日记于至随斋

图书在版编目（CIP）数据

中国生肖史话：典藏版 / 吴裕成著. —北京：中国国际广播
出版社，2022.11

（传媒艺苑文丛.第二辑）

ISBN 978-7-5078-5222-6

Ⅰ. ① 中…　Ⅱ. ① 吴…　Ⅲ. ① 十二生肖－文化史－中国
Ⅳ. ① K892.21

中国版本图书馆CIP数据核字（2022）第188965号

中国生肖史话（典藏版）

著　　者	吴裕成
出 版 人	张宇清　田利平
项目统筹	李　卉　张娟平
策划编辑	笑学婧
责任编辑	笑学婧
校　　对	张　娜
设　　计	国广设计室

出版发行	中国国际广播出版社有限公司［010-89508207（传真）］
社　　址	北京市丰台区榴乡路88号石榴中心2号楼1701
	邮编：100079
印　　刷	环球东方（北京）印务有限公司

开　　本	710×1000　1/16
字　　数	250千字
印　　张	22
版　　次	2023 年 3 月　北京第一版
印　　次	2023 年 3 月　第一次印刷
定　　价	56.00 元